Fabricador de instrumentos de trabalho, de habitações, de culturas e sociedades, o Homem é também agente transformador da História. Mas qual será o lugar do Homem na História e o da História na vida do Homem?

A REVOLUÇÃO FRANCESA
1789-1799

Título original:
La revolution française 1789-1799

Armand Colin é uma chancela da Dunod Éditeur – 11, rue Paul Bert – 92240 Malakoff – França

Tradução: Pedro Elói Duarte e Diogo Paiva

Revisão: Diogo Paiva

Capa: FBA

Depósito legal n.º 471349/20

Biblioteca Nacional de Portugal – Catalogação na Publicação

VOVELLE, Michel, 1933-

A Revolução Francesa, 1789-1799. – nova ed. – (Lugar da história)
ISBN 978-972-44-2346-3

CDU 94(44)"1789/1799"

Paginação:
MA

Impressão e acabamento:
PENTAEDRO, LDA.
para
EDIÇÕES 70
Julho de 2019

EDIÇÕES 70, uma chancela de Edições Almedina, S.A.
LEAP CENTER – Espaço Amoreiras
Rua D. João V, n.º 24, 1.03 – 1250-091 Lisboa – Portugal
e-mail: editoras@grupoalmedina.net

MICHEL VOVELLE

A REVOLUÇÃO FRANCESA
1789-1799

70

Introdução

A Revolução Francesa representa um momento fundador essencial não só da história nacional francesa como também de toda a humanidade. Os contemporâneos desses acontecimentos tiveram consciência deste facto, pois conceberam imediatamente o conceito de Antigo Regime para exprimir o corte irreversível entre um antes sem retorno e um depois. Será partilhar a ilusão de uma época considerar esta década como aquela em que se opera a entrada na modernidade, o corte no qual, segundo uma conceção muito francesa, se inscreve a transição da história moderna para a história contemporânea, que é ainda a dos nossos dias?

A história da Revolução deve o seu estatuto especial ao facto de ser o relato de um acontecimento: afirmação do tempo breve, de uma subversão total, em menos de dez anos, de todo um antigo edifício político, institucional e social. Falar de acontecimento não significa falar de história factual, no sentido em que a entenderam os fundadores da nossa historiografia moderna, visão limitada de uma história política sem perspetivas, até mesmo episódica. Mas isto implica não esquecer, como dizia Georges Lefebvre, que a história continua a ser um relato, o relato do encadeamento dos factos, com aquilo que pode haver de aleatório, ligado à personalidade dos homens e à «força das coisas». Deste modo, começaremos este percurso de iniciação evocando muito brevemente, após a análise das causas, o ambiente geral desta década, com os seus pontos de inflexão e as suas referências essenciais: trata-se, mais do que uma concessão a uma história tradicional, do único meio de compreender o desenvolvimento progressivo e as passagens sucessivas da monarquia constitucional para a experiência da democracia jacobina e depois para os compromissos do regresso à ordem burguesa após o Termidor([1]).

Mas a importância da rutura revolucionária prende-se com o trabalho em profundidade que se realizou em tão pouco tempo. Num mundo que inventa, a quente, a política no sentido moderno do termo, são proclamados novos valores, estabelecidas as bases do Estado liberal, cujo modelo iria servir de referência não só na continuidade da história francesa até aos nossos dias, mas também no mundo inteiro. Pretende-se atualmente redescobrir a história política da Revolução Francesa — como se alguma vez tivesse sido esquecida. Sem entrar num debate vão, deve-se atribuir à política, através da análise das estruturas do novo Estado, a importância que lhe cabe, tanto à escala da França como do mundo.

Mas não se deve esquecer aquilo que constitui a trama da vida dos homens, aquilo que dá origem às revoluções: nas suas causas remotas ou imediatas, tal como nos confrontos do seu enredo, a Revolução Francesa não deixa de ser uma imensa subversão social, o derrube de um edifício multissecular e a afirmação de novas relações de classe. Contestada atualmente por alguns, a história social da Revolução, tal como desbravou os seus caminhos e consolidou as suas hipóteses, desde Jaurès a Mathiez, a Georges Lefebvre e aos seus sucessores, oferece um

([1]) Segundo o calendário republicano francês, termidor [*thermidor*] corresponde ao 11.º mês do ano, entre 19 de julho e 17 de agosto. Neste caso, refere-se concretamente ao dia 27 de julho de 1794 (9 de termidor), que assinala a derrota de Robespierre e dos seus adeptos. [*N. do T.*]

dos fios condutores mais seguros para se compreender aquilo que então fez mover os homens.

As nossas perspetivas alargaram-se: novos territórios abriram-se, com a ênfase colocada nas últimas décadas sobre a história das mentalidades, bem como sobre a história cultural, em suma, as maneiras de ser, de sentir, de pensar. Neste domínio, a Revolução Francesa oferece um quadro de estudo privilegiado: dividida, segundo a expressão de Georges Lefebvre, entre as duas pulsões contraditórias «do medo e da esperança», confronta-se com a vontade coletiva de fazer nascer um homem novo, «regenerado». Mas será que se pode mudar os homens em dez anos? Tanto nos seus êxitos como nos seus falhanços, a experiência revolucionária de 1789 continua a ser uma das mais fascinantes a estudar, quando mais não seja por constituir a única, atualmente, a subsistir, deixando-nos todo um sistema de valores e um conjunto de sonhos — a que podemos chamar antecipações — pelos quais continuamos a viver.

CAPÍTULO 1

A década revolucionária

Resumo

1. **O Antigo Regime e a Revolução**
2. **A crise do Antigo Regime: causas profundas e causas imediatas**
3. **As três revoluções de 1789**
4. **A revolução constituinte**
5. **A escalada revolucionária: derrapagem ou continuidade?**
6. **A Assembleia Legislativa e a queda da monarquia**
7. **Gironda e Montanha (*Gironde* e *Montagne*)**
8. **O governo revolucionário**
9. **Os termidorianos**
10. **O regime diretorial**
11. **A crise do Diretório e o apelo do soldado**

1. O Antigo Regime e a Revolução

A noção de Antigo Regime nasce com a Revolução, que pretendia ser uma rutura com o passado volvido. Mas o que é, afinal, o Antigo Regime, tanto no pensamento dos contemporâneos do acontecimento como nos seus traços constitutivos revelados pelos historiadores atuais? Assumindo tudo o que esta simplificação pode ter de redutor acerca de um tema em que o acordo está longe de ser unânime, podemos circunscrevê-lo a três pontos: «feudalidade», como se dizia então, ou «feudalismo», que remete para uma codificação de inspiração marxista para caracterizar o modo de produção; «sociedade de ordens», que define uma estrutura global; e «absolutismo», que caracteriza um sistema político e um modo de governação. Evitando cair na armadilha das palavras, são três referências que podem guiar-nos para compreendermos aquilo que se quis derrubar.

1.1. A revolução quis destruir a «feudalidade»

Os historiadores atuais rejeitaram ou, pelo menos, corrigiram este termo, certamente mais adaptado ao sistema social medieval. Mas os juristas revolucionários tinham uma ideia precisa em mente: nas estruturas que contestaram é fácil reconhecer os traços característicos do modo de produção «feudal» ou do feudalismo, no sentido em que o entendemos hoje. A França de 1789 é um exemplo deste sistema; contudo, existem algumas características específicas, cuja importância se revelará no desenrolar da Revolução Francesa.

Falar de feudalismo significa, desde logo, evocar o sistema económico tradicional de um mundo dominado pela economia rural. Em 1789, a população dos campos constituía 85% da totalidade francesa, e a conjuntura económica continuava na dependência opressiva do ritmo das fomes e das crises de víveres. Neste sistema, os acidentes económicos são, com efeito, crises de subprodução agrícola: a indústria tem uma importância apenas secundária relativamente a estes fatores essenciais, e isso apesar da regressão contínua, no século XVIII, das grandes fomes dos séculos anteriores. O tradicionalismo, por vezes, e o atraso das técnicas rurais, em comparação com a Inglaterra, reforçam a imagem de um campo «imóvel» em muitos aspetos. Todo o campesinato sofria ainda, embora em graus variados, o domínio do sistema «senhorial». A aristocracia nobiliárquica, no seu todo, detinha parte importante do território, talvez quase 30%, enquanto o clero, outra ordem privilegiada, possuía entre 6% a 10%: no total, mais de um terço do solo francês estava nas mãos dos privilegiados. Sobretudo, e este é, sem dúvida, o traço mais marcante, a terra estava sobrecarregada com os pagamentos feudais e senhoriais, que lembravam a propriedade «eminente» do senhor sobre as parcelas que os camponeses detinham: estes encargos eram variados e complexos, constituindo aquilo a que os juristas, no seu jargão, chamavam «*complexum* feudal». Esta nebulosa de direitos incluía rendas em dinheiro (os foros) e, sentido de forma mais pesada, o «*champart*», percentagem paga pela colheita. Havia muitas outras taxas, umas vezes exigidas anualmente e outras ocasionalmente, ora em dinheiro ora em géneros: falava-se então do «laudémio» [*lods et ventes*] (direitos de alienação da propriedade), da «homenagem» [*hommage*], das «declarações» [*aveux*] e das «banalidades» [*banalités*] (estas últimas traduziam-se em monopólios senhoriais sobre os moinhos, os fornos ou os lagares). Por fim, o senhor conservava ainda um direito de justiça sobre os camponeses das suas terras — embora cada vez mais frequentemente posto em causa pelo recurso à justiça real. Além disso, algumas províncias do reino, no Centro e no Leste, conheciam ainda a subsistência de uma servidão pessoal, imposta sobre aqueles que estavam sujeitos à «mão-morta», cuja liberdade pessoal (casamento, herança) estava limitada.

Ao apresentarmos este resumo, necessariamente demasiado simples, não podíamos, porém, deixar de destacar aquilo que constituía a originalidade da França no contexto geral da Europa nos finais do século XVIII. É clássico opor então o sistema agrário francês ao sistema inglês, em que a forte erradicação dos vestígios do feudalismo conduziu a uma agricultura de tipo já capitalista.

Inversamente, pode-se confrontar o que se passa em França com os modelos propostos pela Europa Central ou Oriental, onde a aristocracia, proprietária da maior parte do solo, se apoia cada vez mais, no século XVIII, nas corveias de servos da gleba. A versão francesa do feudalismo, entre dois sistemas, é provavelmente considerada tanto mais insuportável porquanto se encontra moribunda, no último estádio do declínio. O diversificado campesinato francês, proprietário de 40% do solo nacional, ficará em posição de realizar a sua revolução, seguindo uma estratégia própria que só em parte se confunde com a da burguesia, face a uma nobreza menos omnipotente social e economicamente do que na Europa Oriental. Por outro lado, se compararmos a sociedade francesa com as sociedades mais modernas, cujo modelo é fornecido pela Inglaterra, compreende-se a importância daquilo que está em jogo nas lutas revolucionárias.

Uma corrente da historiografia francesa avançou a ideia segundo a qual não se pode aplicar à França da Idade Clássica uma análise de tipo moderno, fazendo distinções de classes sociais: para estes historiadores, a sociedade francesa de então é, sobretudo, uma sociedade de ordens». Com isto, não pensam apenas na divisão oficial tripartida que opõe nobreza, clero e terceiro estado, mas mais ainda nas normas de organização de um mundo hierarquizado numa estrutura piramidal. Para se dar uma ideia simbólica da sociedade francesa basta evocar a procissão dos representantes das três ordens na cerimónia de abertura dos Estados Gerais, em maio de 1789: à frente, o clero, enquanto primeira ordem privilegiada, ela própria uma fusão heterogénea de um alto clero aristocrático e um baixo clero plebeu; depois, a nobreza; por último, o terceiro estado, modestamente vestido com o seu uniforme preto. Esta hierarquia não é uma simples ilusão; os «privilegiados» têm estatuto especial. O clero e a nobreza gozam de privilégios fiscais que os colocam ao abrigo do imposto real. Mas há também privilégios honoríficos ou no acesso aos cargos: por exemplo, a exclusão reforçada do terceiro estado das patentes oficiais militares no fim do Antigo Regime. Fala-se de «cascata de desprezo» dos privilegiados aos plebeus; e não é difícil encontrar exemplos concretos para explicar o termo de «recalcado social» que podia ser aplicado ao burguês francês do final do Antigo Regime. Esta hierarquia psicossocial das «honras» é tanto mais exagerada porquanto se inscreve de forma ambígua relativamente às realidades, e, por detrás das ficções de uma sociedade de ordens, perfila-se a realidade dos conflitos de classes.

Após o feudalismo e a estrutura de ordens da sociedade, o absolutismo é a terceira componente deste equilíbrio ameaçado do Antigo Regime. É claro que não há identidade pura e simples entre absolutismo e sociedade de ordens, já que os privilegiados serão um prelúdio para a verdadeira Revolução através de uma contestação violenta do absolutismo real. Mas a garantia de uma ordem social que lhes assegure a preeminência concentra-se realmente na imagem do rei todo-poderoso, lei viva para os súbditos. Na Idade Clássica, o reino de França afirmou-se, à semelhança de Espanha, como o exemplo mais acabado de um sistema estatal em que o rei, «nos seus conselhos», dispõe de uma autoridade sem verdadeiro contrapeso. Em 1789, Luís XVI assume em França este cargo desde 1774: personalidade medíocre para um papel desta dimensão. Desde Luís XIV que a monarquia impôs os agentes da sua centralização, os intendentes «de polícia, justiça e finanças», que se dizia serem «o rei presente na sua província» no seio das circunscrições [*généralités*] que administravam. Ao mesmo tempo, a monarquia prosseguiu, com resultados diversos, a domesticação dos «corpos intermédios», como lhes chamava Montesquieu: e o melhor exemplo disso é a sua política relativamente aos Parlamentos, os tribunais que representavam as mais altas instâncias da justiça real, em Paris e na província. No centro deste sistema político do Antigo Regime, encontra-se a monarquia de direito divino: o rei — que, na sua coroação, é ungido com óleo da Santa Ampola — é um rei taumaturgo que toca nos doentes que sofrem de escrófulas. Figura do pai, personagem sagrada, o rei continua a ser o símbolo vivo de um sistema em que o catolicismo é uma religião de Estado e que só começa a dar sinais de mudança nos últimos anos do Antigo Regime (1787), com a promulgação do Édito de Tolerância concedido aos protestantes.

2. A crise do Antigo Regime: causas profundas e causas imediatas

Em 1789, este velho mundo está em crise: as causas desta situação são múltiplas, mas é evidente que todo o sistema manifesta fraquezas gritantes. As mais universalmente denunciadas — seriam as mais «mortais»? — são as que dizem respeito à incompletude do quadro estatal.

Foi, sobretudo, este ponto que se destacou, tanto nessa época como nos desenvolvimentos clássicos da historiografia moderna. Descreveu-se o caos das divisões territoriais sobrepostas, diferentes nos domínios administrativo, judicial, fiscal ou religioso: as antigas províncias reduzidas à esfera de governos militares não coincidiam com as circunscrições onde os intendentes operavam, além de que não havia unidade entre os bailiados da França setentrional e as senescalias do Sul, circunscrições simultaneamente administrativas e judiciais. A França, tal como muitas outras monarquias absolutas, mas em proporções excecionais neste final do século XVIII, padecia da fraqueza e da incoerência do sistema do imposto real. O peso deste variava segundo os grupos sociais — privilegiados ou não —, tal como variava com os lugares e regiões — do Norte ao Sul, da cidade (geralmente «abonada») ao campo. A talha (*taille*) era cobrada sobretudo aos camponeses, a capitulação, a todos os plebeus, impostos diretos que tornavam ainda mais pesadas as taxas ou os impostos indiretos, as *aides*(2) ou a impopular gabela sobre o sal. É duvidoso que esta herança seja algo de novo, mas, neste fim de século, a opinião pública toma maior consciência disso, sente-o como um peso insustentável. Porquê esta sensibilização? Escreveu-se (François Furet) que, no final dos anos 70 do século XVIII, a «vontade reformista da monarquia se esgotou», o que é uma verdade incontestável: os últimos ministros reformistas de Luís XV falharam, Luís XVI separou-se do ministro Turgot, em quem se encarnava esta vontade de progresso. Resta saber por que não houve despotismo esclarecido à francesa; o que remete, de uma crise das instituições, para uma crise de sociedade.

A crise social do final do Antigo Regime é uma contestação fundamental da ordem estabelecida: a este título, é difusa a todos os níveis. Mas é muito visível em certos domínios; por exemplo, no que respeita ao declínio da aristocracia nobiliárquica: um declínio absoluto ou relativo, conforme o ponto de vista em que nos coloquemos. Em termos absolutos, parece que parte da nobreza vive acima dos seus rendimentos e endivida-se. Esta constatação vale tanto para a alta nobreza parasita da corte de Versalhes, dependente dos favores reais, como para parte da média nobreza provincial, por vezes antiga, mas decadente. É claro que se pode contrapor a existência de uma nobreza dinâmica que investe nos ramos mais abertos da produção, minas e fundições, no armamento marítimo, ou que se interessa, em Paris, pela especulação imobiliária. Os historiadores americanos foram os primeiros a chamar a atenção para este ponto, que põe em causa a ideia feita de uma nobreza parasitária face a uma burguesia produtiva. Existe também uma nobreza rendeira apegada à agricultura, elemento daquela «classe proprietária» de que falam os fisiocratas. Esta, ao longo do século, beneficiou do

(2) Imposto indireto comercial, em vigor no Antigo Regime. [*N. do T.*]

aumento da renda de propriedades, sobretudo após 1750: mas esta riqueza rendeira está em declínio relativamente à explosão do lucro burguês.

Este declínio coletivo reconhecido pode provocar reações diferentes em função dos casos: na própria casta nobiliárquica descobrem-se exemplos de rejeição da solidariedade de casta, entre os despromovidos, como Mirabeau ou... o marquês de Sade. Mas se o seu testemunho individual permanece isolado, a atitude coletiva do grupo exprime-se mais, pelo contrário, naquilo a que se chama a reação nobiliárquica ou aristocrática. Os senhores restabelecem velhos direitos e, em muitos casos, atacam com sucesso os terrenos coletivos e os direitos da comunidade rural. Esta reação senhorial no terreno segue a par e passo a «reação nobiliárquica» que então triunfa. Acabou o tempo — ainda durante o reinado de Luís XIV — em que a monarquia absolutista ia buscar à «vil burguesia», segundo a expressão de Saint-Simon, os agentes superiores do seu poder. O monopólio aristocrático sobre o aparelho governativo do Estado não tinha praticamente brechas, e Necker, banqueiro e plebeu, era apenas a exceção que confirma a regra. Nos vários níveis da hierarquia, os corpos ou «companhias» que detêm parcelas do poder — tribunais, cabidos catedrais... — defendem e até consolidam notavelmente os privilégios. Ao sancionar esta evolução, a monarquia das últimas décadas do Antigo Regime fechou o acesso do grau de oficial militar (tanto no Exército como na Marinha) aos plebeus tarimbeiros. Os genealogistas da corte (Cherin) detêm um poder mais do que simbólico. Na verdade, deve reconhecer-se que este conceito de reação senhorial e de reação nobiliárquica, durante muito tempo admitido sem discussão, é hoje tema de debates: objeta-se que os senhores não tinham esperado por este fim de século para defenderem os seus direitos e que a reação no aparelho de Estado visa muito mais os enobrecidos do que os plebeus: conflito interno entre antiga e nova nobreza. Mas parece muito difícil negar totalmente a realidade do fenómeno.

Ao provocar a hostilidade tanto dos camponeses como dos burgueses, a reação senhorial e a reação nobiliárquica contribuíram fortemente para o crescimento do clima pré-revolucionário: pelo apoio que lhes deu, a monarquia estava comprometida. Aparentemente de modo paradoxal, é também então que a crise do velho mundo se exprime em termos de tensões entre a monarquia absoluta e a nobreza. Falou-se de «revolução aristocrática» ou de «revolução nobiliárquica» para qualificar o período entre 1787 e 1789, a que outros chamaram «pré-revolução». Em 1787, Calonne, um ministro aparentemente liberal, convoca uma Assembleia de Notáveis para tentar resolver a crise financeira, mas confronta-se com a intransigência desses privilegiados: na reunião, atacam o absolutismo na pessoa dos ministros, e Calonne, ameaçado, demite-se. O seu sucessor, Loménie de Brienne, tenta uma negociação direta com as altas instâncias de justiça — os Parlamentos —, que, seguindo as suas tradições, apresentam os seus «reparos» e obtêm uma duvidosa corrente de apoio popular quando propõem a convocação dos Estados Gerais do reino pela primeira vez desde 1614. Atrás desta fachada de liberalismo, aquilo que os aristocratas e os Parlamentos defendem, de facto, são os seus próprios privilégios de classe, recusando qualquer compromisso capaz de salvar o sistema monárquico.

Todavia, não se pode descrever a crise final do Antigo Regime apenas em termos de contradições internas: houve um ataque do exterior, a partir do terceiro estado, onde coabitam a burguesia e os grupos populares. Trata-se de uma conjunção em si mesma ambígua que nos leva a pôr a questão clássica: a Revolução Francesa foi a revolução da miséria ou a revolução da prosperidade? Aqui está um debate académico, dir-se-á, no qual Michelet e Jaurès travam argumentos através do tempo: mas é mais do que um exercício de estilo. O «miserabilista» Michelet não deixa de ter razão ao evocar a situação precária de grande parte dos camponeses («Vejam-no, deitado na sua própria imundície, pobre

Job!»). Os trabalhadores da terra (jornaleiros, «trabalhadores manuais» ou «braçais», como são chamados), mas também os rendeiros, pequenos exploradores de árvores de fruto, constituem então a massa daquilo a que se chamou o campesinato «consumidor» — aquele que não produzia o suficiente para prover às suas necessidades. Para estes camponeses, o século XVIII económico não merece o epiteto de «glorioso» que geralmente se lhe atribui: o aumento secular dos preços agrícolas, vantajoso para os grandes agricultores que vendem os excedentes, constitui, pelo contrário, um pesado fardo para aqueles. Será que não ganharam nada com o movimento do século? Ernest Labrousse, numa fórmula resumida, escreveu que eles «ganharam, pelo menos, a vida». Se nos cingirmos ao plano demográfico, é verdade que, durante o século XVIII, sobretudo na segunda metade do século, as grandes crises ligadas à escassez de alimentos e à carestia dos cereais estavam a regredir e a desaparecer: mas este novo equilíbrio continua a ser precário e, nesta economia de estilo antigo, a miséria popular é ainda uma realidade indiscutível. Contudo, seria artificial reduzir a participação popular na Revolução, nas suas formas urbanas ou rurais, a uma explosão de rebelião primitiva: encontrar-se-á associada a uma reivindicação burguesa que se inscreve, indiscutivelmente, na continuidade de uma prosperidade secular. O aumento dos preços e, por conseguinte, da renda e do lucro, iniciou-se nos anos 30 do século XVIII e prolongou-se até 1817 num movimento de longa duração: não sem acidentes, em termos de crises económicas, ou mais duradouramente na forma desta regressão intercíclica que se inscreve entre 1770 e o início da Revolução. Mas, de um modo geral, a prosperidade do século é indiscutível. A população francesa aumenta, sobretudo na segunda metade do século, e passa de 20 para 28 milhões de habitantes.

🕮 O que produz a forma dos governos

Num texto póstumo, Barnave, um dos principais intervenientes da Revolução que se iniciava, evocou em termos muito modernos as causas profundas da mutação necessária.

«A vontade do homem não faz as leis: nada pode, ou quase nada, contra a forma dos governos. É a natureza das coisas — o período social em que vive o povo, a terra que ele habita, as suas riquezas, necessidades, hábitos e costumes — que distribui o poder; dá-o, segundo os tempos e os lugares, a um, a vários, a todos, e divide-os em várias proporções. Os que detêm o poder pela natureza das coisas fazem as leis para exercer esse poder e para o manter nas suas próprias mãos; é assim que se organizam e se constituem os impérios. A pouco e pouco, os avanços do estado social criam novas fontes de poder, alteram as antigas e mudam a proporção das forças. As leis antigas não podem então subsistir durante muito tempo; como o poder existe graças a novas autoridades, é preciso que se estabeleçam novas leis para as fazer agir e reduzi-las em sistema. Deste modo, os governos mudam de forma, por vezes através de um avanço suave e insensível, e, outras vezes, por agitações violentas.»

(*Fonte:* Barnave, Antoine, *Introduction à la Révolution française*, cap. II, texto estabelecido por F. Rude, Paris, Armand Colin, 1960.)

Na historiografia francesa, viu-se tradicionalmente na burguesia a classe beneficiária por excelência desta ascensão secular. Este esquema explicativo foi contestado, nas escolas anglo-saxónicas e também em França, em nome do argumento de que a burguesia, na sua aceção atual, não existia em 1789.

Tal debate impõe que se defina de forma mais rigorosa um grupo que seria ilusório pensar como monolítico ou triunfante. Na França de 1789, a população urbana concentra apenas cerca de 15% da população total. As burguesias vão ainda buscar parte geralmente importante dos rendimentos e lucros ao arrendamento imobiliário. Os «burgueses» tentam aceder à respeitabilidade adquirindo terras e imóveis ou ainda títulos de oficiais reais, que conferem aos seus detentores uma nobreza transmissível aos descendentes. Uma fração desta burguesia, a única que nos textos ostenta o título de «burguês», vive apenas do produto das suas rendas ou como então se dizia «nobremente», imitando ao seu nível o modo de vida ocioso dos privilegiados. Mas a maioria da burguesia, no sentido lato, está envolvida em atividades produtivas: não há dúvida de que se deve contestar a designação de burguesa à multidão de pequenos produtores independentes — comerciantes e artesãos —, associados ou não, conforme os lugares, nas suas corporações e que constituem entre um terço e metade das populações urbanas. Mas a verdadeira burguesia no sentido moderno do termo encontra-se nos empresários, mercadores e negociantes, dos quais muitos estão estabelecidos nos portos — Nantes, La Rochelle, Bordéus ou Marselha —, ganhando com o grande comércio longínquo uma riqueza geralmente considerável. Por último, descobrem-se banqueiros e financeiros ativos em certos lugares (Lyon), mas concentrados essencialmente em Paris. A burguesia propriamente industrial dos empresários e fabricantes existe, mas o seu papel continua a ser secundário num mundo em que as técnicas de produção modernas (minas, indústrias extrativas ou metalúrgicas) dão os seus primeiros passos (em concorrência, como vimos, com alguns nobres) e em que o sector têxtil é ainda o ramo industrial mais importante. Este século é o do capitalismo comercial, cujo exemplo é dado pelos «mestres mercadores» da lã, do algodão e da seda (Lyon, Nimes), que concentram a produção disseminada dos «mestres fabricantes» urbanos ou rurais que trabalham na dependência daqueles.

A burguesia inclui também um mundo de procuradores, advogados, notários e médicos: em suma, membros das profissões liberais cujo papel se revelará essencial durante a Revolução. A posição destes não deixa de ser ambígua: pela função, seria de esperar vê-los como defensores de um sistema estabelecido que os alimenta, mas afirmam a sua independência ideológica no seio do terceiro estado. Com efeito, é na maturidade das ideias-chave que a mobilizam que a burguesia dá a melhor demonstração da sua realidade, bem como da sua aptidão para encarnar o progresso, aos olhos dos grupos sociais que com ela travarão todo ou parte do combate revolucionário. Artesãos e retalhistas, companheiros que com eles coabitam nas oficinas, têm certamente os seus próprios objetivos de luta; não são impermeáveis às novas ideias e a sua atitude não se pode reduzir a uma visão passadista. *A fortiori*, da parte do assalariado urbano seria prematuro esperar uma consciência de classe autónoma.

Será que se pode falar de uma ideologia burguesa para qualificar o conjunto de ambições que se inspiram na corrente iluminista para exigir uma mudança profunda? O termo passou de moda, e, sem dúvida, por boas razões. Preferiu-se falar da cultura de uma «elite» em que se concentram, em consenso aparente, toda uma nobreza liberal e a parte esclarecida da burguesia na perspetiva de uma via reformista. Noção ambígua, que disfarça clivagens de tal modo profundas que virão ao de cima durante a Revolução. É que a filosofia iluminista foi difundida e como que cunhada em fórmulas simples. Uma literatura e estruturas de sociabilidade (as lojas maçónicas em especial) asseguram-lhe a difusão. As ideias-chave das Luzes, cinzeladas em fórmulas simples — liberdade, igualdade, governo representativo —, vão encontrar no contexto da crise de 1789 uma oportunidade excecional para se impor. Com efeito, é por referência a esse segundo plano das causas profundas da Revolução que as causas imediatas se inscrevem mais visivelmente. (Ver texto em caixa: «O que produz a forma dos governos».)

No primeiro nível das causas imediatas, uma crise económica catalisou, sobretudo nas classes populares, as formas do descontentamento. Os primeiros sinais de mal-estar aparecem na década de 80 do século XVIII nos campos franceses: uma estagnação dos preços dos cereais e uma grave crise de superprodução vitícola; simultaneamente (1786), um tratado de comércio franco-inglês colocou em dificuldade a indústria têxtil do reino. Neste contexto sombrio, uma colheita desastrosa, em 1788, substitui os preços estagnados dos anos anteriores por uma explosão brutal: embora as taxas não dupliquem, é comum um aumento de 150% (ver gráficos da página seguinte). As cidades agitam-se: em abril de 1789, os operários do bairro de Saint-Antoine sublevam-se, saqueando a manufatura de um rico fabricante de papel de parede, Réveillon, e rebentam tumultos em várias províncias. Os conflitos sociais, ligados à carestia de vida, dão nova dimensão ao mal-estar político, que até então se polarizara no problema do défice. Este défice é tão antigo quanto a monarquia, mas só então é que adquire as dimensões de um indicador privilegiado da crise institucional: não há dúvida de que se agravara, sobretudo desde os anos da Guerra de Independência Americana, em proporções que excluem agora qualquer solução de facilidade. Além disso, a personalidade do monarca tem grande peso ao nível das causas imediatas e das origens do conflito. Reinando desde 1774, honesto, mas certamente pouco dotado, Luís XVI não é evidentemente o homem do momento, e a personalidade da rainha Maria Antonieta, através de quem se exerce a influência do perigoso grupo de pressão da aristocracia da corte, não ajuda nada. Mas é evidente que numa situação em que tantos fatores essenciais estão em jogo, a personalidade de uma só pessoa — mesmo do rei — não podia alterar o curso dos acontecimentos. Como vimos, dois ministros, Calonne e Loménie de Brienne, tentaram sem sucesso impor os seus projetos de reformas fiscais aos privilegiados que constituíam a Assembleia de Notáveis e aos Parlamentos. Mas a rejeição destas instâncias, que levou à «revolta nobiliárquica»,

🕮 A crise da economia francesa no final do Antigo Regime

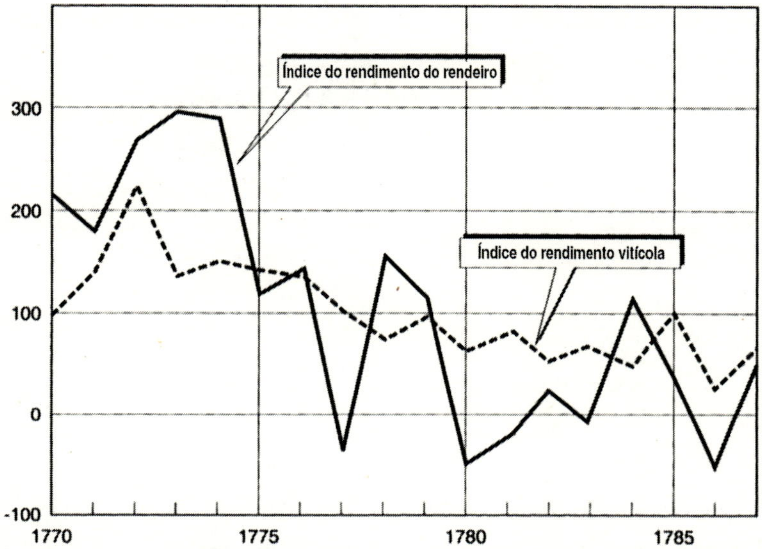

Dois índices da prosperidade agrícola: o rendimento do rendeiro e o rendimento vitícola

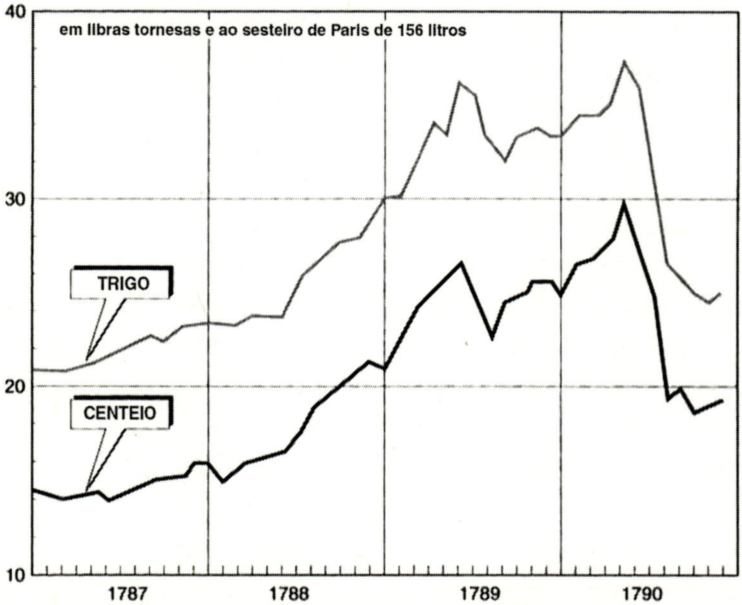

A crise de subsistência: preço mensal do trigo e do centeio de 1787 a 1790

(*Fonte:* VOVELLE, Michel, *La Chute de la manarchie*, Paris, éd. du Seuil, 1971, p. 102 a partir de Ernest Labrousse: «La crise de l'économie française...», op. cit.)

teve consequências imprevistas para os seus autores: na Bretanha ou no Delfinado, a exigência da convocação dos Estados Gerais adquiriu um carácter propriamente revolucionário. Em Rennes, havia luta aberta entre nobres e a juventude burguesa; em Grenobla, uma festa popular, o Dia das Telhas [Journée des Tuiles], foi seguida da Reunião de Vizille, onde os representantes das três ordens, por iniciativa de alguns advogados, como Mounier ou Barnave, apelaram a uma reforma profunda que fosse muito além dos limites da província.

3. As três revoluções de 1789

Uma revolução ou três revoluções? No verão de 1789, falou-se de três: uma revolução institucional ou parlamentar, uma revolução urbana ou municipal e uma revolução camponesa. No seu aspeto pedagógico, pelo menos, esta representação pode revelar-se útil. Os Estados Gerais abriram solenemente no dia 5 de maio de 1789; menos de três meses depois, a 9 de julho, proclamavam-se como Assembleia Nacional Constituinte, e a vitória do povo parisiense de 14 de julho assegurava o sucesso do movimento: estes três meses decisivos assistiram ao desenvolvimento, até às últimas consequências, dos elementos de uma situação explosiva. Pela primeira vez, a campanha eleitoral dera verdadeiramente ao povo francês o direito à palavra. Este já o tinha usado nas suas assembleias, e os milhares de cadernos de reivindicações que foram redigidos, dos mais ingénuos aos mais elaborados, continuam a ser para nós um impressionante testemunho coletivo das esperanças de mudança. Na sua forma antiquada, o cerimonial de abertura dos Estados Gerais parecia pouco apto para responder a essas esperanças; mas logo no início, acerca do problema do voto «por cabeça» ou «por ordem», o Terceiro Estado, que duplicara anteriormente os seus efetivos, afirmou a vontade de mostrar aos privilegiados a posição que pretendia ocupar. A 20 de junho de 1789, durante o célebre Juramento do Jogo da Pela, os deputados do Terceiro Estado fizeram a promessa solene de «nunca se separar [...] até que a Constituição fosse estabelecida». A sessão real de 23 de junho, tentativa do poder para recuperar o controlo da situação, confirma a determinação do Terceiro Estado, que, pela boca de um dos seus dirigentes (Bailly), responde que «a nação unida não pode receber ordens». Tendo-se intitulado Assembleia Nacional e obrigado — a bem ou a mal — as ordens privilegiadas a sentarem-se com eles, os deputados do Terceiro Estado percebem, porém, a precariedade da sua situação quando se desenha a contraofensiva real: concentração de tropas em Paris, demissão do ministro Necker a 11 de julho. Mas o movimento é então prosseguido pela população parisiense, que se dota de uma organização revolucionária.

Utilizando o quadro das assembleias eleitorais nos Estados Gerais, a burguesia parisiense estabeleceu, desde o início de junho, as bases de um novo poder, e o povo da capital começou a insurgir-se, incendiando, a 12 de julho, as barreiras da alfândega municipal. O aumento dos tumultos, após a demissão de Necker, conduz ao decisivo dia 14 de julho: o povo toma a Bastilha, fortaleza e prisão real, que lhe resistiu (ver texto em caixa: «Relato de um dos "vencedores" da Bastilha»). O alcance deste episódio vai muito além de um acontecimento pontual. É o símbolo da arbitrariedade real e, de certa forma, do Antigo Regime que se desmorona. A Revolução popular parisiense segue o seu caminho, em julho, com a condenação à morte do intendente da circunscrição de Paris, Bertier de Sauvigny, e sobretudo no início de outubro (dias 5 e 6), quando, em resposta a novas ameaças de reação, os Parisienses, seguidos pela guarda nacional, marcham sobre Versalhes para levar a família real: «o padeiro, a padeira e o pequeno aprendiz»([3]). Trata-se de um programa em que se

([3]) No original, «le boulanger, la boulangère et le petit mitron», ou seja, o rei, a rainha e o delfim, a quem o povo pretendia ir pedir pão. [*N. do T.*]

associam a reivindicação política (controlar a pessoa do rei) e a reivindicação económica. A partir desta série de acontecimentos, podemos refletir sobre o laço que une a revolução parlamentar, no topo, tal como se afirma na Assembleia Nacional, e a revolução popular da rua. É verdade que a burguesia tem muitas reservas quanto à violência popular e às formas brutais de luta pelo pão quotidiano. Mas, entre estas duas revoluções, há mais do que uma coincidência fortuita: foi graças à intervenção popular que a revolução parlamentar pôde materializar os seus êxitos, e graças ao 14 de julho que o rei, a partir de dia 16, teve de ceder, readmitindo Necker e, no dia 17, aceitando usar a insígnia tricolor, símbolo dos novos tempos. Do mesmo modo, as Jornadas de Outubro desferiram um golpe final na reação que se projetava.

Relato de um dos «vencedores» da Bastilha

«... Primeiro, apresentámo-nos pela rua Saint-Antoine para entrar nesta fortaleza, onde nenhum homem havia penetrado sem ser por vontade do terrível despotismo; era aí que ainda residia o monstro. O governador traidor mandou desfraldar o estandarte da paz. Então avançámos com confiança. Um destacamento de Guardas Franceses e, talvez, 500 ou 600 burgueses armados introduziram-se nos pátios da Bastilha, mas muitas pessoas já tinham atravessado a primeira ponte levadiça quando esta foi içada: uma descarga de artilharia derrubou vários Guardas Franceses e alguns soldados; o canhão disparou sobre a cidade, o povo ficou assustado; muitas pessoas foram mortas ou feridas. Mas recolhemo-nos e abrigámo-nos do fogo. Corremos a buscar o canhão; os do arsenal dos Inválidos tinham sido levados. Os distritos são avisados para enviarem rapidamente reforços; com as armas que chegam do arsenal dos Inválidos, armam-se os cidadãos; os do bairro de Saint-Antoine chegam em grande número [...].

«Mas voltemos à Bastilha: estávamos em frente à segunda ponte levadiça; queríamos entrar na fortaleza: o primeiro pátio não é murado. A ação tornava-se cada vez mais intensa, os cidadãos enfrentavam o fogo, subiam aos telhados por todos os lados, aos quartos, e, quando um [dos] Inválidos aparecia entre as ameias da torre, era alvejado por cem fuzileiros, que o abatiam imediatamente, enquanto o fogo do canhão, as balas disparadas, derrubavam a segunda ponte levadiça e quebravam as correntes. O canhão das torres bradava em vão, estávamos abrigados, o furor estava no auge, ou melhor, enfrentava-se a morte e o perigo. Algumas mulheres, como que ao desafio, ajudavam-nos como podiam, e até crianças: após os disparos do forte, corriam de um lado para o outro para apanhar as balas e a metralha; furtivos e cheios de alegria, vinham abrigar-se e apresentá-las aos nossos soldados, que, pelo ar, as reenviavam para levar a morte aos vis sitiados. [...]

«Os senhores Élie, Hullin e Maillard saltam para a ponte e exigem intrepidamente que se abra a última porta; o inimigo obedece. Queremos entrar, mas os sitiados defendem-se. Degolamos tudo o que encontramos ao passar, qualquer artilheiro que avance morde o pó; precipitamo-nos a ferver de matança, carregamos, chegamos à escadaria, apanhamos os prisioneiros, penetramos em toda a parte. Uns apoderam-se dos postos, outros correm para as torres; desfraldam a bandeira sagrada da pátria, sob os aplausos e vivas de um povo imenso. [...]»

(*Fonte:* Citado por Godechot, Jacques, *La Prise de la Bastilhe*, Paris, Gallimard, 1965.)

Nesta fase, a pressão popular já não é exclusivamente parisiense, longe disso. A exemplo de Paris, muitas cidades realizaram a sua revolução municipal, em alguns casos pacífica, quando as autoridades cederam o lugar sem resistência, noutros à força, como em Bordéus, Estrasburgo ou Marselha — para citar apenas alguns nomes entre muitos outros. Aquilo a que se chama revolução camponesa não é uma imitação das revoluções urbanas: tem, evidentemente, o seu ritmo próprio e objetivos de guerra específicos. Após as primeiras sublevações da primavera de 1789, as revoltas agrárias estenderam-se a várias regiões (tanto no Norte, em Hainaut, no Oeste, no Bocage normando, como no Leste, Alta Alsácia e Franco-Condado, e, depois, na região de Mâconnais): movimento antinobreza, em que, geralmente, os castelos ardiam, violento e por vezes duramente reprimido. Neste contexto de revoltas localizadas, a segunda quinzena de julho vê surgir um movimento simultaneamente próximo e diferente: o Grande Medo, que irá afetar mais de metade do espaço francês.

Este pânico coletivo pode ser lido como o eco deformado, repercutido pelos campos, das revoluções urbanas. A situação é, simultaneamente, simples e diversa; ao anúncio de perigos imaginários, os aldeões pegaram em armas: Piemonteses nos Alpes, Ingleses na costa, «bandidos por toda a parte». Propagado por contacto, este medo depressa se dissipa, mas chega em poucos dias aos confins do reino. Despertou a revolta agrária e prolongou-se na pilhagem de castelos e na destruição pelo fogo dos títulos do direito senhorial. Neste sentido, o Grande Medo é muito mais do que um movimento, como dizia Michelet, «saído do fundo dos tempos»: exprime a mobilização das massas camponesas e simboliza a sua entrada oficial na Revolução. Mas a burguesia revolucionária não se mostrou inicialmente compreensiva para com esta intrusão não desejada. A 3 de agosto de 1789, quando a Assembleia Nacional aborda a questão, vários deputados do Terceiro Estado (como o economista Dupont de Nemours) exigem um vigoroso regresso à ordem. Será da lucidez de alguns nobres «liberais» (Noailles, d'Aiguillon...) que virá a iniciativa que conduz à célebre noite de 4 de agosto, durante a qual os privilegiados sacrificam o seu estatuto e se dá a destruição do Antigo Regime na sociedade e nas instituições. Apresentou-se o período que decorre desde o final de 1789 até aos primeiros meses de 1791 como uma oportunidade histórica, mas falhada pela aplicação pacífica dos elementos de um compromisso, em que as elites, antigas e novas, se teriam entendido para estabelecer as bases da sociedade francesa moderna. Será esta imagem mais do que uma ilusão retrospetiva? Deve reconhecer-se que as conquistas mais importantes, as que puseram profundamente em questão a ordem social, são fruto da pressão revolucionária coletiva: exemplo disto é a destruição da feudalidade em agosto de 1789. E a instituição do novo sistema político, longe de se fazer na base de um compromisso amistoso, revelou tensões cada vez mais fortes. Não há dúvida de que no espaço de um ano, em 1790, a melhoria da situação económica pôde contribuir para baixar a pressão das massas populares; mas aquilo a que se chamou «o ano feliz» mais não é do que um parêntesis. Foi pelo menos neste hiato que a burguesia revolucionária tentou lançar as bases essenciais do novo regime.

4. A revolução constituinte

A destruição do antigo regime social realizou-se, pelo menos teoricamente, na noite do 4 de agosto. A denúncia da feudalidade por alguns nobres clarividentes e realistas conduziu a um movimento geral de destruição de todos os encargos feudais e privilégios. O episódio apresenta um aspeto de exaltação coletiva, certamente numa emulação generosa, em que nobres e eclesiásticos abandonam os respetivos privilégios (ver texto em caixa: «A noite de 4 de agosto»). Contudo, recuperam muito depressa: o decreto final declara que a Assembleia Nacional «abole todo o sistema feudal», mas introduz distinções cuidadosas entre direitos pessoais, destruídos irrevogavelmente, e «direitos reais» sobre a terra, declarados simplesmente resgatáveis. Apesar desta restrição, a noite do 4 de agosto estabeleceu as bases de um novo direito civil burguês, assente na igualdade e na liberdade de empreendimento. A supressão dos títulos e privilégios nobiliárquicos que se seguiu, bem como dos Parlamentos e corpos privilegiados, inscrevia-se diretamente nestas medidas. Agora, era preciso reconstruir sobre esta tábua rasa: entre o fim de 1789 e 1791, a Assembleia Nacional Constituinte preparou a nova Constituição destinada a reger a França. A partir de 26 de agosto de 1789, o preâmbulo da Constituição apresenta uma declaração solene dos Direitos do Homem e do Cidadão, que proclama os novos valores da liberdade, da igualdade, da segurança e da propriedade.

🕮 A noite de 4 de agosto

Uma intervenção famosa, relatada pelas Mémoires du Temps:

«[...] o senhor Le Guen de Kerangal, proprietário-cultivador e deputado da Bretanha, subiu à tribuna vestido de camponês e leu, com dificuldade, um longo discurso redigido para a circunstância.

«"Podíeis ter evitado, senhores, o incêndio dos castelos, se tivésseis sido mais expeditos a declarar que as armas terríveis que continham, e que atormentavam o povo há séculos, iriam ser anuladas pela extinção forçada que havíeis ordenado. O povo, impaciente por obter justiça e farto da opressão, apressa-se a destruir esses títulos, monumentos da barbárie dos nossos pais! Sejamos justos, senhores, entreguem-se esses títulos, que ultrajam não só o pudor como também a própria humanidade! Esses títulos que humilham a espécie humana, exigindo que homens sejam atrelados a carroças como animais da lavoura! Entreguem-se esses títulos que obrigam os homens a passarem a noite a percorrer os pântanos, para que as rãs não incomodem o repouso dos seus amos voluptuosos! Qual de nós não faria uma fogueira expiatória com esses infames pergaminhos e não os queimaria para deles fazer um sacrifício no altar do bem público? Não recuperareis, senhores, a calma na França agitada enquanto não prometerdes ao povo que ireis converter em dinheiro, resgatáveis à vontade, todos os direitos feudais; e que as leis que promulgareis extinguirão totalmente esse regime opressor..."»

(*Fonte:* FERRIÈRES, Marquês de, *Mémoires*, Paris, Berville et Barrière, 1822, t. I, pp. 182–187.)

É que a elaboração da nova Constituição não se faz num ambiente sereno. Durante este período, um novo estilo de vida política nasceu no fogo da ação. Estrutura-se uma classe política, dividida em tendências e até em partidos: os aristocratas à direita, os monárquicos ao centro e os patriotas à esquerda. Líderes e porta-vozes impõem-se: Cazalès ou o abade Maury entre os aristocratas, Mounier ou Malouet ao centro. Os patriotas dividem-se então entre Mirabeau, orador eloquente, estadista duvidoso, que depressa se vende secretamente à corte, e La Fayette, que sonha ser o Washington francês. Na extrema-esquerda, se assim se pode dizer, impõe-se então aquilo a que se chama o «triunvirato»: Duport, Lameth e, sobretudo, Barnave, analista lúcido, mas que rapidamente se assusta com o andar das coisas. Em seguida, Robespierre e o abade Grégoire, dirigentes do futuro, por enquanto isolados, anunciam um ideal democrático ainda longe de ser admitido.

A discussão da futura Constituição ocupou boa parte das sessões da Assembleia, e algumas questões cruciais cristalizaram as oposições: por exemplo, o direito de paz e de guerra (por iniciativa do rei ou da Assembleia?), ou o direito de veto, que dava à realeza a possibilidade de bloquear uma lei votada pela Assembleia, mesmo durante uma legislatura (veto suspensivo). Mas mesmo antes da conclusão do ato constitucional, as necessidades do momento levaram a Assembleia Constituinte a envolver-se em experiências novas, em campos imprevistos. Foi assim que a crise financeira, herdada da monarquia do Antigo Regime, não resolvida, conduziu à experiência monetária dos assinados (*assignats*), papel-moeda cujo valor era garantido pela venda da propriedade eclesiástica nacionalizada. Por conseguinte, a Assembleia teve de dotar o clero de um novo estatuto, pagando aos seus membros como funcionários públicos: trata-se da «Constituição Civil do Clero», votada em julho de 1790, cujas consequências foram imensas. Tomada no final de 1789 (2 de novembro), a decisão de pôr os bens do clero à disposição do país, por muito revolucionária que fosse, não era contraditória com uma certa tradição galicana. Mas a aventura dos assinados, a partir da primavera de 1790, que depressa se estabeleceram como papel-moeda, iria depois ter grande peso: a sua rápida desvalorização e a inflação daí resultante iriam ser elementos essenciais da crise socioeconómica revolucionária. Por outro lado, a venda dos bens do clero, que se tornaram bens nacionais, inscreve-se também como uma decisão de consequências pesadas. A operação, denunciada pelos contrarrevolucionários, não passou ao lado do público: a partir de 1790 e, sobretudo, em 1791, as vendas tinham avançado, ligando indissoluvelmente à causa da Revolução o grupo dos compradores de bens nacionais.

Esta consolidação do campo da Revolução não deixa de ter contrapartidas: a venda dos bens nacionais, mas mais ainda a Constituição Civil do Clero, provocou um cisma profundo em toda a nação. Votada em julho de 1790, a Constituição Civil transformava os padres e os bispos em funcionários públicos eleitos no quadro de novas circunscrições administrativas.

Impunha-lhes também um juramento de fidelidade à Constituição do reino. A condenação do sistema pelo papa Pio VI, em abril de 1791, provoca um cisma que irá opor, por um lado, os padres e o clero constitucional (que prestou juramento), e, por outro, aqueles a quem se chama os refratários. Entre uns e outros, esboça-se uma fratura irremediável. Apenas 7 dos 130 bispos prestaram juramento, enquanto o corpo dos padres se divide mais ou menos a meio, certamente, porém, segundo as regiões, como se verá depois, traçando por muito tempo as zonas de fidelidade ou de tibieza religiosa e, para já, o mapa do cisma constitucional, bem como dos problemas que se lhe seguiram.

Será legítimo, antes de continuar esta escalada revolucionária, fazer uma pausa nesta história e considerar que era então possível uma estabilização na base dos resultados obtidos? Os contemporâneos acreditavam nisso e foi essa a razão por que deram tanta importância às Festas da Federação, muito celebradas em julho de 1790 e reiteradas, com menos convicção, nos anos seguintes. A ideia nasceu na província, primeiro no Sudeste, e, depois, em muitas cidades. Inicialmente reticente, a Assembleia decidiu retomá-la por sua conta fazendo celebrar pelos Parisienses a comemoração da tomada da Bastilha em 14 de julho de 1790, na esplanada do Campo de Marte. A cerimónia foi grandiosa e ilustrava a unanimidade sonhada de um momento e o ideal de unidade nacional. Semi-improvisada e, porém, êxito considerável, a festa parisiense foi a demonstração mais conseguida e espetacular daquilo a que se pode chamar o unanimismo da revolução burguesa.

5. A escalada revolucionária: derrapagem ou continuidade?

Um ano depois, esta ficção já não é oportuna: no 17 de julho de 1791, uma estridente lembrança da Festa da Federação, o mesmo quadro é o palco de um massacre, a «fuzilada do Campo de Marte»: os peticionários do Clube dos Cordeliers([4]), que exigem a destituição do rei Luís XVI, são metralhados pela guarda nacional em virtude da lei marcial, sob a responsabilidade do *maire* Bailly e do seu comandante La Fayette. Entre a revolução constituinte das elites que eles encarnam e a corrente da revolução popular, cava-se um fosso que não parará de se alargar.

A interpretação desta viragem da Revolução não é fácil. Entre 1791 e a queda da monarquia, a 10 de agosto de 1792, a marcha revolucionária mudou de direção: será isto o efeito de uma superação autodinâmica e, afinal de contas, inevitável ou de uma convergência acidental de fatores? Alguns historiadores — F. Furet e D. Richet — propuseram recentemente o tema da derrapagem da Revolução. Para eles, a intervenção das massas populares urbanas ou rurais no curso de uma Revolução liberal que conseguira os seus objetivos essenciais não estava na ordem das coisas. O receio exagerado de uma contrarrevolução mítica, baseado na teoria da conspiração aristocrática, teria despertado os velhos demónios dos medos populares e provocado o aumento do ritmo do processo revolucionário. Pelo contrário, os erros e até a duplicidade evidente do rei, bem como as intrigas dos aristocratas no reino ou fora das fronteiras facilitaram esta derrapagem, e quem sofreu foi o frágil compromisso então tentado pelas elites, tanto de burgueses como de nobres liberais. Ainda que F. Furet tenha depois revisto este conceito, a interrogação não pode ser evitada. Todavia, não leva em conta a importância do perigo contrarrevolucionário, ao negligenciar a dureza das frentes de batalha em todo o país.

([4]) Antes da revolução, os *cordeliers* eram os membros da ordem dos franciscanos ou frades menores. Na revolução, o mosteiro desta ordem passou a ser a sede de um movimento popular revolucionário, que adotou assim o nome de Clube dos Cordeliers. [*N. do T.*]

A Contrarrevolução em ação é composta, em primeiro lugar, pelo grupo dos emigrados: o movimento começou no outono de 1789 com a fuga dos cortesãos mais comprometidos e dos príncipes de sangue (o conde de Artois). Ainda não se tratava de um grupo numericamente importante, mas a Constituição Civil do Clero e o agravamento dos antagonismos aumentaram os seus efetivos entre 1790 e 1792; a emigração organiza-se, nas margens do Reno em redor do príncipe de Condé e em Turim em torno do conde de Artois. Começa a tecer toda uma rede de conspirações no país para provocar sublevações contrarrevolucionárias ou, em Paris, com o objetivo de organizar a fuga do rei (conspiração do marquês de Favras). Estas ações encontram localmente um terreno favorável: de início, muito no Oeste, mas sobretudo no sul de França. Aqui, misturam-se conflitos e antagonismos sociais, religiosos e políticos enraizados, principalmente em regiões de contactos confessionais: Nimes, Montauban, onde os protestantes receberam favoravelmente a Revolução, com a qual obtiveram a sua emancipação. Nas montanhas de Vivarais, a sudeste do Maciço Central, ajuntamentos contrarrevolucionários armados — os acampamentos de Jalès — sucedem-se de 1790 a 1793. E as cidades do Sul, de Lyon a Marselha, passando por Arles, são palco de severos confrontos, entre 1791 e 1792, testemunho de um equilíbrio muito precário entre Revolução e Contrarrevolução. Esta última dispõe ainda de apoios muito sólidos no aparelho de Estado, e, a par das atividades conspirativas, não é difícil identificar uma contrarrevolução oficial ou na cúpula: é assim que em Nancy, em agosto de 1790, o comandante militar, marquês de Bouillé, reprime violentamente a revolta dos soldados suíços patriotas do regimento de Châteuvieux. Esta tentativa de reforço do poder apoiada no exército, com objetivos contrarrevolucionários, está longe de ser isolada.

Neste contexto, a atitude do rei não deixa de ser coerente. Foi considerada hesitante e desastrada: é verdade que Luís XVI está sob o fogo cruzado das sugestões dos conselheiros — Mirabeau,

La Fayette, Lameth ou Barnave —, sem falar dos seus contactos familiares com o estrangeiro ou com os emigrados, que continuam a ser essenciais para o rei. Conhece-se o resultado de toda uma série de negociações secretas: a 20 de junho de 1791, sob disfarce, a família real deixa o palácio das Tulherias. Reconhecida no caminho, é detida em Varennes e levada para Paris: o anúncio da fuga espanta os Parisienses e, depois, toda a França.

Em contraponto a esta história das resistências e da Contrarrevolução, inscreve-se a da politização e do envolvimento crescente das massas urbanas e, por vezes, rurais. O início do mal-estar económico contribuiu certamente para esta mobilização: após a melhoria de 1790, uma colheita incerta em 1791, agravada pela especulação e pela inflação ligada à desvalorização dos assinados, reavivou a reivindicação popular. Mais profundamente ainda, opera-se no terreno a emancipação efetiva dos restos dos privilégios senhoriais, por uma recusa geralmente violenta de pagar os direitos declarados resgatáveis em 1789. Depois, entre o inverno de 1791 e o outono de 1792, sucedem-se sublevações camponesas: nas planícies de grande cultivo, entre o Sena e o Loire, enormes bandos de camponeses percorrem os mercados para fixarem um preço máximo — uma taxa — do custo do cereal e do pão. Noutros lados, em todo o Sudeste, dos Alpes ao Languedoque e à Provença, pilham e incendeiam os castelos.

Isto é o que se passa nos campos. Nas cidades e vilas, multiplicam-se os clubes e as sociedades populares, que cobrem o território nacional com uma rede por vezes muito densa. Em Paris, o Clube dos Jacobinos adquiriu, a partir de 1789, uma posição considerável, por ser o lugar de encontro e de análise onde se preparam as grandes decisões da Assembleia, e pelo número de sociedades que lhe são afiliadas: ultrapassou vitoriosamente a crise de Varennes e a agitação que esta provocou na opinião pública. O recrutamento dos seus membros é ainda mais seletivo ou fechado do que o dos outros clubes, como o Clube dos Cordeliers, onde se fazem ouvir oradores populares como Danton ou Marat, «o amigo do povo». O rápido desenvolvimento da imprensa, outra novidade revolucionária, é um dos elementos desta politização acelerada: desde a extrema-direita, com os *Actes des apôtres*, aos órgãos mais democráticos, com as *Révolutions de France ou de Brabant*, de Camille Desmoulins, e *L'Ami du Peuple*, de Marat, passando pelo *Courrier de Provence*, de Mirabeau.

Contrarrevolução ou revolução radicalizada apoiada na politização popular, este é o verdadeiro dilema que se coloca aos líderes da revolução burguesa no final de 1791, na mesma altura em que se conclui o ato constitucional que devia reger o novo sistema. Para não se comprometer um equilíbrio considerado frágil, admitiu-se a ficção de que o rei não fugira por sua própria vontade, mas que fora raptado, o que permitiu restituir-lhe as prerrogativas... para grande descontentamento dos revolucionários mais radicais, que começam a contestar vivamente o próprio princípio da monarquia.

Iniciando-se com a Declaração dos Direitos e prolongando-se numa reorganização total do sistema político e das estruturas da administração, da justiça, das finanças e até da religião, a Constituição de 1791, sancionada pelo rei a 13 de setembro, muito mais do que um documento de circunstância, é a expressão mais acabada da revolução burguesa constituinte na sua experiência da monarquia constitucional.

6. A Assembleia Legislativa e a queda da monarquia

Foi nas bases deste novo sistema que, em 16 de dezembro de 1791, se reuniu a nova Assembleia dita legislativa, duplamente nova, já que os constituintes se tinham declarado não reelegíveis. Muitos se apresentavam aí com a firme intenção de encerrar a Revolução ou, como diz Dupont de Nemours, «partir a máquina de insurreições»; esta tendência constituirá o grupo dos *Feuillants*[5], nascido da cisão do Clube dos Jacobinos após a fuzilada do Campo de Marte, numerosos na Assembleia (263 em 745), mas divididos entre partidários de La Fayette e apoiantes do triunvirato (Barnave, Dupont, Lameth). No outro extremo, aqueles a quem depressa chamaram brissotinos e que, mais tarde, se tornarão os girondinos: um grupo de dirigentes junta em redor de Brissot alguns elementos brilhantes (Vergniaud, Guadet, Roland, Condorcet); à esquerda, destacam-se alguns democratas conhecidos (Carnot, Merlin, Chabot). Para melhor se entender estas atitudes, convém partir da fórmula de Jérôme Pétion, *maire* de Paris, que então escreve: «A burguesia e o povo reunidos fizeram a Revolução. Só a sua reunião a pode conservar». Mas de que união se trata? Para alguns líderes fora da Assembleia, mas influentes — Robespierre junto dos jacobinos, Marat no seu jornal —, esta condição de sobrevivência é muito mais do que uma aliança de razão. Os brissotinos, pelo contrário, veem aí apenas uma necessidade que será cada vez mais impacientemente suportada: entre eles e o movimento popular, a união é enganadora; desconfiam da turbulência do povo e não partilham as suas aspirações sociais e económicas, partidários que são do liberalismo económico.

O acelerador desta evolução é, incontestavelmente, a guerra, que vai endurecer as opções políticas e exacerbar as tensões sociais. O agravamento do perigo externo não é recente: a Constituinte, apesar de uma «declaração de paz ao mundo», já se confrontara com a hostilidade da Europa monárquica, inquieta por solidariedade dinástica e, sobretudo, por receio do fermento revolucionário. Durante tempos ocupados com outras frentes (a divisão da Polónia), os soberanos — o rei da Prússia, o imperador da Áustria... — concordaram, pela Declaração de Pillnitz,

(5) Antes da Revolução, os *feuillants* eram os frades cistercienses. [*N. do T.*]

em agosto de 1791, em apelar a uma coligação de potências monárquicas contra o perigo revolucionário, que, por enquanto, se mantinha ao nível das intenções.

É de admirar que, em França, a hipótese de um conflito tenha sido encarada favoravelmente pela maioria das tendências políticas — um acordo equívoco sobre pressupostos muito diferentes. O rei e os seus conselheiros na corte esperavam uma vitória fácil dos soberanos estrangeiros; La Fayette, por seu lado, sonhava com uma guerra vitoriosa que o colocaria num papel eminente. Para piorar as coisas, o rei substitui, em março, os seus ministros do grupo dos *Feuillants* por um ministério jacobino ou brissotino dirigido por Roland. É que os brissotinos encontram-se paradoxalmente nas mesmas posições belicosas na esperança de que a guerra, prova de verdade, obrigue o rei e os seus conselheiros a revelarem-se na sua autenticidade e consolide assim a situação. Só, ou quase, na tribuna do Clube dos Jacobinos, Robespierre denunciou, no inverno, os perigos de uma guerra que apanhará a Revolução Francesa despreparada, exacerbará o perigo da Contrarrevolução e revelará, talvez, um salvador militar providencial... No dramático debate entre Brissot e Robespierre face aos jacobinos, é Brissot quem ganha. No dia 20 de abril de 1792 foi declarada a guerra ao «rei da Boémia e da Hungria»: de facto, formou-se rapidamente uma coligação contra a Revolução, que associava a Prússia, o Imperador, a Rússia, os reis de Piemonte e de Espanha. Segundo o prognóstico dos brissotinos, a guerra depressa obrigará o rei a tirar a máscara e a revelar as suas baterias: opondo o seu «veto», o rei recusa promulgar as decisões de urgência da Assembleia (a que estabelecia em Paris um acampamento de federados vindos das províncias, bem como as que visavam os padres refratários e os emigrados) e demite o seu ministério brissotino. As esperanças do rei e dos aristocratas em breve se confirmariam: os primeiros confrontos revelaram-se desastrosos para os exércitos franceses, em plena desorganização por causa da emigração de metade dos seus oficiais. Nas fronteiras do Norte, as tropas entram em debandada, enquanto a tensão aumenta no país. Explorando a vantagem, a coligação deseja desferir um golpe final com o lançamento do célebre *Manifesto de Brunsvique,* a 15 de julho de 1792, nos termos do qual ameaça «levar Paris a uma execução militar e a uma subversão total». O agravamento dos perigos provoca uma ação revolucionária — semi-improvisada — a 20 de junho de 1792: os manifestantes invadem o palácio das Tulherias e tentam, em vão, intimidar o rei, que opõe a coragem passiva de que é capaz. A ação é um falhanço, mas relança a mobilização popular. No país — principalmente no Sul, que estava no extremo do envolvimento revolucionário —, multiplicam-se os apelos à destituição do rei. A 11 de julho, a Assembleia proclama solenemente «a Pátria em perigo», e das províncias começam a chegar a Paris os batalhões de federados: entre eles, os célebres Marselheses, que popularizam o seu canto de marcha, *A Marselhesa.*

Neste verão quente de 1792 inscreve-se, sem dúvida, uma das principais viragens de rumo da Revolução. A frente da burguesia revolucionária deixa de ser unânime relativamente ao movimento popular que se mobiliza, tanto na província como em Paris, no quadro das «secções» (assembleias de bairros) e dos clubes, para se tornar a força motriz da iniciativa revolucionária. Os brissotinos, que tinham contribuído apenas com uma cumplicidade passiva na Jornada de 20 de Junho, receando ser ultrapassados, sentem-se tentados a fazer um compromisso com os defensores da ordem monárquica. Mas perderam a iniciativa, detida na capital pela Comuna Insurrecional de Paris, pelos *sans-culottes*(6) das secções em armas, pelo Clube dos Cordeliers, com o apoio de alguns dirigentes como Marat, Danton e Robespierre.

---

(6) Os *sans-culottes* eram os revolucionários que pertenciam às camadas mais populares. O seu nome deriva do facto de não usarem os tradicionais calções justos (*culottes*) que a nobreza vestia. [*N. do T.*]

A jornada decisiva é a de 10 de agosto: a insurreição preparada vê os seccionários parisienses e os «federados» vindos da província a marchar sobre o palácio das Tulherias, abandonado pela família real. Após uma batalha sangrenta com os suíços que defendiam o palácio, a insurreição popular triunfa. A Assembleia vota a suspensão do rei das suas funções, a família será encarcerada na prisão do Templo. Decide-se a convocação de uma Convenção Nacional eleita por sufrágio universal para dirigir o país, que, a 21 de setembro, se torna uma República, e dotá-lo de uma nova Constituição: uma nova fase inicia-se assim na Revolução. (Ver texto em caixa: «A Jornada do 10 de Agosto...»)

Esta etapa conclui-se com dois acontecimentos espetaculares: a vitória de Valmy, no dia 20 de setembro de 1792, desfere um golpe final ao avanço dos Prussianos, profundamente infiltrados na Champagne, e, por isso mesmo, altera o curso de uma campanha até então desastrosa. Valmy não é uma grande batalha: é uma troca de tiros de canhão que termina com a retirada do exército prussiano. Mas este confronto reveste-se de uma importância histórica essencial que não escapou aos contemporâneos, como Goethe, testemunha da cena. As tropas francesas, ainda improvisadas, mal treinadas, sustiveram firmemente o avanço das tropas prussianas. Trata-se de um êxito simbólico que vai muito além das suas consequências materiais imediatas.

A Jornada do 10 de Agosto, relatada pelo embaixador de Génova

«Na manhã de sexta-feira, via-se grande número de guardas nacionais que pareciam dispostos a defender o rei. Mas, muito pelo contrário, por volta das 09h45, o povo, junto com outros destacamentos da Guarda Nacional e com os federados, preparava-se para entrar à força no palácio. Depois de todas as portas serem abertas, os canhões foram virados contra o palácio, e a Guarda Nacional, que parecia estar lá para defender a entrada, tomou subitamente o partido do povo e da outra fração da Guarda. De modo que só o batalhão de voluntários das Filhas de S. Tomás e o regimento suíço, que contava com cerca de 1500 homens, participaram na resistência e foram os primeiros a disparar sobre o povo, matando assim cerca de 200 federados marselheses e provavelmente o mesmo número de indivíduos do povo e da Guarda Nacional. No entanto, sucumbiram muito depressa ao número dos atacantes infinitamente superior, reforçado por uma numerosa artilharia e por toda a Gendarmaria a cavalo, que se alinhara desde o início ao lado dos atacantes. Os suíços foram todos massacrados e despojados, e parecia impossível dar uma explicação plausível para a barbárie e insultos de que foram vítimas os seus cadáveres. Alguns desses suíços que se tinham rendido à Guarda Nacional e que pediam misericórdia foram decapitados pela fúria popular e os seus corpos atirados pelas janelas. O número de mortos oscila entre 2000 e 2500. Felizmente, o Rei, a Rainha, o Delfim e toda a família real tinham ido, por volta das 8 horas, antes do início do assalto, para a Assembleia Nacional, onde ficaram a são e salvo durante todo o dia. Mas que terror e desolação tiveram de sofrer! Todos os criados e funcionários menores da Família Real foram massacrados.»

(*Fontes:* Arquivos de Génova, *Correspondência de Spinola*, 22–65, citado por M. Reinhard, em *La Chute de la royauté*, Paris, Gallimard, 1969, pp. 602–603.)

Em contraponto, os massacres de setembro ficaram no palmarés da Revolução como uma daquelas páginas sombrias sobre as quais se lançou durante muito tempo um véu. Esta reação de pânico explica-se pelo duplo temor da invasão inimiga e da conspiração do interior, «da facada nas costas», como se dizia. Além disso, o vazio de poder — o rei na prisão, o poder de decisão nas mãos de um Conselho Executivo Provisório, dominado pela personalidade de Danton — explica que a fúria popular se tenha manifestado sem oposição. De 2 a 5 de setembro, uma multidão parisiense invade as prisões da capital e massacra cerca de 1500 prisioneiros: aristocratas, muitos eclesiásticos (mais de 300) e presos de delito comum. Este massacre, porém, considera-se ser a expressão de uma forma de justiça popular, com, pelo menos, um simulacro de julgamento. É com o contraste destas duas imagens que se encerra a fase da revolução das elites e do compromisso. Uma nova etapa começa, em que a burguesia revolucionária se irá juntar às massas populares.

7. Gironda e Montanha (*Gironde* e *Montagne*)

Lembremos a expressão do *maire* de Paris, Pétion, declarando, em 1792, que a única forma de garantir o êxito da Revolução era a união «do povo e da burguesia». Significativamente, é ainda Pétion quem declara, na primavera de 1792: «As vossas propriedades estão em perigo.» Estas atitudes sucessivas de um homem que esteve durante algum tempo indeciso entre Gironda e Montanha exprimem a divisão da burguesia francesa após a queda da monarquia.

Para parte da classe política, é agora a subversão social que representa o maior perigo, e a necessidade do momento é o regresso à ordem. Para outros, pelo contrário, o que importa realmente é a defesa da Revolução contra o perigo aristocrático — perigo interno da Contrarrevolução, perigo externo da coligação europeia —, e esta defesa requer uma aliança com o movimento popular, ainda que isso implique dar satisfação, pelo menos parcial, às reivindicações sociais dessas camadas e adotar uma política muito distante do respeito pelas formas constitucionais, recorrendo a meios de exceção.

Entre estas duas atitudes da classe política, haverá a diferença que separa dois grupos com membros distintos ou simplesmente o contraste de duas opções políticas expressas pelas denominações de girondinos — ou brissotinos — e montanheses([7])? Alguns historiadores do passado, como A. Cobban, ao analisarem a base de recrutamento dos estados-maiores dos dois partidos que partilham entre si a Convenção, concluíam que não havia verdadeira diferença sociológica entre eles e que montanheses e girondinos provinham das mesmas camadas sociais. Conclusão precipitada, que não é confirmada em lado algum onde se pode analisar, além dos estados-maiores, as massas jacobinas ou girondinas em ação (tal como veremos na crise federalista), duplo recrutamento que está longe de ser idêntico ou intermutável. Além disso, a mera geografia eleitoral reflete as origens diferentes dos girondinos e dos montanheses: grandes portos, como Nantes, Bordéus e Marselha, quadro da prosperidade do capitalismo mercante, enviaram os dirigentes daqueles a quem se chama significativamente «girondinos» — como Vergniaud, Guadet e Gensonné, que se juntam a Brissot ou a Roland. Mas outros há que vêm da província, Rabaut, ministro reformado de Nimes, Barbaroux, de Marselha, ou Isnard, rico fabricante de perfumes de Grasse... Pelo contrário, a Montanha está enraizada nas cidadelas — em Paris ou na província — do jacobinismo: Robespierre, Danton, Marat e, com eles, outros recém-chegados, como Couthon ou Saint-Just. Convém também não esquecer que nem a Gironda nem a Montanha dispõem de maioria na Assembleia. À distância, ou ao centro, um grupo importante de deputados, que será designado por diferentes vocábulos, como a «Planície» ou o «Pântano», representa uma forte massa de arbitragem, que se inclinará sucessivamente para a Gironda ou para a Montanha.

As atitudes da classe política, que seria tão caricatural opô-las reduzindo-as de forma mecânica a clivagens sociológicas como

([7]) Os girondinos são os membros do grupo político dirigido por Jacques-Pierre Brissot, cujo nome deriva da região da Gironda, no sudoeste francês, de onde eram originários os seus líderes; os montanheses, ou jacobinos, são assim denominados por ocuparem os assentos mais elevados na Assembleia. [*N. do T.*]

pensá-las intermutáveis e puros produtos do acaso, definem-se melhor se levarmos em conta uma terceira força, que está fora das assembleias. Trata-se da força das massas populares do movimento dos *sans-culottes*, consolidado durante a crise do verão de 1792, organizado no quadro das assembleias das secções urbanas ou das sociedades populares. Destes grupos resultam dirigentes ou simplesmente porta-vozes ocasionais, como os «raivosos» de 1792–1793, com militantes como Varlet, Leclerc e, sobretudo, Jacques Roux, o padre vermelho, em contacto com as necessidades e aspirações da arraia-miúda, em quem encontram um eco. Após a repressão sobre os raivosos, outro grupo se constituirá em redor de Hébert, de Chaumette e da Comuna de Paris. Os hebertistas, pelo menos, desejaram tomar a direção do movimento *sans-culotte* e apoiar-se nele. Os estudos hoje levados a cabo sobre a província revelam cada vez mais que este género de militantes não foi uma originalidade parisiense. Do outono de 1792, com o deflagrar das agitações agrárias, até ao inverno e à primavera de 1793, em que Paris conheceu tumultos e pilhagens, não só de cereais, mas também de açúcar e café, a «arraia-miúda» esteve na rua, diretamente implicada no desenrolar da revolução.

O confronto entre a Gironda e a Montanha era inevitável: desenvolveu-se a partir do final de 1792 até junho de 1793. Os seus episódios essenciais foram o processo de Luís XVI e alguns acontecimentos de política externa: uma expansão vitoriosa seguida de graves revezes; por fim, na primavera, a sublevação da Vendeia, que abriu uma nova frente interna.

Prisioneiro na Torre do Templo, Luís XVI foi julgado pela Convenção em dezembro de 1792. A Gironda inclinava-se para a clemência; tentava propor soluções capazes de evitar a pena capital: o exílio, a detenção até à paz ou a ratificação popular. Pelo contrário, os líderes montanheses, cada qual ao seu estilo, como Marat, Robespierre ou Saint-Just, concordavam em pedir a morte em nome da Salvação pública e das necessidades da Revolução. Esta proposta foi aceite, obtendo 387 votos de um total de 718 deputados, e Luís XVI foi executado a 21 de janeiro de 1793. Ao exercerem, como disseram, um «ato de providência nacional», os convencionalistas estavam muito conscientes de que asseguravam a evolução agora irreversível da Revolução, e um deles, Cambon, exprimia isso, ao dizer que tinham «desembarcado numa ilha nova e queimado os barcos que os haviam transportado».

A guerra nas fronteiras aumenta de intensidade após a execução do rei. Os soberanos europeus, ocupados noutras frentes (na Polónia), permitiram, até 1793, que os exércitos franceses explorassem de forma espetacular o êxito de Valmy. Vitoriosas em Jemmapes, as tropas revolucionárias ocuparam os Países Baixos austríacos e conquistaram, no Piemonte, a Saboia e o condado de Nice, que serão anexados após consulta popular. Do mesmo modo, a norte, a Renânia — de Mogúncia a Francoforte — passou para o domínio francês. Em certos aspetos, trata-se da concretização do velho sonho monárquico das fronteiras naturais, mas reformulado em termos muito diferentes, sob a divisa emancipadora «guerra nos castelos, paz nas cabanas». Num primeiro tempo, a Revolução traz a liberdade; em seguida, aparecerão apenas os aspetos negativos da conquista: espoliações e pilhagens. A execução de Luís XVI leva a coligação a receber novos parceiros: a Espanha, o reino de Nápoles, os príncipes alemães e, sobretudo, a Inglaterra, que se sente diretamente ameaçada pela anexação da Bélgica. O vento muda de direção: os Franceses acumulam derrotas na primavera de 1793 (Neerwinden, cerco e capitulação de Mogúncia) e perdem a Bélgica e a Renânia.

A abertura de uma frente interna de guerra civil agrava a situação: a insurreição da Vendeia, no Oeste francês, eclode no início de março de 1793 e alastra muito depressa. Começa por ser uma sublevação dos campos, cujos líderes são de origem popular (Stofflet, couteiro, Cathelineau, contrabandista...), mas, a pouco e pouco, sob a pressão dos camponeses, alguns nobres envolvem-se no movimento (M. de Charette, d'Elbée...) e depois as vilas e cidades que se mantinham republicanas são submergidas pela vaga. Esta sublevação teve mais de uma interpretação: a análise das suas causas continua a ser complexa. O sentimento religioso enraizado nestas regiões, durante muito tempo alegado como causa essencial, desempenhou certamente um papel nas origens desta mobilização pela causa real, mas não explica tudo. A hostilidade para com o governo central, numa região que recusa o imposto e, sobretudo, os recrutamentos de homens (o recrutamento de 300 000 homens decretado pela Convenção) foi, talvez, um fator mais diretamente mobilizador. As novas interpretações apresentadas pelos historiadores mais recentes insistem no enraizamento do movimento num contexto socioeconómico em que o reflexo antiurbano e antiburguês, portanto antirrevolucionário, entre os camponeses era mais forte do que a hostilidade relativamente ao Antigo Regime.

Estes reveses e problemas põem em causa a hegemonia dos girondinos, grupo dominante no início da Convenção e senhor do governo, com o ministro Roland (marido da célebre Madame Roland, inspiradora do partido girondino). Para assegurarem a autoridade, os girondinos começaram por tentar tomar a ofensiva contra os montanheses, acusando os seus dirigentes — Robespierre, Danton e Marat — de aspirarem à ditadura. É um fracasso, e Marat, apresentado em julgamento, é absolvido triunfalmente dessa acusação.

Apesar das reticências girondinas, a pressão dos perigos que rodeiam a República leva à criação de um novo sistema de instituições: no primeiro nível, um Tribunal Criminal Extraordinário em Paris, que viria a ser o Tribunal Revolucionário; em seguida, nas cidades e vilas, a rede dos comités de vigilância, atentos aos suspeitos e às atividades contrarrevolucionárias. Por fim, em abril de 1793, formou-se o Comité de Salvação Pública, inicialmente sob influência de Danton. Afastados do comando da Revolução, foi em vão que os girondinos tentaram contra-atacar, por vezes de forma imprudente: num célebre discurso, um dos seus porta-vozes, Isnard, ameaçou Paris com uma subversão total («procurar-se-ia nas margens do Sena os restos de Paris»), se este centro do influxo revolucionário atentasse contra a legalidade. A esta provocação verbal, a Montanha, apoiada no movimento das secções parisiense, deu a sua resposta após uma primeira manifestação improvisada a 31 de maio — de nada serviu. No dia 2 de junho de 1793, a Convenção foi cercada pelos batalhões das secções e, sob ameaça, teve de aceitar a detenção de 29 deputados girondinos, os chefes do partido. Foi uma vitória política decisiva para os jacobinos e para a Montanha. Mas este triunfo é ambíguo: como declara então o porta-voz do Comité de Salvação Pública, Barère, a República é como uma fortaleza sitiada. Os Austríacos transpuseram a fronteira do Norte, os Prussianos estão na Renânia, Espanhóis e Piemonteses ameaçam o sul de França. Os revoltosos de Vendeia designam-se por «exército católico e real» e só dificilmente são travados às portas de Nantes.

Depois, a queda dos girondinos provoca, consequentemente, outra guerra civil, na forma de revolta das províncias contra Paris: é a revolta federalista. No Sudeste, Lyon insurge-se contra a Convenção e será vítima de um cerco. No Sul, Bordéus, apoiada por parte do Sudoeste, revolta-se, bem como a Provença, com Marselha insurgida e Toulon a ser entregue aos Ingleses pelos contrarrevolucionários. Na França setentrional, só a Normandia entra em revolta aberta e lança um exército contra Paris, que depressa é dispersado. Mas é também da Normandia que parte Charlotte Corday, que vai a Paris apunhalar Marat, o tribuno popular. Sob a pressão conjunta destes perigos, reforça-se o encontro — poderá falar-se de aliança? — entre a burguesia jacobina, representada pelos montanheses na Convenção e cujo poder executivo é o Comité de Salvação Pública, e as massas populares dos *sans-culottes*. Será esta uma solidariedade perfeita? O historiador Daniel Guérin considerava que os «braços nus», dos quais os raivosos tinham sido os porta-vozes, e cujas energias foram depois canalizadas pelos hebertistas, estavam em posição de superar a fase de uma revolução democrática burguesa para realizarem os objetivos específicos de uma revolução popular. Nesta leitura, a aliança de que falamos surge como uma mistificação: a força coletiva dos «braços nus» é utilizada pela burguesia robespierrista para os seus próprios fins. Os estudos de Albert Soboul insistiram desde então na heterogeneidade do grupo dos *sans-culottes*, que não pode de forma alguma ser considerado a vanguarda de um proletariado... ainda na infância. Sejam quais forem as contradições que apresentam, os *sans-culottes*, sobretudo de Paris, não deixam de estar, até ao final de 1793 e mesmo na primavera de 1794, no centro do dinamismo revolucionário. Através de uma pressão constante e ativa, impõem ao governo revolucionário a realização de algumas das suas palavras de ordem: no plano económico, o controlo e a taxação dos preços com a instauração do máximo (em setembro de 1793); no plano político, a ordenação do dia do Terror, contra os aristocratas e os inimigos da Revolução, e da lei dos Suspeitos (17 de setembro de 1793), que engloba na vigilância e na repressão toda uma nebulosa dos seus inimigos virtuais. Mas a exaltação de setembro de 1793, durante a qual os *sans-culottes* impõem na Convenção as suas palavras de ordem, nos dias 4 e 5 — uma das últimas manifestações armadas da pressão popular —, foi ao mesmo tempo a sua última vitória. É durante este período que a burguesia montanhesa forja e estrutura, com efeito, as engrenagens do governo revolucionário, que se inscrevem em contraponto do ideal de democracia direta dos *sans-culottes*.

8. O governo revolucionário

O que é, então, o governo revolucionário que regerá a República neste período central do ano II, de setembro de 1793 até julho de 1794? Após a queda da Gironda, em junho de 1793, a Convenção elaborara e votara à pressa um texto constitucional (a Constituição dita do ano I), ratificada pelo povo no mês de julho. Este texto, que formaliza a expressão mais avançada do ideal democrático da Revolução Francesa, está longe de ser negligenciável; mas nunca foi aplicado, uma vez que a Convenção decretou imediatamente «o governo revolucionário de França até à paz». Necessidade assumida de um parêntesis em função das necessidades da luta revolucionária. O governo revolucionário adquiriu a sua forma final com o célebre decreto de 14 de frimário do ano II([8]), o mesmo que definiu a Revolução como «a guerra da liberdade contra os seus inimigos».

A peça central do sistema é o Comité de Salvação Pública, eleito pela Convenção e por esta renovado mensalmente, mas que conservará a composição inalterada até à queda de Robespierre (Termidor). Os seus dirigentes, alguns já célebres e outros novos, merecem ser apresentados: Robespierre, o «Incorruptível», Saint-Just, então com 26 anos, e Couthon, jurista, são os líderes políticos desta direção colegial. Outros são mais técnicos: Carnot, oficial de génio, o «organizador da vitória», Jean Bon Saint-André, responsável pela Marinha, e Pierre Louis Prieur, encarregado da logística. Alguns têm um papel específico: Barère, responsável pela diplomacia e, ao mesmo tempo, porta-voz do Comité durante a Convenção, ou Colott d'Herbois e Billaud-Varenne, que mantêm a simpatia e a ligação com o movimento popular. Apesar das tensões, que só foram graves na sua derradeira fase, o Comité de Salvação Pública foi a peça principal da coordenação da atividade revolucionária. Esta importância eclipsa os outros elementos do governo central: os ministros estão subordinados à iniciativa do Comité de Salvação Pública, e até o outro «grande» comité, o Comité de Segurança Geral, obedece à coordenação da aplicação do Terror. (Ver texto em caixa: «Robespierre "ditador"?»)

([8]) Segundo o calendário republicano francês, corresponde a 4 de dezembro de 1793. [*N. do T.*]

Os órgãos locais do governo revolucionário foram estabelecidos progressivamente: agentes nacionais nos departamentos, distritos e municipalidades, comités revolucionários ou de vigilância em várias localidades. Mas entre o Comité e estas instâncias executivas, um papel essencial cabe aos representantes em missão, membros da Convenção enviados para a província por determinado período de tempo. Estes «procônsules», como eram chamados, não foram estudados pela historiografia clássica: deu-se mais atenção aos excessos, reais, de alguns «terroristas» como Carrier, que organiza em Nantes o afogamento coletivo dos suspeitos, ou Fouché, no centro da França e em Lyon. Inversamente, outros deram provas de moderação e sentido político. Todos estimularam o esforço revolucionário: mas é preciso apreciar mais serenamente uma atividade mal considerada. Ao lado destes agentes individuais, descobre-se também a ação localmente essencial dos exércitos revolucionários do interior, agentes do Terror nos departamentos. Originárias dos *sans-culottes*, estas formações, seja o exército revolucionário parisiense que operou em torno da capital e na região lionesa, ou os exércitos provinciais, foram vistos com suspeição pelo governo revolucionário, que pronunciou a sua dissolução no inverno de 1793–1794.

🕮 Robespierre «ditador»?

O montanhês Levasseur de la Sarthe julga-o retrospetivamente:

«Será que se pôde acreditar, acreditou-se, com efeito, como muitas vezes se afirmou, que o sistema do Terror tinha sido obra de um ou alguns homens? Acreditou-se que se tenha calculado previamente a sua natureza e efeitos? Não consigo compreender. No entanto, já que, se não se acreditou, foi repetido, rejeitemos este ignóbil e vergonhoso preconceito e provemos que, neste ponto, a humanidade não foi indigna de si mesma.

«Será que Robespierre e a Montanha, que se tornaram o bode expiatório dos excessos revolucionários, criaram e desenvolveram propositadamente o regime do Terror? Esta é, parece-me, a forma como se deve colocar a questão; os factos dar-nos-ão a resposta. E, em primeiro lugar, em relação a todos os excessos que tendiam à desmoralização, já não afirmaremos que faziam parte do plano de Robespierre, uma vez que ele sempre se lhes opôs e que os seus autores foram os seus mais cruéis inimigos. Entre os documentos reunidos por Courtois, encontram-se diversas notas de Robespierre suficientes para mostrar a repugnância que as saturnais terroristas inspiravam ao célebre membro do Comité de Salvação Pública. Nessas notas, Robespierre critica Léonard Bourdon por ter aviltado a Convenção ao introduzir o costume de se falar de chapéu na cabeça e outras formas indecentes. Condena fortemente as hediondas tentativas da Comuna para estabelecer o ateísmo público. Robespierre mostra-se sempre amigo da virtude, da religião e até da decência. O culto da deusa razão ainda lhe desagrada mais do que o fanatismo dos padres católicos. Sente que o homem só pode ser republicano se for, antes de tudo, moral e religioso. Estas são também as ideias de Saint-Just e de todos aqueles que, na Montanha, tinham uma alma honesta, ou seja, a grande maioria.»

(*Fonte:* Levasseur, René, *Mémoires*, t. II, Paris, Baudouin Frères, 1830. Excerto citado por Jacob, Louis, *Robespierre vu par ses contemporains*, Paris, Armand Colin, 1939, p. 155.)

Estes são os elementos ou os agentes do influxo revolucionário. Mas com que resultados? O Terror, como se disse, entrou na ordem do dia: o termo engloba muito mais do que a repressão política, estendendo-se ao domínio económico e definindo a atmosfera do momento. Não há dúvida de que a repressão aumentou e de que o Tribunal Revolucionário, por impulso de Fouquier-Tinville, verá as suas atribuições reforçadas pela lei de pradial do ano II (junho de 1794), ao suprimir as garantias da defesa e constituir o prelúdio daquilo a que se designou o «Grande Terror de Messidor». Após a rainha Maria Antonieta, as cabeças da aristocracia e, depois, do partido girondino caíram durante o ano de 1794. O balanço global — 10 000 executados por julgamento em toda a França, mas muitos mais se incluirmos as vítimas da repressão nos focos de guerra civil (calculam-se 128 000 na Vendeia) — pode parecer pesado ou moderado, conforme as apreciações. É, sobretudo, muito contrastado em função das regiões afetadas. No domínio económico, o Máximo dos preços dos alimentos começou por responder ao desejo popular espontâneo; a partir de setembro de 1793, foi alargado pela lei do «Máximo geral» não só a todos os produtos, mas também aos salários. Daí resulta toda uma série de medidas autoritárias, como a circulação forçada dos assinados e, nos campos, a requisição das reservas dos camponeses. Cada vez mais impopular, tanto entre os produtores como entre os assalariados, o Máximo não deixou de assegurar, durante o período do Terror, a alimentação correta das classes populares urbanas.

O fruto desta mobilização das energias nacionais inscreve-se sem ambiguidade na reorganização da situação política e militar. Os inimigos do interior foram abatidos ou travados: Marselha foi reconquistada aos federalistas em setembro de 1795, Lyon em outubro, e, por fim, Toulon, onde os contrarrevolucionários tinham apelado aos Ingleses e aos Napolitanos, caiu em dezembro, após um cerco que demonstra as qualidades militares do capitão Bonaparte. Algumas vitórias decisivas durante o inverno (Le Mans, Savenay) obrigaram a insurreição de Vendeia a regressar ao estádio de uma cruel guerrilha prolongada, na qual as colunas infernais do general Turreau — mais tarde condenado pelo governo revolucionário — aplicam a política da terra queimada.

Nas fronteiras, forma-se um novo exército, o dos «soldados do ano II», que associa pela prática da amálgama os velhos soldados de carreira e os novos recrutas dos alistamentos voluntários. O entusiasmo revolucionário, bem como alguns jovens generais que utilizam uma nova técnica de guerra, o choque uniforme de formações em ordem cerrada, valem nestes anos vitórias decisivas nos Países Baixos e na Alemanha. A ofensiva da primavera de 1794 resulta, em junho, na vitória de Fleurus, prelúdio à conquista da Bélgica.

A vitória de Fleurus ocorre apenas um mês antes da queda de Robespierre e dos seus amigos. Podemos ser tentados, como se fez muitas vezes, a estabelecer uma relação entre os dois acontecimentos: a política do Terror a desmoronar-se sob o peso das vitórias, que a tornam insustentável. Mas esta explicação é apenas parcial. Antes de Fleurus, Saint-Just já observara: «a Revolução está congelada», frase célebre que exprime o divórcio sentido entre o dinamismo das massas populares e o governo de Salvação Pública. Vimos que os *sans-culottes* e o movimento *cordelier* tinham conseguido impor parte do seu programa em setembro de 1793: este foi o seu último verdadeiro sucesso.

Não há dúvida de que o movimento de descristianização — pelo qual se exprime, nos meses seguintes, a sua atividade revolucionária — é muito mais do que, como por vezes se dizia, um simples derivativo inventado pelos hebertistas. Teve origem no centro de França e na região parisiense no início do inverno e, nos meses seguintes, difundiu-se por todo o país. Este movimento semiespontâneo foi logo mal visto pelos montanheses no poder e condenado pelo governo revolucionário: Danton e Robespierre consideravam-no uma iniciativa perigosa, suspeito de um maquiavelismo contrarrevolucionário, capaz de afastar as massas da Revolução. Com a distância do tempo, podemos julgar melhor: nem conspiração aristocrática, nem expressão da política jacobina, a descristianização não deixa de exprimir as atitudes de uma vanguarda politizada. A descristianização (cujos aspetos, desde o encerramento das igrejas ao afastamento dos padres e às celebrações do culto da Razão, analisaremos mais à frente) provocou localmente fortes oposições e só passou ao de leve em algumas regiões. Mas encontrou o seu terreno de eleição em certas categorias sociais urbanas e em alguns campos predispostos a acolhê-la. A sua rejeição pelo governo revolucionário é um elemento, entre outros, do desejo cada vez maior de controlar o movimento popular. Do inverno de 1793 até à primavera de 1794, denuncia-se a proliferação das sociedades seccionais, dispensam--se os exércitos revolucionários e põe-se na ordem a Comuna de Paris. Todas estas medidas não deixam de suscitar oposição, que culmina na crise de ventoso do ano II(9), em que os *cordeliers* tentam novamente mobilizar as secções contra a Convenção. Mas a resposta a este último combate é dada pelo processo de Hébert e dos hebertistas, seguido da execução destes em maio (Germinal do ano II): este processo inaugura a luta empreendida pelo governo revolucionário contra as «fações» de direita e de esquerda. O movimento popular dos *sans-culottes* foi domesticado; deixa de oferecer resistência, mas o seu apoio aos montanheses no poder é igualmente diminuído. Para atacar os hebertistas, o grupo robespierrista encontrou na Convenção o apoio dos indulgentes, representados por Danton e pelo jornalista Camille Desmoulins nos seus artigos do *Vieux Cordelier*, mas que acolhiam também elementos duvidosos — interesseiros e especuladores —, como Fabre d'Églantine. Ao denunciarem a continuação da política do Terror após a queda dos hebertistas, os indulgentes expunham-se de forma imprudente: sofreram um novo processo, que levou à execução de Danton e dos seus amigos algumas semanas depois.

O estado-maior robespierrista está agora sem oposição aberta, mas sofre a experiência da solidão do poder. Robespierre e os seus amigos tentam lançar as bases de algumas das reformas sobre as quais desejavam assentar a República. Em abril, os

(9) Fevereiro–março de 1794. [*N. do T.*]

decretos de ventoso representam o ponto final do envolvimento social da burguesia montanhesa, ao confiscarem os bens e propriedades dos suspeitos, ou seja, essencialmente, das famílias dos emigrados. Esta expropriação projetada seria seguida de uma redistribuição aos habitantes mais necessitados dos campos. Mas a medida assume os seus limites: não é nada «socialista», como se disse, pois não punha em causa o direito de propriedade. De resto, por falta de tempo, os decretos de ventoso não tiveram uma verdadeira aplicação.

A outra ação, que se pode chamar simbólica, deste breve momento de hegemonia robespierrista exprime-se no relatório sobre as festas nacionais e mais ainda na proclamação do «Ser Supremo e da imortalidade da alma», no dia 18 de floreal do ano II ([10]). O deísmo rousseauniano dos montanheses, para o qual a sociedade deve assentar na virtude e a imortalidade da alma é uma exigência moral, implicando a necessidade de um Ser Supremo, inscreve-se aqui em contraponto da herança cristã, considerada ao nível das superstições, bem como do culto da Razão, uma via para o ateísmo. A expressão simultaneamente majestosa e efémera deste culto encontra-se na celebração, em toda a França, da Festa do Ser Supremo no dia 20 de pradial do ano II (8 de junho de 1794).

Viu-se na festa parisiense do Ser Supremo a apoteose de Robespierre, amarga e frágil vitória contestada no próprio dia da sua celebração por uma parte dos deputados. Contra o seu grupo, forma-se uma coligação entre antigos indulgentes e antigos «terroristas», por vezes comprometidos pelos seus excessos na província (como Fouché ou Barras e Fréron). O Comité de Salvação Pública perde a unanimidade e os «esquerdistas» — Collot d'Herbois ou Billaud-Varenne — atacam Saint-Just, Robespierre e Couthon, cujo isolamento aumenta. A crise eclode em termidor,

([10]) 7 de maio de 1794. [*N. do T.*]

após um demasiado longo eclipse de Robespierre: o requisitório anónimo que pronuncia na Convenção, no dia 8 de termidor, contra os «mariolas», longe de evitar o ataque adversário, precipita-o. No dia 9 de termidor([11]), numa sessão dramática, Robespierre, Saint-Just, Couthon e os seus amigos são detidos. Uma tentativa de insurreição da ainda fiel Comuna de Paris para os libertar termina num fracasso: mal organizada, revela de facto a desafeição do povo parisiense. Os paços do concelho de Paris caem sem luta nas mãos das tropas da Convenção: Robespierre e os seus partidários são executados no dia 10 de termidor do ano II. Foi o fim da revolução jacobina.

9. Os Termidorianos

A coligação que levara a cabo o golpe de termidor era ambígua. Alguns dos seus instigadores — Collot d'Herbois, Billaud-Varenne e Barère — sonhavam com o regresso a uma direção mais colegial, numa linha inalterada. Na nova exaltação que imediatamente se seguiu à queda de Robespierre, não foram senhores da situação. Aqueles três membros do Comité de Salvação Pública foram afastados do poder, julgados e deportados, Fouquier-Tinville, símbolo da repressão «terrorista», executado, tal como o representante Carrier, após um processo que assumiu dimensão de símbolo: tudo isto demonstra uma viragem decisiva na condução da Revolução. Depois, as próprias estruturas do governo revolucionário são postas em causa — os comités são reorganizados, o Clube dos Jacobinos é encerrado e a rede de sociedades populares desmantelada. As prisões são abertas: o Terror sofre um golpe significativo. O dinamismo popular enfraquece, ainda que não deixe de haver razões para a mobilização nestes anos III e IV, que são, sem dúvida, após 1789, os mais trágicos para a

([11]) 27 de julho de 1794. [*N. do T.*]

sobrevivência material dos grupos populares: nos interrogatórios dos mendigos de Beauce da época, o ano III ficará como «o grande inverno» do regresso da fome e do pão caro. Má colheita, regresso aos preços livres, inflação dos assinados, que chegam à derradeira fase da sua degradação, contribuem para isso. Não seria isto suficiente para despertar o povo? Mesmo que ainda tivesse as suas armas, os quadros da sua organização tinham sido destruídos. Além disso, na Convenção, a Montanha, decapitada e desorientada, já não era senhora da situação. Neste contexto, compreende-se o insucesso das duas últimas jornadas revolucionárias parisienses no dia 12 de germinal e no dia 1 de pradial do ano III([12]): os *sans-culottes* armados invadiram a Convenção com a palavra de ordem «pão e a Constituição de 1793», que exprime bem os dois níveis — económico e político — da sua reivindicação. A ação falha. A Convenção aguenta-se e as consequências são pesadas: na Assembleia, o último reduto dos montanheses, aqueles a quem chamavam os «*crêtois*»([13]), é eliminado; os seus dirigentes (Romme, Soubrany) são executados ou suicidam-se. No terreno, o bairro de Saint-Antoine é desarmado: acabou-se a época do povo pronto para o combate. A reação política triunfa em Paris e mais ainda na província, onde os movimentos populares que faziam eco das jornadas parisienses foram esporádicos (Toulon). É a Contrarrevolução que triunfa maioritariamente, e não a normalização desejada, sem dúvida, por muitos daqueles a quem se chama os termidorianos, desejosos de reencontrar o caminho certo de uma revolução burguesa.

Em Paris, o antigo «terrorista» Fréron, que passou para o lado da reação, é o ídolo dos bandos de «almiscareiros»([14]), que

([12]) Primavera de 1795. [*N. do T.*]

([13]) Assim apelidados por ocuparem o «cume (*crête*) da Montanha» no hemiciclo. [*N. do T.*]

([14]) No original, «muscadins», assim conhecidos por usarem perfume de almíscar. [*N. do T.*]

constituem a juventude dourada e se vingam insolentemente dos *sans-culottes*. Na província, é sobretudo no Sul que atuam as tropas dos Companheiros de Jeú», no Lionês, e dos «Companheiros do Sol», na Provença; o caso é aqui sangrento, associando massacres coletivos e assassinatos individuais de jacobinos, compradores de bens nacionais e sacerdotes constitucionais. Os novos representantes que a Convenção envia em missão associam-se frequentemente a esta reação ou, pelo menos, encobrem-na com a sua cumplicidade. A Contrarrevolução difusa transforma-se localmente em guerra aberta: na Vendeia, surge após um desembarque de emigrados em Quiberon (verão de 1795), esmagada pelo general Hoche. Esta aventura sem consequências chama a atenção para o perigo monárquico numa altura em que o irmão de Luís XVI, pretendente ao trono com o título de Luís XVIII — o delfim virtual, Luís XVII, morreu na prisão do Templo —, afirma as suas pretensões na declaração de Verona. Os primeiros tempos da Convenção tinham assistido à preeminência dos girondinos e, no ano II, da Montanha; este período pós-termidoriano testemunha finalmente o triunfo do centro, aquele a que se chamava a Planície ou, com desdenho, o Pântano. Mais do que Barras, Tallien ou Fréron, «terroristas» renegados, as personagens representativas são agora Boissy d'Anglas, Merlin, Daunou, Chénier e outros, que poderiam definir a sua atitude no ano II dizendo, como Sieyès: «Vivi...» Entre a reação que toleram ou à qual estendem a mão e a ligação aos valores da Revolução, estes homens tentam definir uma linha política. Deste modo, em matéria religiosa, votam, em fevereiro de 1795, uma série de medidas a favor de uma liberalização dos cultos, que vão até à separação entre a Igreja e o Estado: audaciosa antecipação que não impede a manutenção de uma política repressiva relativamente aos eclesiásticos refratários. No plano da política externa, a Convenção termidoriana explora as vitórias que os exércitos franceses obtêm em todas as frentes, aproveitando o ímpeto das vitórias do ano II: Jourdan reocupa a margem esquerda do Reno,

Pichegru a Holanda, a Espanha vê os Franceses entrarem no seu território nacional. Uma série de tratados assinados em Basileia e Haia, de abril a julho de 1795, restabelecem a paz com a Prússia, a Espanha e a recentemente criada República Batava (Países Baixos). Estes beligerantes reconhecem à França a posse da Bélgica e da Renânia. A coligação está agora reduzida à Inglaterra e ao imperador Habsburgo, que recusam esta base de negociações. Esta política de anexação, ainda limitada às fronteiras naturais, é um dos legados da Convenção termidoriana; mas representa apenas parte de uma impressionante herança política. Esta herança é, de resto, um pouco usurpada, quando se atribui aos termidorianos a autoria de tantas reformas jurídicas, administrativas ou universitárias, que, em muitos casos, nasceram no período montanhês anterior. De certo modo, a Convenção é um todo, mas é verdade que não se pode contestar aos termidorianos a paternidade da Constituição do ano III, que tem a sua marca e espírito: através deste compromisso burguês que repudia o espírito democrático da Constituição de 1793, desejavam pôr um ponto final na Revolução.

Acerca deste ponto, as declarações dos inspiradores do texto constitucional são muito claras; Boissy d'Anglas escreve: «Um país governado pelos proprietários está na ordem social.» E o texto constitucional abre significativamente com uma «Declaração dos Deveres», que faz de contraponto à Declaração dos Direitos. Repudiado o sufrágio universal, são 200 000 eleitores censitários que nomeiam o Corpo Legislativo, que é articulado em duas assembleias: o Conselho dos Quinhentos e o Conselho dos Anciões. O mesmo princípio de divisão dos poderes impõe a colegialidade do executivo, repartido entre cinco «diretores». Nesta busca de equilíbrio e estabilidade, tudo parece ter sido estudado para reger aquilo a que Robespierre denominara o reino da «liberdade vitoriosa e pacífica». É certamente antecipar, num mundo em que a luta continua aberta entre a Revolução e os seus inimigos. Os termidorianos sentiram bem isso e jogaram logo com a legalidade que instituíam impondo, pelo decreto dos «dois terços», que esta proporção dos novos representantes fosse aplicada nas suas próprias fileiras. Medida inaceitável para os monárquicos, que desejavam, neste clima de Contrarrevolução, uma conquista «pacífica» do poder: no dia 13 de vindemiário do ano III([15]), os líderes realistas lançam na insurreição armada os bairros ricos da capital. Sob a direção de Barras, a Convenção reergue-se e confia o comando das tropas ao jovem general Napoleão Bonaparte, que dispara sobre os insurgentes nos degraus das escadas da igreja de Saint-Roch. A Contrarrevolução parisiense armada falhou; mas, pela primeira vez, a Revolução, que desarmou os *sans-culottes*, teve de recorrer à força militar: através desta transição, entramos em pé de igualdade no regime do Diretório.

10. O regime diretorial

O Diretório cobre, desde abril de 1795 a outubro de 1799, quase metade da duração da Revolução Francesa; no entanto, esta época, que podia ter sido a das consolidações vitoriosas, deixou para a história, pelo menos até a algumas reavaliações recentes, apenas uma recordação medíocre e até francamente má. Tempo de facilidade e corrupção, mas também de miséria e violência, tempo de instabilidade, sobretudo, resumido classicamente na imagem de golpes de Estado — que se tornam no método habitual do governo — como um vício de forma radical e símbolo do sistema.

Não era este regime, então, viável? À luz da derrocada final, é demasiado fácil chegar a esta conclusão. Mas, na época, os contemporâneos tinham consciência da fragilidade do equilíbrio instaurado pela Constituição do ano III. Preocupados com o

([15]) 5 de outubro de 1795. [*N. do T.*]

equilíbrio de poderes, os convencionalistas não previram qualquer recurso legal para o caso em que o executivo e os Conselhos entrassem em conflito: chegou-se a pensar o golpe de Estado como consequência inevitável desta lacuna. Mas esta explicação seria apenas formal, se não a recolocássemos no contexto social da relação de forças em que surge o conflito. O que representam os homens no poder por cinco anos? Encontram-se aí os herdeiros dos revolucionários de 1789 ou 1791, girondinos, convencionalistas do centro ou da Planície, representantes de uma burguesia revolucionária interessada, antes de tudo, em consolidar as suas posições, defendendo as conquistas políticas e sociais que o seu poder lhe assegurara. Tal interesse adquire um carácter bastante marcado quando se evoca a personalidade dos «oportunistas» que têm a defender uma posição ou uma fortuna: pense-se no diretor Barras ou em Tallien, os homens do dia. Não tendo a dimensão heroica daqueles que os precederam, os homens do Diretório não são, porém, fantoches, nem todos eles corruptos, longe disso; mas têm de lutar por outros meios face à Contrarrevolução agressiva, reforçada pela conjuntura, pelo enfraquecimento do movimento popular e mais ainda pela entrada na Contrarrevolução de um partido de um mundo rural que tende a escapar ao controlo do Estado. Neste contexto, pode a classe política fazer outra coisa senão virar-se para outro poder consolidado: o exército?

Na imagem que deixou, o Diretório foi, para uns, tempo de opulência insolente e, para outros, tempo de firmeza. A imagem clássica da «festa diretorial», símbolo de uma época, é mais do que um lugar-comum. Na sua apresentação e nos seus comportamentos, almiscareiros e maravilhosas([16]) exprimem a libertação coletiva dos jovens ou, pelo menos, dos jovens do fim do Terror, mas também a promoção social por vezes efémera dos oportunistas do regime, especuladores, banqueiros, interesseiros e enriquecidos.

([16]) Assim se chamavam as mulheres deste período, devido à exuberância das suas vestes e modo de vida. [*N. do T.*]

Para a massa da população, mais na cidade do que no campo, é tudo muito diferente: o período inicia-se num contexto de crise. O peso da conjuntura económica contribui bastante para tal. Os primeiros anos assistiram à derrocada definitiva do papel-moeda, os assinados, que em vão se tentou substituir pelos «mandatos territoriais». Após os tempos da inflação, voltou-se então ao numerário; mas esta verdade recuperada revela uma conjuntura desagradável, em que algumas boas colheitas sucessivas provocam a estagnação dos preços agrícolas. A crise das finanças do Estado traduz não só esta conjuntura, mas também a recusa dos contribuintes em pagar, que, por sua vez, exprime uma crise de autoridade. Uma das consequências desta situação será a deturpação cada vez maior da expansão revolucionária. A conquista torna-se um meio de resolver a crise: as motivações ideológicas enfraquecem, a pressão do poder militar reforça-se relativamente a um poder civil dependente.

Estas são as constantes ou os problemas que regem a história destes cinco anos. Sem entrar nos pormenores de um percurso fértil em peripécias, costuma-se opor o «Primeiro Diretório», do ano III até ao 18 de frutidor do ano V, ao «Segundo Diretório», em que se instala a prática do golpe de Estado. O Primeiro Diretório simboliza o difícil compromisso da época, visível até na personalidade dos diretores: Barras, Carnot, Letourneur, Reubell, La Révellière-Lépeaux, indivíduos da Planície ou montanheses arrependidos. O Diretório terá de lutar em duas frentes, contra a oposição monárquica e contra a oposição jacobina.

Voltam-se, em primeiro lugar, contra os democratas, que se reagrupam em novas estruturas, como o Clube do Panteão: os montanheses obstinados, como Robert Lindet, ou os babovistas, que se reúnem em torno de Gracchus Babeuf, formam o núcleo daquilo que virá a ser a Conspiração dos Iguais. Babeuf, antigo feudista antes da Revolução, hostil a Robespierre pelo ideal democrático no ano II, elabora então as bases do seu projeto coletivista. A importância histórica do seu pensamento e a qualidade do grupo de revolucionários que se concentra em seu redor — como Buonarroti, que será o transmissor da herança babovista — explicam o alcance histórico da conjura dos Iguais em 1796 (ver texto em caixa: «O Manifesto dos Iguais»). Nesta altura, a conjura testemunha o regresso do movimento revolucionário a um estádio conspirativo, que transmitirá a todo o século XIX a ideia de uma via insurrecional preparada na clandestinidade. Mas além dos meios, a novidade reside na proclamação de um ideal coletivista, afirmado pela primeira vez com clareza. A Conspiração dos Iguais falhou: um processo em Vendôme, após a sua denúncia, e a provocação policial que resulta numa sangrenta repressão no campo de Grenelle, decapitam o movimento babovista, que termina com a condenação e morte de Babeuf e dos seus companheiros. Ainda que o ideal babovista de subversão social radical tenha sido remetido para o universo da memória, até à sua redescoberta graças ao relato de Buonarroti, a corrente democrática sobreviveu através da atividade dos neojacobinos, apegados à Constituição democrática de 1793 e ao ideal da Revolução do ano II. Nos círculos constitucionais que implantam tanto em Paris (o Picadeiro) como na província, encontram um quadro de expressão e propaganda, tolerado ou aprovado em função da conjuntura política. O regime do Diretório estava aberto a compromissos; o desenvolvimento do perigo de reação realista obrigou-o, porém, a atacar primeiro a direita.

A Contrarrevolução organiza-se, cria estruturas ou defesas, como, em Paris, o clube de Clichy ou o Instituto Filantrópico. A sua frente não é homogénea, pois os realistas puros, partidários do regresso ao Antigo Regime, coexistem com realistas constitucionais dispostos a aceitar num quadro monárquico parte das novidades revolucionárias. Mas, apesar das suas ambiguidades, o movimento anda de vento em popa entre os notáveis, em Paris e mais ainda na província, principalmente no Sul, onde tem total liberdade de ação. Esta reação é favorecida pela reconstrução religiosa que se opera no país, por iniciativa dos padres refratários saídos da clandestinidade ou emigrantes que voltaram em massa. O culto é retomado, tolerado ou reprimido, organizado em missões clandestinas. Contra o dinamismo dos refratários, a Igreja constitucional dizimada pela descristianização trava, apesar dos esforços do abade Gregório, um combate desigual.

🕮 O Manifesto dos Iguais

Sylvain Maréchal, jornalista amigo de Babeuf, redigiu para os conjurados o «Manifesto dos Iguais...», anunciador de uma nova Revolução:

«Povo de França!

«Durante quinze séculos viveste escravo e, por isso, infeliz. Há seis anos que mal respiras, à espera da independência, da felicidade e da igualdade.

«A igualdade, primeira prescrição da natureza, primeira necessidade do homem e principal nó de toda a associação legítima! Povo de França! Não foste mais favorecido do que as outras nações que vegetam neste mundo desafortunado! Sempre em toda a parte, a pobre espécie humana, entregue a antropófagos mais ou menos sagazes, serviu de joguete a todas as ambições, de pasto a todas as tiranias. Sempre em toda a parte se embalou o homem com belas palavras; mas nunca em lugar algum obteve a coisa com a palavra. Desde os tempos imemoriais que nos repetem com hipocrisia que os homens são iguais; e desde os tempos imemoriais que a mais aviltante e monstruosa desigualdade pesa insolentemente sobre o género humano. Desde que existem sociedades civis que o mais belo apanágio do homem é, sem contradição, reconhecido, mas não se realizou uma única vez; a igualdade não passou de uma bela e estéril ficção da lei. Hoje, que é exigida com voz mais forte, respondem-nos: calai-vos, miseráveis! A igualdade efetiva é apenas uma quimera; contentai-vos com a igualdade condicional: sois todos iguais perante a lei. Canalha, que mais quereis? Que mais queremos? Legisladores, governantes, ricos proprietários, escutai agora.

«Somos todos iguais, não é verdade? Esse princípio permanece incontestado, porque, a menos que sejamos loucos, não se pode dizer seriamente que é noite quando é dia.

«Pois bem! Pretendemos agora viver e morrer iguais como nascemos; queremos a igualdade autêntica ou a morte; é isto que nos falta.

«E teremos essa igualdade autêntica, seja a que preço for. Infelizes dos que encontrarmos entre ela e nós! Infeliz de quem resistir a desejo tão pronunciado!

«A Revolução Francesa é apenas o arauto de outra Revolução muito maior, muito mais solene, que será a última...»

(*Fonte:* citado por Godechot, Jacques, *La Pensée révolutionnaire*, Paris, Armand Colin, 1964, pp. 271–272.)

🕮 Clima de incerteza após o dia 18 de frutidor do ano v

Um observador da polícia dá conta do clima que reina, a partir de 18 de frutidor do ano v*, num regime regido pelos golpes de Estado:*

«Reina uma viva inquietação no público, ocasionada pela situação atual das finanças. Os rendeiros, sobretudo os que têm um crédito módico, sofrem uma dor profunda a respeito da resolução que os afeta; ouvem-se normalmente violentos murmúrios sobre a miséria pública, e os detratores da jornada do 18 de frutidor dizem que a sua causa se deve a esse acontecimento. A sensação produzida pela resolução relativa aos rendeiros é visível, mesmo entre os particulares que têm interesses comuns; os devedores pretendem seguir o caminho do Governo e propõem nada ter a ver com as escalas de proporção nem com todas as outras decisões.

«O número de operários sem trabalho aumentou em Paris, e corre o rumor de que é também considerável na província; a grande miséria a que serão reduzidos no início do inverno faz temer dias lastimáveis. O génio da malevolência semeia alarmes por todo o lado; grande parte do povo entrega-se novamente ao medo; diz-se que aquilo que aconteceu a 18 de frutidor vai continuar incessantemente. Cita-se o 13 de vindemiário; diz-se também, e nas expressões seguintes, que é garantido que o Diretório vai fazer outra sangria nos dois Conselhos; uns têm medo, outros manifestam o desejo de a ver feita quanto antes; em seguida, anuncia-se a chegada para breve de cinquenta mil homens a Paris; dez mil já vieram, diz-se. Nos grupos que se formaram nas Tulherias, diz-se, ao falarem da Constituição atual, que não era nada popular e que era um governo aristocrático, que, se a Constituição cair nas mãos de homens que não sejam republicanos, tornar-se-á numa monarquia como em 1791; que toda a diferença entre a Constituição de 1791 e a de 1795 é que a execução das leis, em vez de estar confiada a um só, estava entregue a cinco. Receou-se também que o Governo se deixasse dominar pelos amigos de Carnot e de Cochon, e notava-se que os realistas tentavam reerguer a cabeça e inspirar suspeições no Diretório sobre as intenções dos patriotas, entre as quais se supunha astuciosamente a de restabelecer a Constituição de 1793. Receios sobre o futuro em matéria política, queixas e até murmúrios em matéria de finanças, e votos pela paz, tais eram ontem e continuam a ser hoje os sentimentos do espírito público; a calma exterior, porém, continua inalterada.»

(*Fonte:* A. N., AF IV 1478, publicado por BALLOT, Charles, *Le Coup d'État du 18 fructidor an V*, Paris, Cornély, 1906, p. 188.)

A própria força desta pressão provoca a reação do poder: no ano v, os realistas tornaram-se maioritários nos Conselhos e, com o general Pichegru, introduzidos na rede da conspiração monárquica, começam a limpar o aparelho de Estado. Face ao perigo, os diretores têm de agir: o golpe de Estado do dia 18 de frutidor do ano v anula o resultado das eleições que tinham ditado a maioria realista; o golpe inaugura uma fase de repressão violenta. Voltam a pôr em vigor os textos contra os emigrados, os realistas e os padres refratários. Deportam-se mais pessoas do que se executam, mas a Guiana torna-se a «guilhotina seca» desta exaltação terrorista momentânea. A viragem de frutidor do ano v tem incidências duradouras: ainda que não seja um golpe estabilizador, inaugura o recurso aos militares, já que Bonaparte, comandante do exército de Itália, delegou o comando no seu adjunto Augereau, a pedido do Diretório. A prática transforma-se em hábito, no quadro de uma política de equilíbrio de poder que cobre todo o fim do regime. No ano VI, uma arremetida jacobina, aquilo a que se chamou o «Segundo Diretório» nas eleições dos Conselhos, manifesta nova vitalidade no país, consequência do golpe de frutidor; mas o Diretório anula as eleições e invalida parte dos eleitos anunciados. No ano VII, é a vez dos Conselhos agirem, atacando os diretores. A arremetida jacobina acentua-se, diretores favoráveis substituem os antigos: Ducos, Gohier, o general Moulin, recém-chegados, representantes de um despertar efémero que se exprime também pelo regresso a uma certa ortodoxia revolucionária; viragem demasiado tardia para ser eficaz.

11. A crise do Diretório e o apelo ao soldado

O regime está minado por dentro, por uma crise de meios e de autoridade. Criticou-se a miséria do Diretório, incapaz de pagar aos seus funcionários e soldados, pouco obedecido, num clima de desagregação e anarquia. Esta imagem, que o regime seguinte conservará como contraste cómodo, é apenas parcialmente verdadeira. Um economista como François de Neufchâteau, ex-ministro do Interior, e um financeiro como Ramel prepararam as reformas estruturais de que o Consulado beneficiará: no domínio da cultura, as novas instituições — Escolas Superiores e, nos departamentos, Escolas Centrais — são criadas, por vezes de forma precária. Um ciclo de festas organizadas e de tentativas de religião cívica (a teofilantropia) tenta enraizar os valores republicanos no país. Apesar do que se disse, estas festas não são sempre celebrações desertas ou irrisórias. Mas parte do país escapa ao controlo do Estado: o banditismo torna-se uma das imagens reveladoras da crise do regime. Nas planícies da França setentrional, os «fogueiros» queimam os pés dos camponeses para os obrigarem a confessar a posse de um pecúlio; no Sul e Oeste, bandidos realistas atacam as diligências. Estes *primitive rebels* exprimem de vários modos a regressão a formas elementares de contestação popular. A estes elementos de decomposição interna justapõe-se, porém, em proporção crescente, o peso da guerra e das conquistas externas, de onde sairá o cesarismo.

De 1792 ao ano II, *a guerra nas fronteiras já tivera uma importância essencial* na condução da Revolução, apressando ou atrasando-lhe o andamento. Mas a guerra vai passar à frente dos acontecimentos internos. Para isso, certamente, contribuem o desenrolar dos acontecimentos e a iniciativa dos indivíduos; não se pode negá-lo, numa aventura que se confunde parcialmente com a ascensão de Bonaparte. No entanto, a ambição de um homem não explica tudo. A guerra não é um acidente, e é pela expansão externa que o Diretório opera esta fuga para a frente que lhe permite, em parte, sobreviver; mas, ao mesmo tempo, a guerra que alimenta perverte o sistema. O exército emancipa-se da subordinação do ano II e, nas altas patentes, tende a tornar-se uma casta militar, enquanto a tropa se subordina ao general que a conduz às vitórias. Transformação do exército nacional do ano II, que o torna objeto de todas as manipulações, mesmo que a chama republicana nele continue viva.

Seguindo os planos de Carnot, o Diretório projetara, em 1796, atacar o imperador do Sacro Império Germânico, pela pressão conjunta de uma ofensiva sobre Viena, através da Alemanha, e de uma campanha de diversão na Itália. A ofensiva sobre o Reno falha. Inversamente, a campanha transalpina adquire proporções inesperadas. Bonaparte, comandante do exército de Itália, numa ofensiva fulminante, vence os Piemonteses (Montenotte, Millesimo, Mondovi) e, depois, os Austríacos, expulsos do ducado de Milão, e termina tudo com uma série de vitórias em redor de Mântua (Arcole, Rivoli). Na primavera de 1797, o exército francês abre caminho para Viena, apoderando-se, de passagem, de Veneza e dos seus territórios. Por iniciativa própria, o general vitorioso assina os preliminares de Leoben e leva a cabo as negociações que culminam no Tratado de Campoformio (17 de outubro de 1797): neste tratado, afirma, simultaneamente, a sua independência relativamente ao Diretório e uma nova conceção da expansão revolucionária. As Repúblicas «irmãs» multiplicam-se — Cispadana, Cisalpina, Liguriana —, mas, ao mesmo tempo, entrega-se Veneza e a Venécia à Áustria, o que dificilmente se pode justificar, tendo em conta o ideal revolucionário de emancipação dos povos! Os mitos da guerra revolucionária desmoronam-se e a ideia das fronteiras naturais torna-se caduca, ao mesmo tempo que outras Repúblicas irmãs são instaladas: República Batava, Romana, Partenopeia e Helvética.

Neste plano geral, a campanha do Egito, na primavera de 1798, pode parecer uma excursão incongruente: terá o Diretório visto aí uma forma momentânea de afastar um general de ambições preocupantes? Terá Bonaparte desejado iniciar a realização do seu sonho oriental? Oficialmente, trata-se de atacar a Inglaterra, ameaçando a rota das Índias. Sobre os mamelucos que defendem o país, o exército francês obtém a vitória das Pirâmides, que lhe assegura o domínio do país; mas o almirante inglês Nelson destrói a frota francesa na baía de Abuquir. Prisioneiro da sua conquista,

Bonaparte inicia a campanha da Síria: o deserto, a peste e uma resistência inesperada (São João de Acre) sancionam o falhanço da aventura.

Entretanto, surgem outras urgências: a Inglaterra formou a segunda coligação, que associa a Áustria, a Rússia, Nápoles e o Império Otomano. A guerra ganha grande alento na Europa: as Repúblicas irmãs desmoronam-se e a Itália é perdida, os Ingleses desembarcam na Holanda, na Alemanha e na Suíça, os Franceses recuam diante dos Austro-Russos e, no verão de 1799, a República Francesa encontra-se novamente ameaçada. Quando o general providencial, abandonando o seu exército, regressa a França, esta situação já foi, porém, resolvida por outros e, singularmente, pelas vitórias decisivas de Zurique (em setembro de 1799) que Masséna obtém sobre Suvorov.

Não é nas fronteiras, mas sim em Paris, que Bonaparte é recebido, por alguns, como o salvador. É que o despertar jacobino do ano VII inquieta a burguesia diretorial, cujo representante por excelência é Sieyès, que se tornara diretor no lugar de Reubell: pensa-se numa revisão constitucional num sentido autoritário, o que implica um apoio militar para a realização de um novo golpe de Estado. Bonaparte, o homem da situação, vai satisfazer de modo inesperado as esperanças dos seus mandantes. A conspiração foi cuidadosamente preparada: à exceção de Gohier e Moulin, os diretores são resignados ou cúmplices, e os Conselhos dos Quinhentos e dos Anciãos são transferidos para Saint-Cloud, sob pretexto da descoberta de uma conspiração anarquista. Os apoios não faltam, como em certos meios de negócios parisienses. O golpe de Estado, parcialmente conseguido a 18 de brumário, enfrenta no dia seguinte a resistência dos deputados dos Quinhentos. Onde Bonaparte tem problemas, ganha a presença de espírito do seu irmão Lucien, que preside ao Conselho; a intervenção das tropas, que dispersam os deputados, faz o resto. Com este golpe de Estado sem grandeza conclui-se a história da Revolução Francesa. Começa então a aventura napoleónica.

CAPÍTULO 2

O Estado revolucionário

Resumo

1. **Proclamações e valores: os fundamentos do Estado revolucionário**
   - ***1.1. A Declaração dos Direitos do Homem***
   - ***1.2. As declarações de 1793 e 1795 (ano II)***
   - ***1.3. Os valores da Revolução Francesa***
2. **As estruturas do Estado e as condições da vida política**
   - ***2.1. A monarquia constitucional***
   - ***2.2. O governo revolucionário***
   - ***2.3. O regime diretorial***
3. **Estruturas do Estado: a França remodelada, as instituições**
   - ***3.1. O espaço e o tempo***
   - ***3.2. A administração local***
   - ***3.3. Imposto e fiscalidade***
   - ***3.4. Do novo direito à justiça revolucionária***
   - ***3.5. Educação e pedagogia***
   - ***3.6. Assistência e política social***
4. **A aprendizagem da política**
   - ***4.1. A imprensa e a opinião pública***
   - ***4.2. Clubes, sociedades populares, secções***
   - ***4.3. O teste eleitoral. Temperamentos políticos***

1. Proclamações e valores: os fundamentos do Estado revolucionário

1.1. A Declaração dos Direitos do Homem

Adotada pela Assembleia Constituinte entre 20 e 26 de agosto de 1789, a Declaração dos Direitos do Homem e do Cidadão continua hoje a ser a principal referência para se apreciar e compreender a importância da Revolução Francesa. Michelet via nela o «credo da nova era».

O seu alcance pode ser apreciado se nos referirmos aos precedentes passíveis de serem evocados: a Declaração de Independência dos Estados Unidos (1776) e, sobretudo, os preâmbulos às Constituições de alguns Estados americanos que evocam, por certo, os direitos do homem, mas numa abordagem pragmática, sem pretensões de universalidade. Os constituintes franceses que conheciam estes textos, tal como se podiam referir à Petição dos Direitos redigida em 1689 pelo Parlamento de Inglaterra, tinham alguns exemplos à sua disposição e haviam lido os textos dos grandes juristas do Iluminismo, fundadores da teoria do direito natural. Pela leitura de Locke, Voltaire, Rousseau e dos Enciclopedistas, estavam impregnados desta nova filosofia. A ideia andava, pois, pelo ar, e, em certos cadernos de reivindicações, exigia-se uma declaração dos direitos.

O texto dos 17 artigos da Declaração dos Direitos do Homem (ver texto em caixa: «Declaração dos Direitos do Homem») inicia-se com um preâmbulo que impressiona pelo seu carácter de solenidade e universalidade, já que é aos homens de todos os tempos e de todos os países que se dirige esta proclamação dos «direitos naturais, inalienáveis e sagrados do homem». Podem ser classificados em duas rubricas: direitos do homem e direitos da nação. Uns visam a liberdade, a igualdade e a propriedade (artigos. 2.º, 4.º, 7.º, 17.º); os outros dizem respeito à soberania nacional, ao direito de fazer a lei, de votar o imposto, de ser representado nos poderes públicos e de poder pedir contas.

A liberdade, evocada em sete artigos, tem uma importância essencial, ou antes *as* liberdades, definidas como as da pessoa — garantias contra qualquer detenção ou pena arbitrária não conforme à lei —, liberdade de opinião — rejeição da censura e dos entraves à liberdade de expressão — e liberdade religiosa, evocada, porém, com alguma reserva. A imprensa e a impressão são livres, «respondendo, todavia, pelos abusos dessa liberdade».

Na hierarquia destes direitos, a igualdade tem o seu lugar (art.º 1.º — «Os homens nascem [...] livres e iguais em direitos»), mas é mais modesta, ainda que refira a igualdade face ao imposto, pondo fim aos privilégios da nobreza e do clero, e a igual admissibilidade aos empregos: a lei é a mesma para todos, «seja para proteger, seja para punir».

Para completar esta trilogia não é a fraternidade que aparece, mas sim a propriedade, definida como «um direito inviolável e sagrado», e a segurança ou a resistência à opressão (corolário da liberdade).

Os direitos da nação remetem para duas afirmações essenciais: o princípio da soberania nacional, que faz da lei a expressão da vontade geral, mas também, para os juristas inspirados em Montesquieu, o princípio da separação de poderes, condição indispensável de uma Constituição.

Apesar da sua pretensão à universalidade, este texto é a expressão de um momento, fruto de uma discussão em que participaram as cabeças pensantes da Assembleia — Sieyès, Mirabeau, Mounier, Malouet —, tanto em sessão como nos comités, alguns deles, como os futuros «monárquicos»([17]), recusando a oportunidade de tal declaração, apoiada pelos

([17]) No original, «monarchiens», que eram, na Assembleia Constituinte, os partidários de uma monarquia à inglesa. [*N. do T.*]

patriotas. Entre estes últimos, ganharam aqueles para quem a liberdade e a propriedade vinham em primeiro lugar, e não os projetos em que a reivindicação de igualdade podia implicar a limitação do direito de propriedade. Discutiu-se também a oportunidade de uma invocação ao Ser Supremo, que acabou por ficar, e da liberdade religiosa proclamada de forma discreta, apesar da intervenção de Mirabeau. Não obstante os silêncios e as reticências, a Declaração dos Direitos do Homem estabelecia as bases de uma nova visão do mundo. Tanto em França como no estrangeiro, teve grande repercussão e deu origem a uma dinâmica cujo testemunho é dado pelas declarações que se seguiram.

1.2. As declarações de 1793 e 1795 (ano III)

Tradicionalmente, à Declaração de 1789 opõe-se a que foi redigida no início do verão de 1793 como preâmbulo à nova Constituição que se seguiu à queda da monarquia e da qual se sublinham as «antecipações», como a de 1795, que abre a Constituição do ano III, expressão de um retorno à ordem, insistindo nos deveres e pondo em suspenso parte dos avanços precedentes. Esta oposição é, sem dúvida, justificada, mas tem uma continuidade efetiva na prática e nos princípios afirmados em 1789.

No âmbito do conflito entre a Montanha e a Gironda, na primavera de 1793, opõem-se duas conceções, dando origem a projectos profundos (de Condorcet e de Robespierre). Os girondinos queriam suprimir qualquer invocação à divindade, enquanto os montanheses defendiam uma referência ao Ser Supremo. O projecto montanhês, que acabou por prevalecer, marca também um recuo face a algumas das propostas de Robespierre nas discussões preliminares, que pretendiam restringir o direito de propriedade ao direito «que cada indivíduo tem de fruir e dispor da porção de bens que lhe é garantida pela lei».

Declaração dos Direitos do Homem e do Cidadão, de 26 de agosto de 1789

«Os representantes do povo francês, constituídos em Assembleia Nacional, considerando que a ignorância, o esquecimento ou o desprezo dos direitos do homem são as únicas causas dos males públicos e da corrupção dos governos, resolveram expor, numa declaração solene, os direitos naturais, inalienáveis e sagrados do homem, a fim de que essa Declaração, constantemente presente em todos os membros do corpo social, lhes lembre permanentemente os seus direitos e deveres; a fim de que os atos do poder legislativo e do poder executivo, podendo sempre ser comparados ao objetivo de qualquer instituição política, sejam por isso mais respeitados; a fim de que as reivindicações dos cidadãos, doravante fundadas em princípios simples e incontestáveis, estejam sempre voltadas para a preservação da Constituição e para a felicidade de todos. Por isso, a Assembleia Nacional reconhece e declara, na presença e sob a égide do Ser Supremo, os seguintes direitos do homem e do cidadão:

Artigo 1.º — Os homens nascem e são livres e iguais em direitos. As distinções sociais só podem ter como fundamento a utilidade comum.

Art.º 2.º — A finalidade de toda a associação política é a preservação dos direitos naturais e imprescritíveis do homem. Esses direitos são a liberdade, a propriedade, a segurança e a resistência à opressão.

Art.º 3.º — O princípio de toda a soberania reside, essencialmente, na nação. Nenhum corpo, nenhum indivíduo pode exercer autoridade que dela não emane expressamente.

Art.º 4.º — A liberdade consiste em poder fazer tudo o que não prejudique o próximo: assim, o exercício dos direitos naturais de cada homem não tem por limites senão aqueles que asseguram aos outros membros da sociedade o gozo dos mesmos direitos. Estes limites só podem ser determinados pela lei.

Art.º 5.º — A lei não proíbe senão as ações nocivas à sociedade. Tudo o que não é proibido pela lei não pode ser obstado e ninguém pode ser constrangido a fazer o que ela não ordene.

Art.º 6.º — A lei é a expressão da vontade geral. Todos os cidadãos têm o direito de concorrer, pessoalmente ou através de mandatários, para a sua formação. Ela deve ser a mesma para todos, seja para proteger, seja para punir. Todos os cidadãos são iguais a seus olhos e igualmente admissíveis a todas as dignidades, cargos e empregos públicos, segundo a sua capacidade e sem outra distinção que não seja a das suas virtudes e talentos.

Art.º 7.º — Ninguém pode ser acusado, preso ou detido senão nos casos determinados pela lei e de acordo com as formas por esta prescritas. Os que solicitam, expedem, executam ou mandam executar ordens arbitrárias devem ser punidos; mas qualquer cidadão convocado ou detido em virtude da lei deve obedecer imediatamente, caso contrário torna-se culpado de resistência.

Art.º 8.º — A lei só deve estabelecer penas estrita e evidentemente necessárias, e ninguém pode ser punido senão por força de uma lei estabelecida e promulgada antes do delito e legalmente aplicada.

Art.º 9.º — Qualquer acusado é considerado inocente até ser declarado culpado, e, caso seja considerado indispensável prendê-lo, todo o rigor desnecessário à guarda da sua pessoa deverá ser severamente reprimido pela lei.

Art.º 10.º — Ninguém pode ser molestado pelas suas opiniões, incluindo opiniões religiosas, desde que a sua manifestação não perturbe a ordem pública estabelecida pela lei.

Art.º 11.º — A livre comunicação das ideias e das opiniões é um dos mais preciosos direitos do homem; qualquer cidadão pode, portanto, falar, escrever, imprimir livremente, respondendo, todavia, pelos abusos dessa liberdade nos termos previstos pela lei.

Art.º 12.º — A garantia dos direitos do homem e do cidadão necessita de uma força pública; essa força é, portanto, instituída para benefício de todos, e não para utilidade particular daqueles a quem é confiada.

Art.º 13.º — Para a manutenção da força pública e para as despesas de administração, é indispensável uma contribuição comum, que deve ser dividida entre todos os cidadãos de acordo com suas possibilidades.

Art.º 14.º — Todos os cidadãos têm o direito de verificar, por si mesmos ou pelos seus representantes, a necessidade da contribuição pública, de a consentir livremente, de observar o seu emprego e de lhe fixar a repartição, a coleta, a cobrança e a duração.

Art.º 15.º — A sociedade tem o direito de pedir contas a qualquer agente público pela sua administração.

Art.º 16.º — Qualquer sociedade em que não esteja assegurada a garantia dos direitos, nem estabelecida a separação dos poderes, não tem Constituição.

Art.º 17.º — Como a propriedade é um direito inviolável e sagrado, ninguém dela pode ser privado, a não ser quando a necessidade pública legalmente comprovada o exigir e sob condição de justa e prévia indemnização.»

(*Fonte:* citado por Faure, Christine, *Les Déclarations des droits de l'homme de 1789*, Paris, Payot, 1988, pp. 11–13).

🕮 A Declaração dos Direitos do Homem e do Cidadão, de 24 de junho de 1793

Preâmbulo e alguns artigos significativos:

«O povo francês, convencido de que o esquecimento e o desprezo dos direitos naturais do homem são as únicas causas dos males do mundo, resolveu expor numa declaração solene estes direitos sagrados e inalienáveis, a fim de que todos os cidadãos, podendo comparar constantemente os atos do Governo com o fim de qualquer instituição social, nunca se deixem oprimir e aviltar pela tirania; a fim de que o povo tenha sempre diante dos olhos as bases da sua liberdade e felicidade; o magistrado, a regra dos seus deveres; o legislador, o objeto da sua missão. Por isso, proclama, na presença do Ser Supremo, a seguinte Declaração dos Direitos do Homem e do Cidadão.

Artigo 1.º — O objetivo da sociedade é a felicidade comum. O governo é instituído para garantir ao homem o gozo dos seus direitos naturais e imprescritíveis.

Art.º 2.º — Esses direitos são a igualdade, a liberdade, a segurança e a propriedade.

Art.º 3.º — Todos os homens são iguais por natureza e diante da lei.

Art.º 4.º — A lei é a expressão livre e solene da vontade geral; é a mesma para todos [...].

Art.º 21.º — Os auxílios públicos são uma dívida sagrada. A sociedade deve a subsistência aos cidadãos infelizes, quer dando--lhes trabalho, quer assegurando os meios de subsistência àqueles que estão impossibilitados de trabalhar. [...]

Art.º 33.º — A resistência à opressão é a consequência dos outros Direitos do homem.

Art.º 34.º — Há opressão contra o corpo social quando um só dos seus membros é oprimido. Há opressão contra todos os membros quando o corpo social é oprimido.

Art.º 35.º — Quando o governo viola os direitos do povo, a insurreição é, para o povo e para cada porção do povo, o mais sagrado dos direitos e o mais indispensável dos deveres. [...]»

(*Fonte:* citado por Godechot, Jacques, *La Pensée révolutionnaire*, Paris, Armand Colin, 1964, pp. 210–213.)

Texto de compromisso, a declaração votada a 23 de junho de 1793 não deixa de apresentar um tom muito diferente da declaração de 1789, afirmando logo no preâmbulo que «o objetivo da sociedade é a felicidade comum» e que o governo é instituído para garantir ao homem o gozo dos seus direitos naturais e imprescritíveis.

Sublinha-se, em especial, as diferentes liberdades, tanto da pessoa como do culto, mas a igualdade aparece agora à frente da liberdade. No entanto, o direito de propriedade é reafirmado no artigo 16.º, ainda que, ao retomar uma fórmula ligeiramente emendada de 1789, se encare que ela possa ser retirada quando a necessidade pública o exija e na condição de justa e prévia indemnização. A nova declaração é, porém, revolucionária pela atenção que dá àquilo a que hoje chamaríamos os direitos sociais no domínio material e espiritual: o direito à felicidade comum, à educação, à vida e à assistência. Uma insistência real é também feita sobre a luta contra qualquer forma de opressão, concluindo-se na proclamação do direito à insurreição e dela fazendo até um dever: «Art.º 35.º — Quando o governo viola os direitos do povo, a insurreição é, para o povo e para cada porção do povo, o mais sagrado dos direitos e o mais indispensável dos deveres.»

Compreende-se como esta declaração preliminar de uma Constituição que nunca foi aplicada pôde, contudo, pelas antecipações de que era portadora, responder às aspirações dos patriotas mais avançados durante a década, e ser reivindicada depois pelo pensamento revolucionário do século XIX.

A declaração de 1795 marca o recuo, e até o repúdio, de parte dos princípios das declarações anteriores. Questionou-se a oportunidade do texto e, embora se tenha retomado parte das proclamações de 1789, suprimiu-se o artigo «Os homens nascem e são livres e iguais em direitos», considerado «perigoso»; restringiu-se a definição da liberdade ao direito de fazer aquilo que não prejudica o próximo e a de igualdade à abolição das distinções de nascimento. Dos «direitos sociais» invocados em 1793 nada resta, e, sobretudo, desaparece a referência aos direitos naturais do homem, pedra angular dos dois textos anteriores. A ênfase é agora colocada sobre a manutenção da ordem; o direito à insurreição desaparece, enquanto se insiste no princípio representativo. Uma declaração dos deveres, ainda pensada, mas afastada nos textos anteriores, adquire aqui toda a sua importância, insistindo no respeito das leis e dos valores, tal como a família, enquanto dever sagrado. Ao desejar «terminar» a Revolução, a declaração do ano III apresenta uma leitura restritiva e, em alguns aspetos, mutilada (principalmente sobre a referência ao direito natural) das proclamações elaboradas de 1789 a 1793. Mas algumas das conquistas parecem irreversíveis: a liberdade (as liberdades) e a igualdade, ainda que se fixem limites a esta última.

Além destas declarações, o período revolucionário assistiu ao aparecimento de certo número de ideias-chave, das quais algumas se ficaram pelo sonho ou pela intenção, ficando ao nível das antecipações, enquanto outras conheceram um princípio de realização, ainda que efémero. O mesmo aconteceu relativamente à aplicação dos princípios de igualdade e de liberdade, tanto no caso dos Judeus — cuja emancipação, exigida antes da República por porta-vozes como Grégoire, se fará por etapas entre 1789 e 1791 —, como dos negros e homens de cor, que levantam o problema da escravatura nas colónias. A questão foi objeto de acesas discussões durante a Constituinte em 1790 e 1791, que opuseram os partidários da abolição e da concessão dos direitos civis aos homens de cor — Robespierre, Grégoire e os «Amigos dos Negros», adeptos de uma emancipação progressiva — e o grupo de pressão dos fazendeiros e armadores negreiros, com apoios muito poderosos. Estes últimos estavam em vantagem em 1791, mas a revolta dos escravos em São Domingos, de que falaremos mais à frente, alterou as condições do problema, e a Convenção montanhesa terá o mérito, através do decreto de

16 de pluvioso do ano II, de proclamar a abolição da escravatura nas colónias: antecipação que será posta em causa a partir do período consular.

Quando, no ano IV, Sylvain Maréchal, companheiro de Babeuf, redige o *Manifesto dos Iguais*, formula a reivindicação daqueles que se consideram traídos na esperança de uma verdadeira revolução da igualdade («Pretendemos doravante viver e morrer iguais como nascemos, queremos a igualdade real ou a morte, é isso que nos falta»), exprimindo, ao nível da utopia, a esperança numa «outra Revolução, muito maior, mais solene e que será a última», e ilustrando assim a dinâmica iniciada pelo texto fundador de 26 de agosto de 1789.

1.3. Os valores da Revolução Francesa

Através do encadeamento das declarações dos direitos, revela-se, tanto na sua elaboração como nos seus avanços ou recuos, todo um conjunto de novos valores que constituem o contributo específico deste período. Relativamente a todo o discurso revolucionário, e já não apenas aos seus textos fundadores, podemos enumerar resumidamente a lista dessas «noções-conceito».

Em primeiro lugar, evidentemente, o conceito de Revolução, que adquire em definitivo o seu sentido moderno. Tanto num campo como no outro, os homens deste tempo tinham clara consciência de uma rutura radical, de um ponto sem regresso, relativamente àquilo que se torna então o Antigo Regime, o da sociedade de ordens e do absolutismo monárquico. «Chegámos à ilha da liberdade e queimámos os navios que nos trouxeram», dirá Cambon em 1793. Enquanto tábua rasa, será a Revolução um ponto de chegada ou um ponto de partida? Para Marat, que considera que a «liberdade nasce dos fogos da sedição», convém que a Revolução seja permanente e incessantemente reativada.

Outros, afinal a maioria, pensaram desde os primeiros dias «terminar a Revolução», fixar-lhe um ponto limite: é a atitude da burguesia constituinte, e será a dos termidorianos e dos homens do Diretório. Mas, mesmo para eles, a ideia de concluir a Revolução associa-se ao conceito de regeneração, concebida como a necessidade de fazer nascer um homem novo através de uma pedagogia cívica.

Os fundamentos deste novo mundo, não só político, mas também social e moral, são os do direito natural, herdado do pensamento iluminista. Os direitos naturais, tal como são afirmados, como vimos, nas diferentes declarações — liberdade, igualdade, segurança e propriedade, para uns, direito à vida, para os outros —, não são definidos por todos nos mesmos termos. Ao longo destes anos, a ênfase será posta em várias leituras sucessivas, que fazem aparecer múltiplas conceções e contradições (liberdade contra propriedade). Terá a Revolução sido infiel às suas proclamações iniciais, como alguns pensam ao repudiarem no ano III parte do seu ideal? A verdade é que nunca renunciou ao conceito de soberania popular que substituiu o sistema monárquico, ainda que lhe tenha dado diferentes leituras, limitando, tanto durante a Constituinte como durante o Diretório, o exercício dessa soberania a uma elite censitária.

Em todos os casos, esse exercício tem, porém, de ser regulado pela lei. Pretendeu-se substituir a arbitrariedade pela Constituição, que garante o exercício da liberdade, única forma de se evitar o despotismo. Para os homens da Revolução, esta Constituição não é um conjunto de regras sancionadas pelo costume, como na Inglaterra, ou como as «leis fundamentais» do Antigo Regime. Pressupõe o respeito de um conjunto de regras, como a separação de poderes. Herdada de Montesquieu, esta ideia não se reduz ao simples equilíbrio dos poderes executivo, legislativo e judicial. Todos têm consciência de que o único verdadeiro poder é o de fazer a lei. Mas para se evitar que um mesmo órgão possa acumular todas as funções, propõem-se várias soluções. Os constituintes e, mais tarde, os termidorianos, próximos na sua conceção do sistema anglo-americano do equilíbrio de poderes, querem evitar a preponderância do poder legislativo com o estabelecimento de um executivo forte: o rei na Constituição de 1791, os diretores no sistema diretorial. Ao contrário, o projeto constitucional de 1793 assenta na preeminência do poder legislativo, emanação discreta da soberania popular: é a esta conceção que adere toda a corrente democrática da Revolução. Em todos os casos, o princípio da separação de poderes tem a finalidade de preservar a verdadeira soberania, a do povo ou da nação, fundamento de um Estado de direito. Este Estado de direito pressupõe um regime representativo, devido à impossibilidade, já sublinhada por Rousseau, do exercício de uma democracia direta numa grande nação, o que levanta o problema da democracia, tanto através da base sobre a qual assenta como através das suas condições de exercício.

A Revolução cria a cidadania ao conferir o exercício dos direitos cívicos aos Franceses. Definiu-lhes os limites — censitários, no quadro da Constituição de 1791, pela distinção entre cidadãos ativos e cidadãos passivos, como veremos —, alargados a partir de 1792 pelo estabelecimento do sufrágio universal, direito estendido a toda a população masculina adulta, antes de, no ano III, regressar a um novo sistema censitário. Democracia direta ou indireta? Se o princípio do regime representativo se impõe, o que implica a rejeição do «mandato imperativo», ele encontra-se dividido ao longo da sua história entre a reivindicação da democracia direta, tal como a veremos em 1793–1794, formulada pelos porta-vozes do movimento popular, e as necessidades ligadas às circunstâncias de um poder forte e centralizado. Centralismo, cuja forma jacobina é a expressão momentânea no ano II, e descentralização, tal como surgiu em 1793 no movimento federalista, são outra expressão das opções com que este período se confrontou. Assim dividido, representará o período revolucionário uma experiência da democracia? Seja qual for a nossa conclusão, este período representou o acesso à política e aos direitos cívicos de parte importante da população.

Deste modo, deu origem a uma consciência coletiva que se exprime por meio de algumas ideias-chave de futuro. «Unidade e indivisibilidade»: a divisa que se irá impor a partir de 1793, sem ser depois desmentida, encontra as suas origens nos primeiros tempos da Revolução, formulada desde 1790 no movimento das federações, expressão espontânea de uma consciência nacional coletiva. Irá aparecer em vários conceitos forjados ao longo dos anos: República, nação ou pátria.

A República, proclamada, discretamente, em 21 de setembro de 1792, não estava inicialmente no centro do projeto revolucionário. Em 1789, se este conceito remetia para algumas imagens positivas — os Estados Unidos, a Suíça (tanto um mito como uma realidade) —, evocava igualmente Veneza ou as Províncias Unidas, oligarquias de antiga tradição, sendo que o sonho das Repúblicas antigas fazia parte da cultura humanista dos homens deste tempo. Não é de admirar, pois, que a ideia republicana caminhe lentamente até 1792 entre porta-vozes tão avançados como Marat ou Robespierre, ainda que esteja já presente em Condorcet. A sua emergência ao nível das referências essenciais da Revolução Francesa não estará então ligada apenas ao peso das circunstâncias, o insucesso, por própria culpa do soberano, de uma via reformista de monarquia constitucional? Prende-se, mais profundamente, com a associação que se fez no imaginário e na simbólica com a ideia de liberdade, de rejeição do despotismo e da tirania, que constitui a originalidade da experiência revolucionária francesa. Prende-se também com o forte laço que se estabeleceu entre República, pátria e nação.

A nação existia há muito, mas confundia-se com a fidelidade monárquica. O corte radical que se estabeleceu entre o povo e a aristocracia, povo e monarquia, à medida que degradava a imagem real, deu outra conotação ao termo. Durante algum tempo, sonhou-se — na ilusão unanimista das federações de 1790 — com a reconciliação sob a divisa «a nação, a lei, o rei», que disfarçava a transferência de soberania já realizada do monarca para o povo soberano. A partir de 1792, a queda da realeza, bem como o estado de guerra com a «Europa dos déspotas», dão à nação a plenitude do seu significado; a nação identifica-se com o povo e adquire toda a sua força unificadora no confronto com a crise interna e com a guerra externa. Momentaneamente, opera-se uma fusão entre nação e pátria, e é ao grito «Viva a Nação!» que Kellermann reúne as tropas em Valmy. Uma ideia exigente, e até exclusiva, da pátria identificada com a Revolução impõe-se quando Barère declara: «Os aristocratas não têm pátria e os nossos inimigos não podem ser nossos irmãos.» A nação, dizia-se, ocupa o lugar deixado vago pela realeza, daí a sua associação à ideia de República. Quando diminui a tensão do ano II, opera-se a deriva do conceito de nação; a França diretorial que se lança numa aventura de conquista tonar-se-á na «Grande Nação, a vencer acostumada»: porta aberta a todas as aventuras ulteriores da nação no nacionalismo do século XIX e depois.

De qualquer forma, estas são as ideias-chave que constituem, não sem tensões nem contradições, mas com verdadeira unidade, a estrutura do novo Estado estabelecida pela Revolução, que coloca a França na modernidade.

2. As estruturas do Estado e as condições da vida política

A década revolucionária vê sucederem-se três formas de governo que acompanham os acontecimentos: de 1789 a 10 de agosto de 1792, é a monarquia constitucional; depois desta data até vindemiário do ano III (setembro–outubro de 1794), a Convenção é marcada pelo estabelecimento, afirmação e declínio do governo revolucionário; por fim, a Constituição do ano III instala o regime do Diretório, que durará até ao golpe de Estado de 18 de brumário do ano III (8 de novembro de 1799). A estas três sequências correspondem estilos contrastados de experimentação.

2.1. A monarquia constitucional

A Assembleia Constitucional (julho de 1789 – setembro de 1791) e a Legislativa (setembro de 1791 – setembro de 1792) inscrevem-se numa continuidade, apesar do corte que representa o voto e, depois, a entrada em vigor da Constituição de 1791. Nos dois primeiros anos, criam-se instituições que serão brevemente experimentadas até à queda da monarquia; mas, a partir de 1789, estabelecem-se as bases de um novo equilíbrio.

Neste sistema, o rei conserva um papel importante. Até 1791, a monarquia ainda não é contestada. Mas, a partir de outubro de 1789, o monarca tornou-se «rei dos Franceses», que reina, dirá a Constituição, «pela graça de Deus e da lei constitucional do Estado». A monarquia continua a ser hereditária, mas o soberano tem de prestar juramento ao Ato Constitucional. O rei recebe uma dotação anual de 25 milhões de libras. Continua responsável pelo executivo, nomeando embaixadores e generais; mas a sua prerrogativa só se exerce agora ao nível do governo, que ele compõe à sua vontade, sem recorrer à Assembleia. Este sistema nada tem a ver com um regime parlamentar à inglesa; os ministros não dependem de uma maioria na Câmara, que pode apenas pedir-lhes contas e, eventualmente, apresentá-las diante de um tribunal de alta instância. Estes ministros são seis: do Interior, da Guerra, da Marinha, da Justiça, das Relações Externas e das Finanças. O rei, por seu lado, goza de inviolabilidade.

O rei conserva um direito de vigilância sobre o poder legislativo através do direito de veto, que foi acesamente discutido na Constituinte. Ainda que a Assembleia tenha a iniciativa dos decretos, a sanção real é-lhes necessária, e o rei pode rejeitá-los. A direita monárquica defendeu o veto absoluto, mas foi o «veto suspensivo» limitado a duas legislaturas que acabou por prevalecer. Mas este veto não se aplica às leis das finanças nem aos textos constitucionais. O rei precisa também do acordo da Assembleia para declarar a guerra ou assinar a paz.

Se o rei conserva assim um conjunto de prerrogativas nada negligenciáveis, a iniciativa e a responsabilidade de fazer a lei pertence ao Corpo Legislativo. Daí a importância do debate que, na Constituinte, opôs os deputados em relação à organização desse poder: à direita, os monárquicos, «anglómanos», que defendiam um sistema de duas câmaras, sendo a Assembleia eleita reforçada por uma Câmara Alta à inglesa, elemento de salvaguarda em que o rei poderia encontrar apoio nos notáveis, que associavam aos antigos privilegiados a elite do dinheiro. Pelo contrário, prevaleceu a solução de uma Câmara única, na forma de uma Assembleia Legislativa de 745 membros, eleitos por dois anos. Os seus poderes são extensos, já que estabelece e vota o orçamento e tem a iniciativa legislativa. O poder executivo não pode dissolvê-la; mas, inversamente, não tem o controlo do governo, embora possa levar os ministros a tribunal. O modo de eleição nada tem de democrático: o corpo eleitoral dos cidadãos masculinos com mais de 25 anos é dividido em dois grupos, cidadãos passivos e cidadãos ativos, definidos por um critério censitário, o pagamento de um imposto direto de três dias de trabalho (são também excluídos os criados e os falidos). Este critério seletivo pode parecer muito alargado, já que se calcula haver cerca de 4 300 000 cidadãos ativos e 3 000 000 passivos; mas se, na França rural, os cidadãos ativos são maioritários, nas cidades, em geral, a parte dos cidadãos ativos não excede um terço. Depois, o sufrágio exerce-se a vários níveis: os cidadãos ativos designam os eleitores (1%) entre os que pagam um imposto de dez dias de trabalho. 5000 eleitores escolhem assim os deputados, tal como elegem os administradores locais.

Para se ser elegível, é preciso ser proprietário e pagar um imposto de um marco de prata, ou seja, 52 libras. Esta última cláusula foi muito combatida pelos porta-vozes do partido democrático, que denunciavam a reconstituição de uma nova aristocracia. Acabou-se por se suprimir o imposto do marco de prata, mas demasiado tarde para que esta medida se aplicasse às eleições para a Assembleia Legislativa.

A Assembleia, que tem o protagonismo, confronta-se neste período com duas estruturas aparentemente muito diferentes pela sua formação. A Constituinte nasceu da transformação dos Estados Gerais; significa isto que a representação das ordens privilegiadas é aí teoricamente maioritária, mas muitos nobres voltaram para casa e os prelados emigraram. Restam alguns párocos, bem como um grupo de nobres, alguns liberais e patriotas, outros pilares do partido aristocrata, na maioria monárquicos. A viragem das eleições para a Legislativa será, a este respeito, decisiva, pois elimina a quase totalidade dos antigos privilegiados. É então entre os plebeus do antigo terceiro estado que se recruta a massa dos deputados. Nas duas Assembleias, os representantes dos grupos populares não têm lugar, a burguesia domina. A polémica outrora travada pelos historiadores anglo-saxónicos sobre os contornos desta «burguesia» é agora obsoleta: ninguém contesta que a burguesia produtora dos negociantes ou dos empresários está aí discretamente representada. Advogados, magistrados, «togados»([18]), como então se dizia, ocupam um lugar hipertrofiado nas duas Assembleias, reforçado ainda na Legislativa, dando crédito à expressão desdenhosa de uma Revolução «de advogados e sapateiros» (mas já não há sapateiros na Assembleia!).

Estes deputados reagrupam-se por afinidades e tendências; mas hesita-se em falar de partido no sentido moderno do termo,

([18]) No original, «robins». [*N. do T.*]

ainda que alguns grupos sejam mais estruturados do que outros, como os aristocratas ou os «negros». Na Constituinte, os patriotas ou «constitucionais» apresentam toda uma gama de atitudes, desde as mais moderadas às mais pronunciadas. Contudo, surgem alguns elementos de reagrupamento: estruturas periféricas, mas influentes, como os clubes onde se encontram os deputados da mesma tendência. Herdeiros do Clube Bretão da época dos Estados Gerais, os jacobinos representam pela esquerda um lugar de reunião, onde, inicialmente, os deputados ocupam um lugar essencial e se opera a concertação para preparar as sessões da Assembleia, assumindo cada vez mais um autêntico magistério de opinião. Moderados e contrarrevolucionários têm também os seus clubes, mas mais fechados (o Clube Monárquico); reúnem-se igualmente por afinidades em estruturas elitistas, como os salões. Em seguida, forma-se também aquilo a que hoje se chamaria «lóbis», como o clube Massiac, que agrupa os meios dos negócios — armadores, fazendeiros — preocupados com a defesa dos interesses coloniais.

Neste trabalho de recomposição, o papel das personalidades é importante: as mais recentes prosopografias do grupo dos constituintes destacam o hiato existente entre a massa dos deputados mudos ou quase mudos e os especialistas da tomada da palavra, cujas intervenções são múltiplas e esperadas, como o abade Maury, entre os aristocratas. Não é exagero verificar que o apagamento da personagem real é acompanhado pela emergência de personagens em quem se vê um recurso providencial: Necker desempenhou este papel durante algum tempo, bem como Mirabeau e, depois, La Fayette, o «herói dos dois mundos», ilustração efémera da tentação do cesarismo. Mas estas reputações depressa se desfazem: as de La Fayette e de Bailly não resistirão ao massacre do Campo de Marte.

Neste contexto, podemos apreciar a atividade desenvolvida pelas Assembleias, cujo trabalho se estrutura e se regulariza. Por vezes, colocou-se a tónica na desordem daquelas sessões diárias, em que o quotidiano se manifesta pela intrusão de delegações de peticionários... Mas isso é esquecer a importância dos grandes debates que pautaram, desde o início, a vida dos deputados: debates sobre a Constituição, o veto, o marco de prata, o direito de paz e de guerra ou a Constituição Civil do Clero. É esquecer, ainda mais, a importância do trabalho menos visível dos comités que a Constituinte instituiu desde o princípio para preparar os seus trabalhos e onde participavam técnicos para estudarem os grandes problemas a resolver: Comité da Constituição, Comité da Divisão, encarregado do reordenamento da França, Comité das Finanças, Comité da Mendicidade, que desenvolve por toda a França um estudo sobre a pobreza e a indigência, e outros ainda... A amplitude das reformas de que daremos conta testemunha a eficácia das estruturas que assim se estabelecem. Mas não podemos pôr de parte a marcha do tempo: inscreve-se incontestavelmente uma viragem, que podemos situar entre a fuga da família real para Varennes e a crise do verão de 1791. Eclipse dos chefes — ou pelo menos a sua substituição por novas equipas —, renovação do pessoal político numa Assembleia Legislativa em que os constituintes não eram reelegíveis, intensificação — no contexto da aproximação da guerra e do perigo contrarrevolucionário — do conflito entre o rei e a Assembleia, evidenciado pelo exercício do veto real... Sob a pressão popular e da opinião pública, os centros de decisão deslocam-se, e é entre os jacobinos que o debate sobre a paz e a guerra se inscreve em primeiro lugar. As estruturas dos partidos tornam-se mais precisas e endurecem após a cisão dos «*feuillants*». A precariedade do compromisso constitucional torna-se cada vez mais evidente no ano que precede a queda da monarquia.

2.2. *O governo revolucionário*

Em 19 de vindemiário do ano II (10 de outubro de 1793), o governo é declarado «revolucionário até à paz» (ver texto em caixa: «A teoria do governo revolucionário»). De facto, boa parte das estruturas assim criadas, formalizadas dois meses depois pelo decreto de 14 de frimário([19]) do ano II, subsistirá até ao fim da Convenção, ou seja, em brumário do ano III([20]); mas a queda de Robespierre, a 9 de termidor, tinha então travado a dinâmica iniciada no outono de 1793. Durante um período de seis meses a um ano, assiste-se, pois, a esta experiência política, que corresponde aos momentos dos maiores perigos corridos pela República.

O período entre a queda da monarquia e o outono de 1793, no que respeita às estruturas estatais, é uma época de incertezas e, ao mesmo tempo, de inovações essenciais para se compreender a sequência dos acontecimentos. Incertezas, porque o desaparecimento do poder real conduz à criação de um Conselho Executivo Provisório, constituído por uma dezena de ministros e dirigido por Roland durante o período girondino. Este Conselho perdura, mas com atribuições cada vez mais limitadas, até à sua supressão, a 13 de germinal do ano II([21]). Trata-se de uma estrutura estagnada, desde o início, tanto pelo peso das responsabilidades desses ministérios, cujos efetivos são cada vez maiores, como pelo contexto político. O problema do poder reside na presença da Comuna Insurrecional de Paris, de grandes ambições, e contra a qual a equipa girondina trava uma luta. Será ainda agravado pela luta entre girondinos e montanheses na Convenção, até 2 de junho de 1793.

Em termos de inovações, a passagem para o regime republicano: a República é proclamada sem ênfase a 21 de setembro de 1792; será declarada «una e indivisível» a 25 do mesmo mês. O processo e a morte do rei, no dia 21 de janeiro de 1793, sancionam de forma definitiva a entrada numa nova era.

([19]) 4 de dezembro de 1793. [*N. do T.*]

([20]) Outono de 1794. [*N. do T.*]

([21]) 2 de abril de 1794. [*N. do T.*]

🕮 A teoria do governo revolucionário apresentada por Robespierre em 25 de dezembro de 1793:

«Começaremos por desenvolver os princípios e a necessidade do governo revolucionário; em seguida, mostraremos a causa que tende a paralisá-lo no seu nascimento.

«A teoria do governo revolucionário é tão nova quanto a revolução que a criou. Não vale a pena procurá-la nos livros dos escritores políticos, que não previram esta revolução, nem nas leis dos tiranos, que, satisfeitos por abusar do seu poder, pouco se preocupam em procurar a sua legitimidade; do mesmo modo, para a aristocracia, este termo é apenas um assunto de terror ou um texto de calúnia; para os tiranos, não passa de um escândalo; para muita gente, é apenas um enigma. É preciso explicá-lo a todos para, pelo menos, fazer com que os bons cidadãos adiram aos princípios do interesse público.

«A função do governo é dirigir as forças morais e físicas da nação para a finalidade da sua instituição.

«A finalidade do governo constitucional consiste em conservar a República; a de um governo revolucionário consiste em fundá-la.

«A revolução é a guerra da liberdade contra os seus inimigos; a Constituição é o regime da liberdade vitoriosa e pacífica.

«O governo revolucionário necessita de uma atividade extraordinária, precisamente porque está em guerra. Está submetido a regras menos uniformes e menos rigorosas, porque as circunstâncias em que se encontra são agitadas e móveis, e sobretudo porque é obrigado a empregar incessantemente recursos novos e rápidos para perigos novos e prementes.

«O governo constitucional ocupa-se principalmente da liberdade civil; e o governo revolucionário ocupa-se da liberdade pública. Sob o regime constitucional, quase que basta proteger os indivíduos contra o abuso do poder público; sob o regime revolucionário, o próprio poder público é obrigado a defender-se de todas as fações que o atacam.

«O governo revolucionário deve aos bons cidadãos toda a proteção nacional; aos inimigos do povo, deve apenas a morte.»

(*Fonte:* citado por GODECHOT, Jacques *La Pensée révolutionnaire*, Paris, Armand Colin, 1964, pp. 190–191.)

A eleição de uma Convenção, assembleia encarregada de dotar a França de uma nova Constituição, tinha sido decidida a 10 de agosto; a Convenção substitui, a 20 de setembro, a Assembleia Legislativa. Pela primeira vez na história nacional francesa, este escrutínio a dois níveis realizou-se por sufrágio universal: mas é verdade que só um décimo do corpo eleitoral (700 000 de 7 000 000) participou no escrutínio. 749 deputados constituíam a Assembleia: continuava a ser burguesa pela origem dos seus membros, um terço dos quais eram magistrados, geralmente já com experiência de prática política nos anos anteriores. Rapidamente dividida pelo conflito entre a Montanha e a Gironda, não deixou de realizar a tarefa para que havia sido convocada, a votação de uma Constituição. Este é o paradoxo de um texto de grande importância histórica, cujo destino foi o de nunca ter sido aplicado nas circunstâncias excecionais em que fora produzido.

Na primavera de 1793, as discussões preliminares resultaram na produção de vários projetos; o de Condorcet, próximo dos girondinos, é o mais desenvolvido. Embora democrático, acusam-no de tender a instituir «uma realeza de ministros» e de colocar em confronto, sem solução de arbitragem, um poder executivo e um poder legislativo, ambos saídos do sufrágio universal. Após a queda da Gironda, os montanheses apressaram a conclusão do texto, adotado a 24 de junho de 1793.

Esta Constituição conferia amplos poderes a uma Assembleia única eleita por sufrágio universal, encarregada de votar as leis.

O executivo era confiado a um conselho de 24 membros, escolhidos pela Assembleia de entre os candidatos — um por departamento — propostos pelas assembleias eleitorais locais. Uma vontade de democracia direta exprimia-se na possibilidade dada às assembleias primárias de rejeitarem uma lei, se um décimo dos eleitores o exigisse em metade dos departamentos. O recurso ao referendo estava previsto em certos casos, e os deputados deviam prestar contas do seu mandato aos eleitores. Este texto dava então crédito ao movimento popular e às suas aspirações à democracia direta. No entanto, tal qual, este texto era inaplicável nas circunstâncias presentes, e os seus autores tinham consciência desse facto. Submetido à ratificação popular, obteve 1 700 000 votos no sim, contra 100 000 votos negativos, num universo de 7 000 000 eleitores; mas a sua aplicação foi adiada para a paz: para um tempo, como se sabe, em que já se mudara de opinião. O governo revolucionário, pela «força das coisas», estabeleceu-se em bases diferentes. Alguns elementos foram instituídos antes até da queda dos girondinos: deste modo, a 6 de abril de 1793, foi constituído um Comité de Salvação Pública, então dominado por Danton; remodelado após a queda dos girondinos, Robespierre entra no Comité a 27 de julho. É instituído o Grande Comité. Mas é entre 19 de vindemiário([22]) (governo declarado «revolucionário até à paz») e o decreto de 14 de frimário([23]) que se fixa o seu funcionamento, quando é lícito apresentar as suas engrenagens.

No centro, a Convenção continua a ser o foco da iniciativa e do poder: só ela deve governar. Reúne-se quotidianamente, associando ao trabalho legislativo a receção de muitos pedidos e comunicações. Os seus efetivos foram reduzidos a uma centena de membros pelas depurações e pelo envio em missão de dezenas

---

([22]) 10 de outubro. [*N. do T.*]

([23]) 4 de dezembro. [*N. do T.*]

de deputados para as províncias, em equipas sucessivas. Mas os membros da Convenção participam também nos 19 comités, que, de forma mais obscura, gerem os assuntos da República e preparam os relatórios. É à Convenção que prestam contas e é esta que os renova. Neste sentido, não só concentra o poder legislativo, como também conserva sobre o executivo um constante direito de vigilância.

No entanto, um comité adquiriu uma importância excecional na organização dos poderes: o Comité de Salvação Pública. É inicialmente composto por doze membros, depois por onze, após a execução de Hérault de Séchelles. Robespierre, Saint-Just e Couthon seguem a política geral; Barère é o porta-voz junto da Convenção; Jean Bon Saint-André, Carnot, Lindet e os dois Prieur (de la Marne e de la Côte-d'or) assumem tarefas específicas em função das suas competências; Billaud-Varennes e Collot d'Herbois representam a ala avançada próxima do movimento popular. Mas, de facto, a responsabilidade é colegial e todos participam no trabalho coletivo por decisões tomadas em comum, independentemente das divergências que os opõem. O Comité de Salvação Pública dirige serviços cujos efetivos são numerosos (mais de 250 funcionários); dá diariamente as suas ordens aos ministros, que se tornam simples executantes. Submetido, no princípio, à Convenção, que lhe renova os poderes todos os meses, o Comité de Salvação Pública é o verdadeiro centro da autoridade: a ele cabe realizar «a identidade de opiniões, de máximas e de vontade», segundo os termos do decreto de 14 de frimário. Dirigindo a diplomacia, encarregado da condução da guerra, tem autoridade sobre os funcionários e corpos constituídos, controla a Comuna de Paris e envia para a província os representantes em missão, que lhe prestam contas.

Dos vários comités, só um conserva verdadeira autonomia relativamente ao Comité de Salvação Pública: o Comité de Segurança Geral, depurado em setembro de 1793, conta igualmente com doze membros, como Vadier, Amar e Lebas, que serão também reconduzidos até termidor. A este comité cabem as funções de polícia e vigilância sobre todo o território. Exerce estas funções através dos seus enviados e observadores, dispondo também de uma rede de comités de vigilância em todo o país. No entanto, é com algumas reticências que o Comité de Segurança Geral tolera a tutela do Comité de Salvação Pública, ao qual presta contas todas as semanas: o conflito entre os dois comités teve um peso real na crise de termidor.

Na sua aparência de monolitismo, assumindo a ditadura coletiva ditada pelas circunstâncias, o governo revolucionário reflete as tensões — individuais ou coletivas — que opõem os seus membros ou que se revelam na Convenção. O governo reforçou os poderes durante o ano II. A 13 de germinal([24]), após a queda dos hebertistas, o Conselho Executivo Provisório foi suprimido e os ministros substituídos por comissões. O governo revolucionário não sobrevive à crise de termidor: a 7 de frutidor([25]), a Convenção limita o Comité de Salvação Pública à diplomacia e à condução da guerra. O Comité de Segurança Geral conserva a polícia, o Comité de Legislação recebe a pasta da Administração e da Justiça, e os outros comités são confirmados nas suas atribuições. Esta dispersão do poder acaba com a unidade da condução do movimento revolucionário, cujo instrumento tinha sido o Comité de Salvação Pública.

2.3. O regime diretorial

O regime do Diretório foi instaurado pela Constituição elaborada, entre germinal e frutidor do ano III([26]), pela Convenção, segundo o projeto de um comité dominado por moderados — Daunou e Boissy d'Anglas. Este texto longo, precedido da

([24]) 2 de abril de 1794. [*N. do T.*]

([25]) 24 de agosto de 1795. [*N. do T.*]

([26]) Entre março–abril e agosto de 1795. [*N. do T.*]

Declaração dos Direitos e Deveres, de que já falámos, procedia a uma reforma completa das instituições revolucionárias em todos os domínios, com o objetivo afirmado de estabilizar definitivamente as conquistas da Revolução.

O sistema político que o texto institui tem o objetivo de evitar qualquer perigo de ditadura e de assegurar a preeminência dos notáveis, nova classe política saída da Revolução. Também se dá atenção à separação dos poderes. O legislativo é entregue a duas assembleias: o Conselho dos Quinhentos, formado por esse número de deputados com mais de 30 anos de idade, e o Conselho dos Anciãos, que conta com 250 deputados com mais de 40 anos. Não se trata de uma Câmara Alta e de uma Câmara Baixa à inglesa, mas sim de um meio de assegurar a estabilidade por um processo de duplo exame: os Quinhentos votam propostas de leis que são submetidas ao Conselho dos Anciãos, que não pode emendar, mas confere-lhes, por um voto positivo, o estatuto de «leis da República», ou, em caso de rejeição, devolve a proposta ao Conselho dos Quinhentos. Os Conselhos estão sujeitos à regra da renovação anual de um terço. Os deputados das duas Câmaras são eleitos pelo mesmo corpo eleitoral. Decide-se então a distinção entre cidadãos ativos e passivos (criados, falidos, condenados, mas também cidadãos não inscritos nos registos civis). Para ser eleitor, um cidadão tem de ser residente e pagar um imposto direto. Aparentemente, o sistema é mais aberto do que o de 1791, mas os cidadãos ativos elegem anualmente os únicos eleitores que designam os deputados e, para se ser eleitor, é preciso ser proprietário de um bem que tenha um rendimento equivalente, conforme os lugares, a 100 ou 200 dias de trabalho. Um corpo eleitoral fixado em 30 000 eleitores para toda a França dispõe, portanto, de todos os direitos cívicos.

A definição do executivo está rodeada de precauções para evitar qualquer perigo de ditadura. O poder colegial é assegurado por cinco diretores, eleitos pelos Anciãos de uma lista de 50 nomes proposta pelos Quinhentos. Um quinto do diretório é renovado anualmente, sem possibilidade de reeleição antes de cinco anos, o que impõe a mobilidade das pessoas. Os diretores nomeiam os ministros, os altos funcionários e os generais, e dirigem a política externa. Nomeiam também comissários encarregados de vigiar as administrações; mas não detêm a gestão dos fundos do Estado, que está entregue a uma comissão.

No seu título, a lei de 5 de frutidor do ano III([27]) pretendia encontrar os meios de «terminar a Revolução»: temos de reconhecer que — apesar das precauções tomadas, e reconhecendo ao Diretório uma longevidade de cinco anos, que fez dele a sequência mais longa da história revolucionária — o objetivo de estabilização não foi alcançado. O funcionamento do sistema revelou-se logo defeituoso: não seria mau augúrio o facto de os membros da Convenção, antes de se separarem, terem defraudado o sistema eleitoral que haviam instituído, ao votarem o decreto dos dois terços, pelo qual se perpetuavam parcialmente, com medo de serem submergidos pela reação?

O Diretório foi marcado por uma sucessão de golpes de Estado, destinados a restabelecer a ordem, ora à direita, ora à esquerda, falseando o jogo eleitoral quando era desfavorável aos termidorianos no poder. O dia 18 de frutidor do ano V([28]), viragem importante na época, assistiu à exclusão dos realistas, que tinham voltado em grande número; a 22 de floreal do ano VI([29]), os eleitos de esquerda foram invalidados em massa; no dia 30 de pradial do ano VII([30]), foram os conselhos que, por sua vez, obrigaram os diretores Merlin e Treilhard a demitirem-se... E o 18 de

---

([27]) 22 de agosto de 1795. [*N. do T.*]

([28]) 4 de setembro de 1797. [*N. do T.*]

([29]) 11 de maio de 1798. [*N. do T.*]

([30]) 18 de junho de 1799. [*N. do T.*]

brumário([31]) concluiu esta série de ataques a uma legalidade que nunca conseguiu realmente impor-se. Será que devemos ver neste regime de golpes de Estado, como se fez muitas vezes, a consequência de um vício original, uma doença congénita, cuja culpa recairia na Constituição do ano III e na falta de um processo de arbitragem em caso de conflito entre os poderes executivo e legislativo? A explicação é formal. Não há dúvida de que se deve levar em linha de conta a própria fragilidade da base social de uma burguesia diretorial que se separou dos grupos populares, que ela teme, ficando à mercê dos regressos de uma Contrarrevolução agressiva. Os defeitos do regime, corrupção, proliferação burocrática, contribuíram também provavelmente para a desagregação interna do aparelho de Estado, ainda que o balanço muito negro tradicionalmente apresentado mereça ser revisto. O aumento do poder militar, que dará o golpe final ao regime, é tanto uma consequência como uma causa da crise final. A consolidação das instituições republicanas desejada pela burguesia era demasiado precária para lhe permitir resistir por meios legais aos ataques que lhe eram desferidos tanto do interior como do exterior.

3. Estruturas do Estado: a França remodelada, as instituições

Feita tábua rasa das instituições do Antigo Regime, tanto no enredo das suas estratificações seculares como nos princípios condenados que as regiam (o privilégio, a venalidade dos cargos), a Revolução tinha de repensar a França e reconstruí-la sobre novas bases.

Não se furtou a esta tarefa, à qual se dedicou a partir de 1789. As soluções adotadas evoluíram ao longo dos anos: é tradicional,

([31]) 9 de novembro de 1799, data do golpe de Estado de Napoleão e fim do Diretório. [*N. do T.*]

e até legítimo, opor uma atitude característica do período constituinte, que privilegia o princípio eletivo e uma certa forma de descentralização, à evolução ulterior que, no ano II, conduz a uma centralização «jacobina», que o Diretório não corrigirá verdadeiramente e cujo ponto culminante será a centralização consular e, depois, imperial. Também se costuma questionar, como Tocqueville, o problema da continuidade ou da rutura: a Revolução Francesa inscreve-se na linha reta de uma herança da política monárquica de centralização ou terá representado uma rutura e trazido um espírito novo? Antes de examinarmos os diferentes domínios de intervenção — a administração, a justiça, as finanças, a educação, a assistência... —, vale a pena reconhecer alguns princípios gerais que regeram o comportamento dos homens da Revolução, que definem, apesar de inflexões notáveis, um projeto contínuo.

Racionalização, uniformização, organização: estes objetivos afirmam-se desde o início. Trata-se de fazer deste «agregado desorganizado de povos desunidos», de que falava Mirabeau, um conjunto coerente. Tal atitude confunde-se com o voluntarismo, já evocado através da mística do homem novo num país renovado, e neste ponto não há rutura entre os constituintes e os jacobinos do ano II ou os homens do Diretório.

Implicará este projeto necessariamente uma vontade centralizadora? É duvidoso. Burke, crítico inglês da experiência revolucionária, via, pelo contrário, nas reformas da Constituinte, que fragmentavam a França em pequenas Repúblicas independentes, uma das razões para o falhanço futuro da Revolução... Inversamente, é verdade que o sentimento da necessária unidade do país foi uma constante no pensamento dos legisladores. Não deixa de haver contrapartida, e a ideia federalista terá a sua hora, em 1793, combatida pela divisa «Unidade e Indivisibilidade». Aquilo que, de certa forma, corrige a leitura centralizadora é, além de um verdadeiro pragmatismo, que veremos aplicado na formação dos departamentos, uma preocupação pela democracia, que se encarna desde logo na afirmação do princípio eletivo: eleger os administradores, os juízes, os oficiais e até os padres, eis uma das originalidades que impressionaram os observadores. O sistema instituído a partir de 1790 pela burguesia constituinte é um dos mais descentralizados que a França conheceu. Este espírito faz-se acompanhar de uma outra ideia cara a esta burguesia, a do liberalismo em todas as suas formas, de um «menos Estado», diríamos hoje, tal como se exprime na doutrina do *laissez-faire-laissez-passer* em matéria de subsistências. Tal dogma não resistirá à pressão das circunstâncias nem à força da reivindicação popular em 1793, mas será ele que terá a última palavra a dizer.

Outros princípios regeram a ação dos revolucionários: desfeudalizar, mas também dessacralizar a esfera das instituições e o espaço nacional, instaurar a partilha laica no direito, no estado civil, na remodelação do espaço e do tempo. Empreendimentos audaciosos e, por vezes, aventurosos, dos quais alguns não sobreviverão ao período, enquanto outros passarão a fazer parte da paisagem da França moderna.

3.1. O espaço e o tempo

A Revolução, como veremos, falhou na sua tentativa de inscrever o tempo em novas estruturas; mas conseguiu dar ao espaço novos quadros e novos limites.

A partir da noite de 4 de agosto de 1789, as antigas províncias e distinções — país de estado contra país de eleição — desapareceram; mas foi toda a geografia complexa e confusa dos antigos limites administrativos, fiscais, religiosos ou judiciais que se pôs em causa.

De setembro de 1789 a fevereiro de 1790, a Constituinte discutiu as novas divisões que se dariam à França. Vários projetos se sucederam, desde o de Thouret, que dividia, à americana, o país em 80 divisões administrativas, os «departamentos», na base de quadrados de 18 léguas, ao de Mirabeau, que rejeitava os limites geográficos para os inscrever no quadro das antigas províncias. Admitiu-se, por fim, o princípio de uma divisão entre 75 e 85 departamentos, cada qual subdividido entre 6 e 9 «distritos». Constituiu-se um comité, que consultou e arbitrou as pretensões de uns e outros e, especialmente, as rivalidades das cidades que queriam obter uma sede administrativa. A 15 de fevereiro de 1790, encerrou-se a discussão: criaram-se assim 83 departamentos, de extensão semelhante, com o cuidado, inegavelmente coroado de sucesso, de se respeitar as antigas divisões históricas. Os departamentos recebiam nomes geográficos inspirados nos cursos de água e nas montanhas. Respeitou-se a norma de uma média de meia dúzia de distritos, subdivididos em cantões, eles mesmos subdivididos em comunas: a unidade de base do tecido aldeão era respeitada. Houve contestações, rancores por parte das cidades e vilas despromovidas, mas esta nova estrutura revelou-se resistente à prova do tempo. A anexação da Saboia, do condado Venaissino e do condado de Nice completaram, entre 1791 e 1792, o tecido departamental, antes de as anexações ligadas à conquista terem alargado provisoriamente a malha departamental para lá do Hexágono([32]).

Substituir as cerca de 800 medidas de peso ou de comprimento existentes na França do Antigo Regime por um sistema de medida uniforme não era uma empresa fácil, mas respondia às necessidades formuladas tanto dos negócios como dos homens das ciências. Há muito que se pensava nisso, e, em 1787, a Academia das Ciências nomeara uma comissão para esse efeito. O princípio de uma uniformização foi adotado pela Constituinte a 8 de maio de 1790; uma comissão de sábios — Lavoisier, Lagrange, Borda

([32]) O Hexágono é a forma aproximada do mapa do território francês. [*N. do T.*]

e Condorcet — estudou o problema e adotou o sistema decimal e o princípio do metro, subdivisão do meridiano terrestre. Isto implicava um grande trabalho de triangulação para a medição do meridiano entre Dunquerque e Barcelona, que foi realizado, não sem dificuldade, entre 1790 e 1793. No dia 1 de agosto de 1793, a Convenção cria transitoriamente o sistema métrico na base de medidas provisórias; instituição confirmada pela lei de 18 de germinal do ano III (7 de abril de 1795) e, depois, em 1801, quando as novas medidas se tornam obrigatórias. Estas medidas precisavam de tempo para se imporem no país, onde as antigas medidas continuam a ser utilizadas durante muito tempo; mas o emprego de novas normas pela administração foi vencendo progressivamente as resistências.

O mesmo não se passou com o calendário republicano: atacar os ritmos tradicionais do tempo era agredir a herança religiosa do calendário litúrgico e os ritmos sazonais da França rural. No entanto, a partir de 1789, é grande o desejo de se datar como ano I da liberdade a nova era em que os Franceses entraram. Em 22 de setembro de 1792, decide-se estabelecer um novo calendário, que se inicia com a criação da República: só será adotado a 24 de outubro de 1793, ao mesmo tempo que se inicia a descristianização. Aos sábios é proposto que façam uma divisão de doze meses de trinta dias, cuja subdivisão é o *décadi*. O ano começa no equinócio do outono e termina nos cinco dias das festas «*sans-culottides*». Fabre d'Églantine propôs a nova nomenclatura dos meses, que evocam os ritmos das estações; nomes de plantas, de animais ou de objetos usuais, exorcizando as antigas referências religiosas. Este novo calendário teve um sucesso momentâneo: podemos ver isso pelas festas decadárias e pelos nomes próprios revolucionários nele inspirados, no ano II, em certos locais. Mas, a partir do período do Diretório, o seu emprego confronta-se com a má vontade cada vez mais generalizada das populações que rejeitam o *décadi* para voltarem ao domingo, apesar dos esforços do governo para o tornar obrigatório (ano V). O seu uso limita-se cada vez mais às administrações, e o calendário republicano será abolido durante o Império, em nivoso do ano XIV (1 de janeiro de 1806). Não há dúvida de que seria muito simples dizer que lhe faltou tempo para se impor.

3.2. A administração local

Tal como a administração central, a administração local reflete as grandes etapas da vida política, oscilando entre um sistema largamente descentralizado, em 1791, e a centralização do ano II, que o Diretório não colocará verdadeiramente em causa.

As novas instituições foram estabelecidas a partir de 1790, substituindo as já enfraquecidas administrações reais antigas, mas também, nas cidades, os poderes efetivos que a revolução municipal suscitara durante o verão de 1789. Uma pirâmide de instâncias hierarquizadas segundo princípios idênticos manifesta a preocupação pela uniformidade, mas o princípio eletivo — reservado, é verdade, aos cidadãos ativos — domina, e o controlo central é limitado. Em cada comuna existe uma sede de municipalidade; elege-se um conselho geral, um «presidente da câmara»([33]), oficiais municipais... O poder central é representado por um procurador da comuna. O cantão tem pouca importância, recebendo apenas o juiz de paz e a assembleia primária dos cidadãos ativos que aí elege os eleitores. Estes designam as administrações dos distritos e do departamento, bem como os deputados à Assembleia Nacional. Estas administrações incluem um conselho geral, que se reúne em sessões, um diretório permanente, que assegura a continuidade, e um procurador síndico, que representa o rei. Estes poderes locais têm atribuições muito

([33]) No original, «maire». [*N. do T.*]

extensas no domínio fiscal, obras públicas, polícia, educação, assistência, formação de guardas nacionais e recrutamento de tropas.

Este sistema funcionou mais ou menos mal até 1793: mais mal do que bem, estaríamos nós tentados a dizer injustamente. Tinha defeitos evidentes. O recurso sistemático ao princípio eletivo não era o mais adequado em matéria de fiscalidade e, de forma mais ampla, de administração: falta de técnica, de educação e até, nas pequenas comunas, de autoridade ou boa vontade. Se há quadros competentes nas cidades, pela reconversão dos magistrados, togados capazes de responder à gigantesca procura que representam as 40 000 comunas francesas, eles não existem no campo. Além disso, estas autoridades saídas da burguesia revolucionária tinham de gerir os problemas e as tensões nascidas da crise revolucionária. Departamentos e distritos, em muitos casos moderados, confrontavam-se, em 1791 e mais ainda em 1792, com um movimento popular com o qual as municipalidades estavam em contacto mais direto. Durante a crise do verão de 1792, estes quadros foram maltratados e, por vezes, agredidos diretamente. Nas grandes cidades, tanto em Paris como na província, as secções — inicialmente simples quadros das assembleias eleitorais — adquiriram então uma nova importância: eram abertas aos cidadãos passivos e, a partir do verão de 1792, realizavam as suas assembleias quotidianas. A partir de 10 de agosto, a Comuna Insurrecional de Paris ilustra de forma excecional, mas significativa, a explosão das estruturas estáveis que a Constituinte desejava estabelecer. Aquando da crise federalista, os departamentos optaram, em muitos casos, pelo campo errado: isso não lhes será perdoado.

O novo sistema, estabelecido a partir do verão de 1793 e sistematizado pelo decreto de 14 de frimário do ano II([34]), faz

([34]) 4 de dezembro de 1793. [*N. do T.*]

prevalecer um espírito muito diferente. A depuração das autoridades constituídas está na ordem do dia; será depois procedida por vagas sucessivas até ao meio do ano II. A recuperação do domínio pelo poder central afeta certamente as instâncias nascidas da crise de 1793: a Comuna de Paris será «domesticada» durante o inverno e a primavera de 1794, as assembleias seccionais — expressão de uma democracia direta que, na província, se perdera no movimento federalista, enquanto em Paris exprimiam a pressão do movimento popular — serão também metidas na ordem e, depois, suprimidas no ano II.

Mas as instâncias regulares acusam também o golpe: os departamentos, privados dos seus poderes e das suas instâncias deliberativas, são reduzidos a pouca coisa, enquanto os distritos, pelo contrário, assumem um papel acrescido. A todos os níveis — departamentos, distritos, municipalidades —, a personagem central passa a ser o agente nacional, nomeado pelo governo e pelos seus emissários, os representantes em missão. É o agente da execução zelosa das medidas revolucionárias, das quais deve dar conta de dez em dez dias. Novas instâncias são criadas: os comités de vigilância, organizados por etapas entre março de 1793 e o inverno do ano II, têm por tarefa, no departamento, distrito e comunas, vigiar e prender os suspeitos e, de forma mais geral, estar atentos às medidas de ordem republicana (requisições, alimentos, recrutamento de homens). Se levarmos em linha de conta o papel cada vez maior das sociedades populares, então multiplicadas, e das quais trataremos mais à frente, é toda uma rede redefinida que assegura, sob o controlo vigilante dos representantes em missão, o domínio do governo revolucionário em todo o país.

Este sistema não sobreviveu a termidor. Os comités de vigilância foram diretamente atacados, inicialmente limitados a um por distrito, antes de desaparecerem. O Diretório reabilita os departamentos e suprime os distritos; além disso, ataca as municipalidades com a instauração das municipalidades de cantão.

No que respeita ao departamento, a direção é agora assegurada por cinco administradores nomeados pelos eleitores. Mas estes notáveis eleitos são ladeados por um comissário do Diretório, que substitui o procurador síndico e intervém diretamente — não sem conflitos frequentes arbitrados pelo poder central — na gestão local. Diferente da centralização jacobina do ano II, sem dúvida menos eficiente no contexto da crise do Estado, nasce uma nova centralização. Ao nível da comuna, no campo, um agente e um adjunto substituem a municipalidade. Só as cidades com mais de 5000 habitantes têm uma municipalidade completa, e nas cidades com mais de 100 000 habitantes existem municipalidades de bairro: trata-se de uma forma de fragmentar a autonomia municipal. Nessas municipalidades, os grandes notáveis recuperaram o lugar e a influência perdidos provisoriamente no ano II.

Como o poder desesperava por encontrar nas simples aldeias um pessoal suficientemente qualificado, instaurou as municipalidades de cantão, compostas de agentes comunais e de um presidente eleito, vigiado por um comissário. De facto, esta instituição não obtém o sucesso esperado. O espírito municipal continuava forte e em muitos departamentos nem se chegou a instalá-las, falhanço refletido na fuga das elites locais, em muitas regiões, diante das pesadas responsabilidades, por vezes perigosas em zonas inseguras. Os quadros da vida política local reduzem-se a uma pequena elite, republicana moderada, mesmo que, por vezes, já seja uma sorte encontrar alguns sobreviventes da militância do ano II.

3.3. Imposto e fiscalidade

Os problemas da fiscalidade, da dívida e da desigualdade face ao imposto tiveram, na crise final do Antigo Regime, um papel essencial, já que, afinal de contas, estiveram na origem da convocação dos Estados Gerais. «Bendito défice, serás o tesouro da nação!», exclamava Mirabeau. Paradoxo aparente: apesar das resistências reais ao imposto, estas questões tiveram muito pouca importância na história quotidiana da Revolução. Isto porque os regimes revolucionários contornaram o problema; ao aceitarem o peso da dívida do Antigo Regime, resignaram-se também a usar outras vias que não a fiscalidade para responder às necessidades do Estado: nacionalização dos bens do clero, emissões monetárias no quadro da aventura do assinado, empréstimos forçados, drenagem dos recursos dos países conquistados durante o Diretório.

À custa desta gestão, que podemos considerar danosa, não deixaram de fazer toda uma série de reformas fundamentais, ainda que pareçam relativamente tardias (inverno–primavera de 1791). A opinião pública contestara o peso dos impostos indiretos da monarquia — a gabela ou as *aides* —, que foram então abolidos. Mas voltaram a estar em vigor durante o Diretório e ainda mais no Império, em que se redescobriu os méritos desta fiscalidade invisível ou, pelo menos, indolor para o povo.

O imposto direto surgia como o justo meio de alimentar os cofres do Estado, ou melhor, as contribuições, mudança de título significativa. Mudança de espírito, também, que responde à proclamação da igualdade de todos face ao imposto, reivindicação fundamental na abolição do sistema de privilégios. Após uma fase intermédia alimentada pelas contribuições patrióticas dos primeiros tempos, instauraram-se novas contribuições: em primeiro lugar, a contribuição predial, que atacava a verdadeira fortuna, para os constituintes que pensam, como os fisiocratas, que toda a riqueza vem da terra. Daí o seu peso considerável, 67% do total. Mas não se quis poupar a fortuna mobiliária: a contribuição mobiliária, associada à contribuição pessoal e sumptuária, era estabelecida sobre o rendimento presumido, e o imposto incidia sobre as atividades comerciais e industriais, desde o artesão ao negociante. Em 1789, o Diretório acrescentou a contribuição sobre as portas e janelas, constituindo assim a rede das «quatro velhas» (contribuições), que será a base do sistema fiscal francês até 1914.

Esta preocupação com uma fiscalidade mais equitativa e, apesar do que dela se disse, relativamente leve, enfrentou vários obstáculos à sua aplicação. A cobrança da contribuição predial, peça essencial no dispositivo, implicava a criação de um cadastro em todas as comunas. Este trabalho imenso só foi conseguido em algumas comunas, principalmente no Sul, que já tinha os seus cadastros. O Império recomeçará o empreendimento, e o cadastro, conhecido por «napoleónico», será realizado entre 1808... e a década de 30 do século XIX. Depois, por falta de poder ou de vontade de exigir uma declaração de rendimentos, o imposto manteve o seu carácter de repartição a cargo das comunas, daí as muitas desigualdades entre várias localidades. Por último, o princípio eletivo dominante durante a Constituinte fez com que se confiasse às autoridades locais a tarefa de cobrarem o imposto. Só havia funcionários especializados ao nível do departamento (os pagadores gerais); o Diretório tentou, com pouco êxito, estabelecer agências departamentais de contribuições. Por complacência ou falta de formação técnica, os eleitos encarregados da cobrança do imposto desempenharam muito mal as suas funções.

Contudo, insiste-se parcialmente na ideia feita de uma França que, durante dez anos, se furtou ao imposto: a entrada das contribuições aumentou durante este período e os atrasos diminuíram (ainda que algumas regiões permaneçam rebeldes). Tratar-se-á, então, de um sucesso relativo? Mas não se pode negar que a igualdade perante o imposto, conquista essencial, tem os seus limites. A incidência do imposto de repartição é injusta; não há progressividade em função da fortuna, e os proprietários conservam o direito de incorporar a totalidade ou parte do imposto no direito de arrendamento: é o camponês quem paga. A burguesia capitalista criou um sistema que perdurará muito tempo, após as turbulências da década revolucionária.

3.4. Do novo direito à justiça revolucionária

Ao abordarmos sucessivamente a elaboração do novo direito revolucionário e o exercício da justiça, entramos, segundo os estereótipos, no universo do paradoxo. Um direito emancipador, humanista, expressão do ideal iluminista, uma justiça que a força das coisas vai conduzir, como que inexoravelmente, ao exercício do Terror. E recorde-se que Robespierre foi um dos que, durante a Constituinte, pediram a abolição da pena de morte.

A dupla reforma das instituições e dos princípios impunha-se claramente, numa França do Antigo Regime caracterizada neste domínio pelo peso e incoerência das primeiras — quem queria ainda parlamentos, senão os próprios parlamentares? — e pelo arcaísmo dos segundos, embora a monarquia moribunda tenha abolido a tortura e, pelo Édito da Tolerância atribuído aos protestantes em 1787, introduzido o tímido princípio de uma igualdade perante a lei.

Proclamado no seu espírito desde a declaração de 26 de agosto de 1789, o novo direito revolucionário foi objeto de um trabalho constante e elaborações sucessivas. Os homens da Revolução são mal recompensados pelos seus esforços, pois fala-se de «direito intermédio», como se, entre a herança dos séculos monárquicos e o Código Civil napoleónico, fosse apenas um parêntesis. É esquecer tudo aquilo que o Código Civil deve aos sucessivos projetos apresentados em agosto de 1793, em Frutidor do ano II, em pradial do ano IV e em frimário do ano VIII([35]). Estes projetos lançaram as bases de um direito unificado, nacional, que sucede

([35]) Respetivamente, 18 de agosto – 19 de setembro de 1794; 20 de maio – 18 de junho de 1796; 21 de novembro – 20 de dezembro de 1798. [*N. do T.*]

à confusão dos costumes. Sobretudo, estabeleceram os princípios já afirmados por Beccaria e pelos grandes legisladores do Iluminismo: libertação do indivíduo, rejeição de toda a crueldade inútil, rejeição de qualquer pena desnecessária.

Liberdade dos indivíduos: são abolidos todos os resquícios de servidão pessoal, bem como todas as sujeições ligadas à feudalidade, suprimidas progressivamente de 1789 a 1793, o que oficializa a abolição definitiva dos direitos senhoriais. Esta libertação do indivíduo pressupõe a liberdade dos contratos e convenções para os proprietários e o aluguer da força de trabalho para os que nada têm. As leis de Allarde (maio de 1791) e de Le Chapelier (junho de 1791) sancionam a abolição não só das corporações, mas também de qualquer forma de organização coletiva, com todas as consequências que tal implica para o futuro na organização do trabalho, vantajosas para uns, nefastas para outros. Os condicionalismos da família tradicional são aliviados pela laicização do casamento e pela instauração do divórcio (20 de setembro de 1792). Vota-se o princípio da adoção (janeiro de 1792) e há uma preocupação com o destino dos filhos bastardos.

Será este triunfo do indivíduo completo, logo igualitário? Longe disso, e a Revolução assume os seus limites no domínio da igualdade civil, que só será atribuída aos Judeus em 1791, e aos Negros, em pluvioso do ano II([36]), pelo Decreto de Abolição da Escravatura. A mulher casada continua submetida à autoridade marital «segundo a ordem natural». Não há dúvida de que se deve reconhecer ao período da revolução democrática avanços visíveis, como a partilha igual das heranças (1793) e as tentativas de justiça social a favor dos mais carecidos, cuja expressão efémera foram as leis de ventoso do ano II([37]). Mas não deixa de ser verdade que

([36]) 20 de janeiro – 18 de fevereiro de 1794. [*N. do T.*]

([37]) 19 de fevereiro – 20 de março de 1794. [*N. do T.*]

— após termidor, isto será afirmado em termos reforçados na Constituição do ano III — o novo direito estabelecido pela burguesia continua baseado na propriedade: «É na conservação das propriedades que assentam a cultura das terras, todas as produções, todo o meio de trabalho e toda a ordem social». A igualdade de direitos encontra neste princípio, que implica a ênfase no respeito pela lei e na declaração dos deveres, os seus limites evidentes. Ao redefinir os delitos, suprimindo os «delitos imaginários» (heresia, lesa-majestade), a Constituinte hierarquiza os outros e limita a punição às penas «estrita e evidentemente necessárias». Tendo suprimido a venalidade dos cargos, confia a juízes o cuidado de fazer justiça, com a assistência, pelo menos no que respeita aos casos criminais, de um júri de cidadãos à inglesa.

Estabelece-se uma hierarquia de instâncias: para as causas cíveis, um juiz de paz por cantão, tanto árbitro e conciliador como juiz. O tribunal de distrito, formado por cinco juízes e um ministério público, julga as causas cíveis mais importantes. Os delitos são entregues, no distrito, segundo o seu grau, a um simples tribunal de polícia ou a um tribunal correcional; os casos criminais são da competência de um tribunal com sede no departamento. Um presidente, três assessores, um acusador público e um comissário do rei são aí assistidos por um duplo júri de acusação e de julgamento, formado por cidadãos ativos. O estudo em curso do funcionamento destas instâncias demonstra a eficácia deste novo sistema e uma suavização real ao nível das penas sentenciadas.

Durante muito tempo, houve um enfoque, por razões facilmente compreensíveis, nas justiças de exceção que a Revolução foi levada a instituir para fazer face aos perigos cada vez maiores, que resultaram, em 1793, no sistema de exceção do Terror. Após 10 de agosto de 1792, criou-se um Tribunal de alta instância para julgar crimes políticos. Em 62 causas, pronunciou sem apelo 25 condenações à morte. A sua relativa brandura contribuiu para a formulação da exigência de uma justiça popular, da qual os massacres de setembro foram a expressão sangrenta e paroxística.

No contexto da crise da primavera de 1793 — traição nas fronteiras e guerra civil interna —, foi instituído, a 10 de março, o Tribunal Revolucionário de Paris, enquanto os tribunais criminais recebiam a missão de julgar «revolucionariamente» os delitos de carácter político. A emigração passou assim a ser passível de julgamento sem apelo, procedendo à condenação à morte e execução em vinte e quatro horas. A prática repressiva instaurada no outono de 1793 concentra no Tribunal Revolucionário de Paris a maioria dos casos, à exceção das zonas de repressão do federalismo e da Contrarrevolução (Oeste e Sul). Cresce a lista das atividades suscetíveis de caírem na alçada da lei, principalmente após o voto, em 17 de setembro de 1793, da lei dos suspeitos. O Tribunal Revolucionário conta então com 16 juízes, 60 jurados e 5 substitutos; quatro secções operam em paralelo segundo um processo expeditivo, na mesma altura em que as prisões se enchem e o número de suspeitos se torna considerável: calcula-se, em todos os períodos, que 500 000 pessoas tenham sido detidas, na maioria libertadas rapidamente, mas parte delas entregue ao Tribunal Revolucionário. A lei de 8 de ventoso([38]) do ano II estipulava que os suspeitos reconhecidos como inimigos da República seriam detidos até à paz: para fazer a triagem, previam-se seis comissões populares encarregados de examinar os *dossiers*, mas só duas foram estabelecidas antes de termidor.

Entretanto, o arsenal repressivo agravara-se com a promulgação da lei de 22 de pradial do ano II([39]), que esteve na origem do «Grande Terror», já que suprimia o interrogatório prévio e a audição de testemunhas. A rivalidade entre o Comité de Salvação Pública, que se dotara do seu próprio departamento de polícia, e o Comité de Segurança Geral, que se suspeitava ter exasperado

([38]) 26 de fevereiro de 1794. [*N. do T.*]

([39]) 10 de junho de 1794. [*N. do T.*]

voluntariamente o mecanismo da máquina repressiva, explica parcialmente o balanço sangrento destas poucas semanas. Estimou-se em 45 000 o número total de execuções ordenadas pelos tribunais revolucionários: balanço que não leva em conta as execuções sumárias e que varia, sobretudo com as regiões: as zonas de guerra civil e as fronteiras foram pesadamente atingidas, enquanto outros departamentos — cerca de 30 — praticamente não conheceram a passagem da guilhotina.

Após o dia 9 de termidor, a atividade do Tribunal Revolucionário diminuiu consideravelmente e a lei de 22 de pradial foi abolida. O próprio Tribunal foi suprimido no dia 12 de pradial do ano III(40). Mas o arsenal de leis repressivas, principalmente contra os emigrados, foi recuperado pelo Diretório e, por várias vezes, reativado — como após o golpe de Estado de frutidor do ano V(41) — em função das flutuações da política antirrealista.

3.5. Educação e pedagogia

Dois balanços contraditórios podem ser apresentados sobre a obra educativa da Revolução, quer se considere o derrube e a desorganização do sistema do Antigo Regime ou a importância do projeto pedagógico para os homens deste tempo.

É incontestável que a Revolução desferiu um forte golpe nos colégios detidos em 1789 por congregações docentes ou por seculares: privados dos recursos próprios, sofreram a dispersão dos seus quadros eclesiásticos, na altura da crise religiosa, quer os que permaneceram ligados à Igreja refratária, quer os que aderiram ao novo regime (os oratorianos). O ensino primário, por seu lado, sem o clero que assegurava boa parte desse mesmo ensino, confronta-se com as necessidades de uma reconversão que as circunstâncias tornam difícil.

---

(40) 31 de maio de 1795. [*N. do T.*]

(41) 4 de setembro de 1797. [*N. do T.*]

No entanto, o interesse pela formação dos jovens, indissociável do que se dá à formação do cidadão, do homem novo que a Revolução pretendia criar, ocupa um lugar essencial no discurso revolucionário. Busca-se toda uma pedagogia, que se exprime por novas vias: a festa e as celebrações cívicas, a aprendizagem por meio das sociedades populares, a ação dos «apóstolos cívicos» e dos «missionários patriotas», apoiada por toda uma literatura de catecismos cívicos e obras didáticas, para uso tanto dos pequenos como dos grandes.

A restruturação do ensino foi objeto de muitos projetos, aos quais se dedicaram grandes espíritos, como Condorcet; mas o peso das urgências explica, neste domínio, o carácter tardio de uma legislação essencialmente posterior a termidor, já que estes assuntos não eram desconhecidos anteriormente. Le Peletier de Saint-Fargeau, membro da Convenção assassinado em 1793 — um dos «mártires da liberdade» —, elaborou um plano que Robespierre apresentou à Convenção no dia 13 de julho do mesmo ano. Não há dúvida de que, pelo seu radicalismo, é a expressão mais original do ideal da Revolução no seu apogeu. Previa a instituição de casas de educação comum em cada cantão rural e em cada secção urbana, onde as crianças entre os cinco e os dez anos, retiradas da família para serem educadas segundo a «sagrada lei da igualdade», receberiam uma educação física, moral e cívica virada para a aprendizagem de uma atividade útil e para o serviço da pátria. Mais ainda do que por razões materiais — a dificuldade de estabelecer tal rede —, foi por razões morais — a recusa de retirar a criança à família — que se rejeitou o projeto.

No entanto, no ano II, fizeram-se experiências pontuais para responder às urgências do momento: em ventoso([42]), para se proceder à refinação do salitre necessário à produção de pólvora, um milhar de adultos recebeu em Paris uma reciclagem acelerada sob a direção de vários grandes químicos. De messidor do ano

([42]) Entre 19 de fevereiro – 20 de março de 1794. [*N. do T.*]

II até vindemiário[43], a Escola de Marte reuniu em Paris 6000 adolescentes enviados pelos distritos de todo o país para receberem instrução militar.

Menos dependentes das circunstâncias, outras criações revelaram-se de grande futuro: a Escola Central de Obras Públicas, que se tornou depois na Escola Politécnica, e a Escola Normal, instituídas pela Convenção em frutidor e brumário do ano III[44]. A primeira fornecia um ensino científico de alto nível. Na segunda, 1400 alunos adultos designados pelos distritos receberam, das celebridades da época, um ensino enciclopédico destinado a torná-los professores das escolas normais, que deviam abrir quando esses alunos regressassem, para formar os novos professores primários da República. O projeto era demasiado ambicioso para ter sucesso e a reforma educativa foi revista em baixa pela lei Daunou (3 de brumário do ano IV[45]), que entregava o ensino primário à iniciativa dos departamentos. Afastando-se da pedagogia elementar para uso do povo, o regime diretorial concentrou-se no ensino secundário, com a instituição das escolas centrais, no ano IV e V[46]. Em cada departamento, estas escolas propuseram uma experiência pedagógica original pela liberdade dada aos alunos para escolherem os seus cursos, dando grande importância às matérias científicas, às ciências da vida e ao desenho.

O ensino superior não foi esquecido: em 1795 (ano III), três escolas de saúde — em Paris, Estrasburgo e Montpellier — abriam caminho a um ensino moderno da medicina. No mesmo ano, o Conservatório Nacional das Artes e Ofícios inaugurava uma estrutura original, verdadeiro museu vivo da tecnologia e inovação.

---

(43) 19 de junho – 18 de julho a 22 de setembro – 21 de outubro de 1793. [*N. do T.*]

(44) 1795. [*N. do T.*]

(45) 24 de outubro de 1795. [*N. do T.*]

(46) 1796 e 1797. [*N. do T.*]

3.6. Assistência e política social

Durante o Antigo Regime, o peso da assistência aos pobres — válidos ou não — assentava em grande parte no clero, através da caridade paroquial. Mas, principalmente nas cidades, assentava sobretudo nos hospitais, que, a vários títulos — o Hospital Geral, a Misericórdia ou a Caridade —, tinham sido, mais do que propriamente hospitais, os sítios onde na Idade Clássica se operara o «grande encerramento» dos indigentes, dos órfãos e dos marginais. Este sistema estava há muito moribundo; a era iluminista, em nome da nova ideia de beneficência, desenvolvera com Turgot e outros uma severa crítica do tratamento hospitalar dos pobres, substituindo-o pela noção de ajuda ao domicílio.

A obra da Revolução inscreve-se diretamente nesta reflexão. Mas, por vezes, só se viram os seus efeitos nefastos: a crise da caridade tradicional ligada ao desaparecimento da ordem do clero, e a do sistema hospitalar devido à alienação dos bens dos hospitais. É esquecer todo um objetivo de beneficência nacional, presente desde o início do período e que se desenvolveu, de 1793 a 1794, em projetos e trabalhos audaciosos, pelo menos momentâneos, para regredir depois na época diretorial. A alienação dos bens dos Hospitais, decidida pela Constituinte, tinha o objetivo de limitar o seu campo de ação no tratamento dos doentes e de utilizar o produto dessa venda para o apoio domiciliário aos pobres. Adiada até ao ano II, esta medida foi então aplicada, cabendo ao Tesouro pagar as despesas desses estabelecimentos, o que não deixou de causar uma grave crise, ligada às condições económicas e financeiras da altura e à penúria de pessoal devido à dissolução das congregações hospitalares. No ano III, os hospitais recuperam os seus bens não alienados, acompanhados de abonos públicos, que o Diretório completará com os rendimentos alfandegários municipais e com o direito dos pobres. No fim de uma crise rude e, por vezes, trágica, os hospitais recuperam os seus rendimentos iniciais, em alguns casos acrescidos. Tinham-se então «modernizado»: a criação de escolas de saúde e a concentração numa vocação curativa a cargo de médicos qualificados dão origem ao hospital moderno, tal como será conhecido no século XIX. É no ano II que Pinel liberta os loucos das correntes de Bicêtre([47]).

Excertos dos relatórios de Saint-Just sobre os decretos dos dias 8 e 23 de ventoso do ano II (6 de fevereiro e 3 de março de 1794)

«A força das coisas conduziu-nos, talvez, a resultados que não tínhamos imaginado. A opulência está nas mãos de muitos inimigos da Revolução; as necessidades colocam o povo trabalhador na dependência dos seus inimigos. Poder-se-á conceber que exista um império, se as relações civis são dominadas por aqueles que são contrários à forma do governo? Os que fazem as revoluções incompletas apenas escavam a sua própria sepultura. A Revolução leva-nos a reconhecer o princípio segundo o qual quem se mostrou inimigo do seu país não pode ser nele proprietário. São ainda necessários alguns golpes de génio para nos salvarem.

«Será então para desfruto dos seus tiranos que o povo derrama o sangue nas fronteiras e que todas as famílias choram a morte dos filhos? Reconheceis este princípio: só tem direitos, na nossa pátria, quem cooperou para a libertar. Aboli a mendicidade que desonra um Estado livre; as propriedades dos patriotas são sagradas, mas os bens dos conspiradores são para todos os infelizes. Os infelizes são as potências da Terra; têm o direito de falar como senhores aos governantes que os negligenciam. Estes princípios são eversivos

([47]) Antigo hospício, onde se encerravam os doentes mentais, indigentes e todo o tipo de delinquentes. Philippe Pinel foi um dos pioneiros da humanização do tratamento de doentes mentais. [*N. do T.*]

para os governos corruptos; destruiriam o vosso, se o deixásseis corromper; imolai, pois, a injustiça e o crime, se não quereis que eles vos imolem.»

(*Fonte:* citado por Godechot, Jacques, *La Pensée révolutionnaire*, Paris, Armand Colin, 1964, p. 208.)

O problema da pobreza era ainda maior. A Constituinte, que instaurara um Comité de Mendicidade dirigido por representantes da corrente filantrópica, decidiu avaliar a sua dimensão por meio de um vasto estudo estatístico, calculando de 5% a 10% o número de pobres e indigentes. É para estes que se pensa transferir, na forma de auxílio, o produto da venda dos bens dos hospitais.

A Convenção passaria aos atos com uma série de leis em março e junho de 1793, em vindemiário do ano II, e, sobretudo, com o grande texto de 22 de floreal do ano II([48]), que definia as normas da beneficência nacional. Trabalhos de auxílio temporários remunerados para os pobres válidos, auxílio domiciliário aos inválidos: mulheres grávidas, mães solteiras, idosos doentes, filhos de famílias numerosas. A Revolução, na sua fase do ano II, sonhara ir mais longe: os decretos de 8 e 13 de ventoso do ano II, celebrados pelo relatório de Saint-Just, que proclamava que «os infelizes são as potências da Terra, [que] têm o direito de falar como senhores aos que os negligenciam», pretendiam tornar os pobres beneficiários dos bens dos suspeitos. Foi pedido às comunas que recenseassem esses indigentes, mas a incerteza da formulação dos termos segundo os quais estes deviam ser «indemnizados», bem como as reticências ou a má vontade das autoridades locais, tornaram inaplicável esta medida. Discutiu-se, e ainda se discute, o significado real de decretos cujos conceitos

---

([48]) 11 de maio de 1794. [*N. do T.*]

são ambíguos; mas foram o apogeu de um sonho de política social avançada, do qual Saint-Just proclamara toda a audácia. «A felicidade é uma ideia nova na Europa», afirmou ele (ver texto em caixa: «Excertos dos relatórios de Saint-Just...»).

Após esta revisão dos aspetos do Estado revolucionário, podemos apreciar a amplitude das mudanças operadas, umas efémeras, outras duradouras. Duas rubricas importantes não foram levadas em linha de conta: o exército e a religião. Devido à sua importância no desenrolar do processo revolucionário, receberão um tratamento específico mais à frente nesta obra.

4. A aprendizagem da política

Não é só vendo do alto, através das proclamações, instituições e reformas do Estado, que se deve abordar a história política da Revolução; ela foi lugar de uma mutação profunda tanto nas representações como nas práticas, de uma verdadeira descoberta da política por um grande número de Franceses. Esta aprendizagem no terreno operou-se de várias maneiras: pela imprensa, pelos diferentes «meios de comunicação social», que contribuem para a formação da opinião pública, e, finalmente, pelo nascimento de novas estruturas de sociabilidade política.

4.1. A imprensa e a opinião pública

O absolutismo monárquico proibia qualquer forma de contestação no domínio político ou religioso. A censura era parte integrante do sistema. Contestada, contornada por uma literatura «à socapa» no fim do Antigo Regime, esta censura dava ainda alguns espaços de tolerância, e as gazetas estrangeiras de língua francesa informavam já a opinião pública. A pré-revolução, sobretudo a partir de 1788, assistiu, em condições ainda precárias, à eclosão de uma profusão de panfletos, libelos e publicações. A viragem de 14 de julho foi decisiva, e mais ainda a Declaração dos Direitos do Homem em agosto de 1789, que proclamava o princípio da liberdade de opinião e de expressão. Este princípio nunca foi posto em causa nos seus fundamentos, e foi reiterado nos textos constitucionais da época; mas conheceu restrições efetivas no desenrolar dos acontecimentos revolucionários.

Entre o verão de 1789 e o dia 10 de agosto de 1792 prevaleceu um ambiente de grande liberdade, dando espaço para uma explosão espetacular de jornais e publicações patriotas ou realistas, ainda que, por vezes, esta liberdade se mostrasse preocupante. *L'Ami du peuple*, jornal de Marat, será várias vezes perseguido e obrigado a refugiar-se na clandestinidade. Do mesmo modo, no período de reação que se seguiu ao massacre do Campo de Marte (17 de julho de 1791), a imprensa patriota hostil à realeza foi maltratada. Mas foi a imprensa contrarrevolucionária dos «Amigos do rei» (nome de um dos seus títulos), até então muito ativa, que sofreu, após a queda da monarquia, vários ataques diretos: jornais suprimidos e jornalistas executados. Os girondinos, que, com o ministro do Interior Roland, tinham dado uma atenção especial a este domínio da propaganda («gabinete do espírito público»), arrastaram na sua queda, em 1793, parte da liberdade de expressão. Atacando à direita e à esquerda, tinham interdito os incitamentos tanto ao restabelecimento da realeza como à lei agrária; a imprensa federalista, por sua vez, é proscrita, e as medidas relativas ao governo revolucionário (lei dos suspeitos) estabelecem um controlo severo da opinião pública. No entanto, este controlo não é total no ano II: nesta época, cinco jornais são publicados em Ruão! E folhas como o *Père Duchesne*, de Hébert, ou, pelo contrário, *Le Vieux Cordelier*, de Camille Desmoulins, contestam até à primavera de 1794 a política do governo de Salvação Pública.

O golpe de termidor provoca o regresso a uma liberdade proclamada — sob reservas, uma vez que, por exemplo, o incitamento ao restabelecimento da monarquia continua proscrito — e, sobretudo, a uma nova multiplicação dos jornais, particularmente de uma imprensa contrarrevolucionária muito ativa e que faz concorrência à imprensa oficial jacobina (*Le Tribun du peuple*, de Babeuf). Os homens do Diretório reagiram, sobretudo após o 18 de frutidor([49]), já que jornais e jornalistas monárquicos são novamente perseguidos e, por vezes, deportados. Estas medidas, reiteradas e reforçadas no ano VI e VII, restringem a liberdade de imprensa: mas é a viragem do 18 de brumário([50]) e o severo controlo napoleónico que vai desferir um golpe mortal a esta experiência inédita de dez anos.

Com efeito, apesar dos entraves, o balanço é ainda espetacular: a contagem dos jornais parisienses culmina com 335 títulos em 1790. A imprensa da província, recentemente estudada, propõe, por seu lado, mais de 400 títulos.

A imprensa de opinião encontrou nos primeiros anos um campo de expressões diversificadas. Algumas folhas visam a imparcialidade de uma informação neutra. Semioficial, *Le Moniteur* publica leis e decretos, o *Journal logographique* transcreve o relato das sessões das assembleias. O *Journal de Paris*, que tem uma tribuna livre paga, assume-se como imprensa de informação. No início, a imprensa realista beneficia de heranças de tradição, com a *Gazette* e o *Mercure de France*. Mas os «Amigos do Rei» depressa se dotam de órgãos incisivos e, por vezes, violentos: o *Les Actes des Apôtres*, onde escreve Rivarol, o *Petit Gauthier,* ou *L'Ami du roi*, do abade Royou. Estas publicações conservarão o dinamismo e o fulgor até ao 10 de Agosto.

([49]) Data do golpe de Estado de 4 de setembro de 1797. [*N. do T.*]

([50]) Golpe de Estado de Napoleão, a 9 de novembro de 1799, que marca o fim do Diretório e o início do Consulado. [*N. do T.*]

A imprensa patriota, inicialmente envolvida num mesmo combate para defender a Revolução — com o *Courrier de Provence*, de Mirabeau, *Le Patriote français*, de Brissot, ou *Les Annales patriotiques*, de Carra —, rapidamente deixa que transpareçam as cesuras que dividem os revolucionários. Destaca-se uma corrente pronunciada, animada pelo *Les Révolutions de France*, onde escreve Loustalot, *L'Orateur du peuple*, de Fréron, ou *Les Révolutions de France et de Brabant*, de Camille Desmoulins, e, claro, *L'Ami du peuple*, de Marat.

Nos anos seguintes, assiste-se ao desenvolvimento de uma imprensa popular que adota o estilo canalha no *Père Duchesne*, de Hébert, para se tornar no porta-voz do movimento popular, enquanto o ministério girondino, por iniciativa de Roland, tenta infletir a opinião pública com o *La Sentinelle*, de Louvet, que é também afixado nas paredes. No ano II, se a imprensa de oposição da corrente indulgente, representada pelo *Le Vieux Cordelier*, de Camille Desmoulins, está amordaçada, o *Journal de la Montagne*, órgão oficial do governo, é largamente difundido na província e nos exércitos, que dispõem também da sua imprensa específica. Após o golpe de termidor, assiste-se ao regresso em força da imprensa moderada ou criptorrealista, tanto na província como em Paris. Para a combater, o governo apoia uma imprensa republicana, de tendência por vezes jacobina, como o *L'Ami des Lois*, de Poultier, e o *Journal des hommes libres*, de Duval. O movimento babovista do ano IV teve os seus apoios na imprensa: *Le Tribun du peuple*, de Babeuf, *L'Éclair du peuple*, de Sylvain Maréchal, e o *Journal des hommes*, de Lebois. Tanto num campo como no outro, a imprensa teve assim uma importância essencial num dispositivo mais amplo, em que se devia evocar também a multiplicidade de panfletos e de folhas volantes, tal como a propaganda oral dos «apóstolos civis» ou dos «missionários patriotas» entre 1793 e 1794 (ano II).

4.2. Clubes, sociedades populares, secções

A Revolução Francesa deu origem a todo um conjunto de estruturas de sociabilidade especificamente políticas. Estas estruturas já tinham algumas referências: de Inglaterra veio o termo «*club*», e, na França iluminista, ainda que o debate político estivesse oficialmente proscrito, as elites da moda frequentavam salões e sociedades de reflexão. As lojas maçónicas, que se difundiram a partir do primeiro terço do século, cobriam com uma rede por vezes densa o tecido urbano de França desde os anos 70 do século XVIII, quando se criou o Grande Oriente de França. Nestas lojas, evitava-se falar de política, mas constituíam um apoio na difusão das Luzes, e a igualdade que reinava entre os irmãos fazia delas lugares de experimentação daquela «sociabilidade democrática» por vezes considerada um dos fermentos da desagregação dos valores da antiga sociedade. Trata-se de uma leitura abusiva, assim como o mito, forjado então sem fundamento, de uma conspiração maçónica nas origens da Revolução e retomado por uma historiografia conservadora. Os historiadores atuais inclinam-se mais para as mutações ocorridas no fim do Antigo Regime na sociabilidade masculina tradicional, como no quadro das confrarias de penitentes do Sul, em vias de secularização ou de evolução profana, ao mesmo tempo que as elites as abandonavam para procurarem nas lojas uma estrutura mais apropriada. Mas é duvidoso que tenham sido os penitentes provençais a fazer a Revolução: contribuíram localmente para desbravar o caminho às novas experiências.

A partir de abril de 1789, no âmbito dos Estados Gerais, a estrutura inicialmente informal do Clube Bretão reuniu deputados patriotas interessados em acertar posições. Em outubro de 1789, o clube estabeleceu-se em Paris no convento dos jacobinos, que lhe daria o nome, sob o título oficial de Sociedade dos Amigos da Constituição. Abre-se a aderentes, de nível social ainda elevado, propõe-se a discutir temas políticos que são tratados na Assembleia, principalmente a Constituição, e a corresponder-se com as outras sociedades do reino. Outros clubes se fundam então: os moderados, como Sieyès, La Fayette ou Mirabeau, reúnem-se na Sociedade de 1789, os monárquicos no Clube chamado dos «imparciais», a que sucederá o Clube dos Amigos da Constituição Monárquica, que durará até 10 de agosto de 1792. Mais fechados, à inglesa, estes últimos clubes não terão a difusão de que os jacobinos gozaram logo de início, estruturando a sua organização e estendendo pelo país toda uma rede de correspondências com as suas filiais. No final de 1790, existiam em 300 cidades; em finais de 1791, já se implantavam em 1100 localidades. Esta difusão não se deu sem incidentes: os jacobinos foram divididos e fortemente atacados do verão ao outono de 1791, vítimas de medidas repressivas por parte da direita. A cisão dos «*feuillants*» moderados privou-os então de parte dos seus líderes, mas conseguiram manter o controlo da maioria das sociedades afiliadas. Retomam o ascendente e, no final de 1792, existem sociedades em 1500 comunas, e, em meados de 1793, são já 2000 as comunas com filiais. Nesta altura, tinham mudado de carácter: se a sociedade parisiense continua a ser o lugar dos grandes debates durante a Legislativa e a Convenção, é-o num quadro alargado a uma maior burguesia. Artesãos e retalhistas, ao lado das profissões liberais, ganham uma posição importante nas sociedades da província. Com uma base de recrutamento mais popular, as sociedades fraternas que se fundam em Paris a partir de 1790, como a «Sociedade Fraterna de Ambos os Sexos», interessam-se mais pela Sociedade dos Amigos dos Direitos do Homem e do Cidadão, mais conhecida por Clube dos Cordeliers, onde se reúnem líderes destacados como Danton, Marat, Hébert ou Desmoulins. Os *cordeliers* foram os instigadores da petição do Campo de Marte em julho de 1791, a que se associaram os jacobinos.

Na primavera de 1792, ao mesmo tempo que se retoma a ascensão do jacobinismo, que se manifesta pela hegemonia de grandes clubes de província (Marselha), outras estruturas aderem a um movimento popular cuja base se alarga aos *sans-culottes*. As secções, em rigor, não são instâncias de sociabilidade política. Inicialmente, eram subdivisões urbanas — 48 em Paris, 23 em Marselha... — criadas em 1790 para servirem de quadro às assembleias eleitorais, função que realizaram até 1792, reunindo os cidadãos ativos nestas ocasiões. A crise que acompanha a declaração de guerra vê a sua base de adesão aumentar com a entrada dos cidadãos passivos, a um ritmo que se torna diário no verão de 1792 e até em 1793, com períodos de grande mobilização, principalmente neste ano. A permanência das secções modifica o carácter das suas assembleias. Tornam-se o lugar de discussão dos *sans-culottes* militantes e de exercício de uma democracia direta orgulhosa. Em Paris, as secções desempenharam um papel essencial tanto na crise de 10 de agosto de 1792 como na queda dos girondinos. De início, têm laços muito estreitos com as sociedades populares, relações que se conservam em Paris; mas, na província, na primavera de 1793, o movimento seccional autonomiza-se e ergue-se contra a hegemonia dos grandes clubes jacobinos, no quadro daquilo que virá a ser a crise federalista. Tanto em Lyon como em Marselha, o movimento seccional conheceu uma deriva progressiva, em que os elementos populares se encontram novamente enquadrados por contrarrevolucionários, aristocratas ou burgueses, que utilizam o movimento como instrumento da revolta contra o centralismo parisiense, até à repressão do movimento.

Em Paris, a mesma aspiração inicial à democracia direta, iniciada pelo movimento *cordelier* e hebertista, iria conduzir a um conflito cada vez mais intenso com o governo revolucionário. As secções em armas impuseram a sua vontade à Convenção nos dias 4 e 5 de setembro de 1793, mas esta vitória foi de curta duração. Entre o inverno e a primavera de 1794, a domesticação das secções e a supressão da sua continuidade, durante algum tempo esquecida pela criação de sociedades seccionais, marcam o regresso às fileiras dos *sans-culottes*. A derrota do movimento em ventoso do ano II([51]) e a repressão do hebertismo são a sua última etapa. Desconfiado da espontaneidade do movimento popular, o governo revolucionário apoia-se, durante o ano II, na organização cada vez mais restrita do movimento jacobino.

Após a crise que corresponde ao movimento federalista da primavera ao verão de 1793, os jacobinos consolidaram a sua posição ao contribuírem para a queda dos girondinos. Constituídos como uma autêntica hierarquia paralela, são parte integrante do sistema do governo revolucionário, estimulando a atividade das autoridades no terreno e aconselhando os representantes em missão. A democratização do recrutamento prossegue, mas é uma abertura controlada pela disciplina estrita do escrutínio depuratório. A esta sequência corresponde a explosão numérica das sociedades populares que aderem a este modelo, nem todas elas filiadas no clube parisiense. Na primavera do ano II, contam-se 5500, ou seja, em mais de 13% das comunas. É nesta época que se pode fazer a sua cartografia definitiva: estão estabelecidas em quase todas as vilas e aldeias do Sudeste, especialmente na Provença, com percentagens que vão dos 56% nos Baixos Alpes até aos 93% no departamento de Vaucluse. Outras regiões acolhem também as sociedades populares: o Sudoeste, a região parisiense, a Normandia, com percentagens de 15% a 30%. Noutras zonas, a sua implantação é menos densa e até reduzida, como no Oeste e Nordeste. (Ver mapa.)

Em Paris, continuam a existir sociedades fraternas, sociedades femininas (o Clube das Cidadãs Republicanas Revolucionárias) e as sociedades seccionais, até à sua supressão no ano II, altura em que o movimento popular foi dominado. No ano II, estas

([51]) Fevereiro–março de 1794. [*N. do T.*]

sociedades parisienses associam uma minoria consequente de burgueses (10%) e comerciantes (16%) a um forte núcleo de artesãos independentes (41%) e assalariados (12%); os criados (8%) são minoritários.

Peças essenciais do sistema do ano II, ainda que estritamente controladas a partir da primavera, as sociedades populares foram diretamente visadas pela reação termidoriana: a 22 de brumário do ano III([52]), a Convenção pronunciou o encerramento do Clube dos Jacobinos e, a 6 de frutidor([53]) do mesmo ano, decretou «dissolvida qualquer assembleia conhecida pelo nome de clube ou sociedade popular».

No contexto do ano II, é legítimo associar à ação das sociedades populares a atividade dos comités de vigilância, se bem que estes não sejam propriamente estruturas de sociabilidade política. Mas se nos reportarmos às suas origens, no inverno de 1792–1793, são realmente criações semi-espontâneas, oriundas das secções parisienses, de sociedades ou administrações da província, que foram estabelecidas para responderem às urgências do perigo interno ou externo com as duas denominações de «comités de vigilância» ou «comités revolucionários». Foram institucionalizados por uma lei de 21 de março de 1793, na forma de comités de doze membros por comuna para a vigilância dos estrangeiros. Em setembro do mesmo ano, recebem a missão de redigir a lista dos suspeitos e de lhes seguir as atividades, atribuições que serão alargadas pelo decreto de 14 de frimário do ano II([54]), que organiza o governo revolucionário. Estabelece-se uma nova rede em paralelo com a das sociedades populares, com responsabilidades temíveis. Os comités estão implantados de forma muito desigual, em função das circunstâncias que lhes deram origem: ora concentrados no

([52]) 12 de novembro de 1794. [*N. do T.*]

([53]) 23 de agosto. [*N. do T.*]

([54]) 4 de dezembro de 1793. [*N. do T.*]

As sociedades populares no ano II

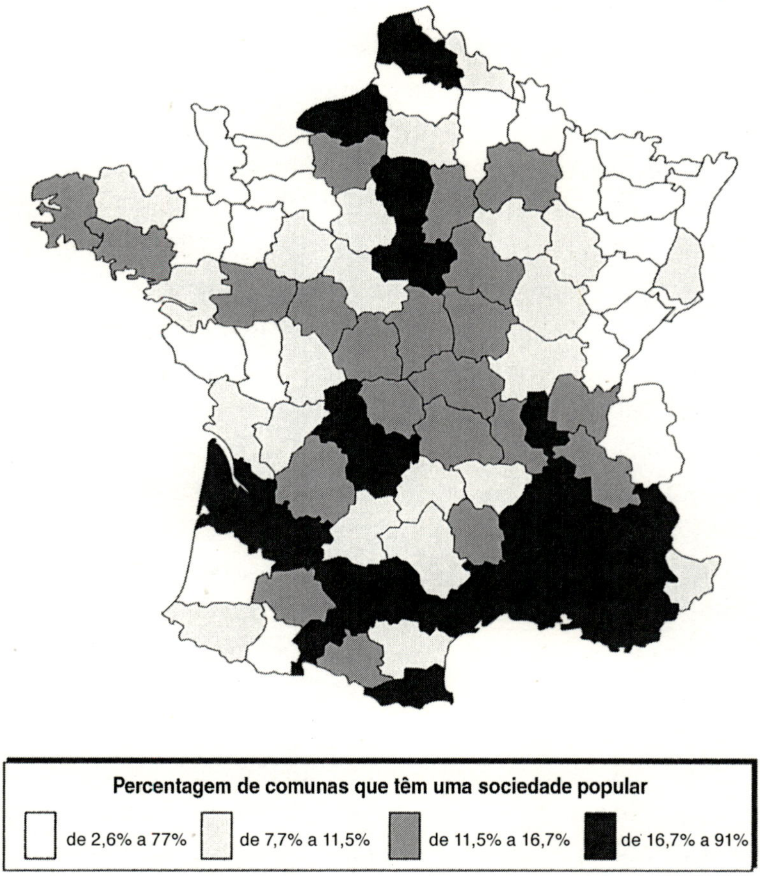

distrito, ora densamente estabelecidos nas aldeias, os membros dos comités de vigilância apresentam uma sociologia semelhante à das sociedades populares, com as quais colaboraram amiúde, mas por vezes também rivalizaram de forma conflituosa. A eles cabia a tarefa ingrata da caça aos suspeitos, que lhes valeu uma reputação detestável! Os estudos atuais sugerem que, em muitos casos, essa reputação era imerecida, tendo a repressão sido atenuada por muitos compromissos no terreno.

De termidor até ao Diretório, o termo «jacobino» designa então, com uma nuance de execração pronunciada entre os reacionários, aqueles de que se suspeita lamentarem o regime do Terror ou até os republicanos assumidos, que tentarão reagrupar-se ao longo destes anos. No ano IV, os «neojacobinos» tentaram reconstituir estruturas associativas, sociedades populares mais ou menos clandestinas, em Côte-d'Or, Angers ou Toulose. Juntaram-se em Paris no quadro do Clube do Panteão, que reuniu com sucesso momentâneo, mas real, os antigos montanheses e os amigos de Babeuf. A repressão da conspiração babovista iria interromper esta primeira tentativa; mas, após o golpe de Estado de 18 de frutidor do ano V[55], as autoridades foram mais complacentes relativamente à constituição dos círculos constitucionais, que, do ano VI a brumário, tiveram uma verdadeira difusão em toda a França, nas aldeias e em algumas regiões que os acolheram, no Norte, Borgonha e no sul de Toulose. No departamento de Sarthe, constituiu-se uma rede de sociedades entre as cidades. Mas faltava aos neojacobinos a base das massas que constituíra a força do jacobinismo.

Os realistas, por seu lado, tentaram aproveitar momentos que lhes eram favoráveis para estabelecerem uma organização à escala nacional. No ano V, tinham as suas estruturas clandestinas e conspirativas, mas também a sua fachada legal: em Paris, o clube de Clichy; na província, Institutos Filantrópicos em 70 departamentos. Esta rede não resistiu à repressão que se seguiu ao golpe de 18 de frutidor do ano V.

4.3. O teste eleitoral. Temperamentos políticos

Sociedades populares, assembleias seccionais e até comités de vigilância são as minorias ativas e motivadas que, até agora,

---

([55]) 4 de setembro de 1797. [*N. do T.*]

foram levadas em linha de conta. O estudo da participação dos Franceses na política durante a Revolução mostra-se difícil, pois é muito delicado aplicar as medidas contemporâneas da sociologia política a um período em que os sistemas eleitorais variam, em que a aprendizagem do voto é defeituosa e em que as próprias fontes são fracas. Uma ideia feita prevalece: a da fraca participação nas eleições durante o período, testemunho de uma indiferença maioritária e de uma hostilidade pronunciada. Mas esta ideia é atualmente posta em causa pelos estudos de vários investigadores franceses e americanos que regressam a este tema.

Neste período, a França conheceu — além das eleições nos Estados Gerais — três sistemas eleitorais sucessivos: os da monarquia constitucional, com base censitária, como vimos, até 1792; o sufrágio universal em 1792–1794; por último, o regresso, durante o Diretório, a um escrutínio que excluía os não tributados e reservava a elegibilidade a uma pequena elite.

No quadro de cada um destes sistemas, qual foi a mobilização dos eleitores chamados a votar? Durante a Constituinte, os cidadãos foram várias vezes consultados, talvez até demasiadas vezes para eleitores que tinham de assimilar as novas regras, muito complexas, do escrutínio definido à escala nacional — lentidão das operações, que geralmente se estendiam por vários dias —, dissuasivas para os menos desembaraçados. Mas era preciso garantir a criação e, depois, a renovação das novas autoridades, desde a comuna ao departamento. Não deixa de ser notável verificar uma participação efetiva: em cerca de trinta departamentos estudados, mais de dois terços apresentam, em 1790, taxas de participação superiores a 50% e, por vezes, 60%. O nível de educação não tem incidência: o Sul «analfabeto» vota tanto ou até mais do que o Norte de França, os campos mobilizam-se mais do que as cidades. É em Paris e nas cidades importantes que as taxas são menores. Das hipóteses avançadas, destacam-se as heranças de uma vida política local, já ativa antes da Revolução, e as tradições comunalistas (por exemplo, no Sul). Mas regista-se uma queda muito sensível em 1791, nas eleições da Legislativa, primeiro escrutínio nacional. As percentagens oscilam de 10%, por vezes menos, até a um nível próximo de um terço dos eleitores. Esta tendência decrescente acentua-se em agosto de 1792, nas assembleias primárias para as eleições na Convenção (de 4% a 27%) nos departamentos estudados. Várias explicações se impõem, como o impacto muito visível, em 1791, do cisma religioso e da agitação que criou e uma politização crescente e, por vezes, malconduzida dos problemas locais. Mas nota-se também, o que será uma constante, que os escrutínios nacionais mobilizam sensivelmente menos os eleitores do que aqueles em que os seus interesses estão diretamente implicados. No entanto, esta conclusão tem exceções: por ocasião do plebiscito para a aceitação da Constituição do ano I, em julho de 1793, assiste-se a um aumento sensível, por vezes acima dos 50%, numa altura em que o sufrágio universal alargou a massa dos cidadãos chamados a votar. Será que os Franceses se começavam a acostumar ao voto? A suspensão das operações eleitorais no ano II, e sobretudo o novo sistema restritivo estabelecido pelo Diretório, bem como as múltiplas manipulações a que deu lugar, não serviam de encorajamento. A Constituição do ano III foi votada apenas por 14% a 17% dos eleitores; os escrutínios nacionais para a formação e renovação dos conselhos durante o Diretório oscilaram entre um terço, no máximo, e 10% em 1799. Bonaparte, nas eleições pelas quais fará sancionar o estabelecimento do seu poder entre 1799 e 1804, obterá mais, até 50% em 1802, mas contribuirá com os meios, aumentando a pressão governamental.

O balanço que se pode fazer da participação na vida política refletida no teste eleitoral tem de ser relativizado: para um historiador, Eugen Weber, que considera que a entrada dos camponeses na política não se dará antes da III República, após 1871, há muitos que pensam que a viragem decisiva ocorreu em 1848. Os resultados hoje recolhidos acerca do período da Revolução Francesa incitam a ir mais além. Aprendizagem incompleta, seletiva, deixando de lado parte das massas camponesas e urbanas, mas também formação de uma classe política e despertar de novas práticas de grupo mais amplas do que se dizia, tais são as observações que se podem fazer.

Será que se pode traçar um mapa à escala nacional da participação política das várias regiões? As incertezas e lacunas dos dados eleitorais não o permitem, mas podemos tirar conclusões do silêncio das fontes. No âmago do momento revolucionário, o volume das correspondências e comunicações recebidas no ano III pela Convenção — 15 000 — oferece uma visão em instantâneo da França que toma a palavra, em contraponto à França do silêncio. Este critério evidencia a intensidade da participação na bacia parisiense e nas planícies em redor de Paris até à Normandia ou à fronteira do Norte. Mas desenha-se também um eixo Norte-Sul, que, da Borgonha ao Lionês, desce pelo vale do Ródano, até ao litoral mediterrâneo. Outra linha se esboça no Sudoeste, de Bordéus a Toulose. Em contraponto, descobre-se o silêncio do Oeste, do centro da França e da maior parte do Maciço Central, do Nordeste e das zonas montanhosas, como os Pireneus e a zona intra-alpina. (Ver próximo mapa.)

Os temperamentos políticos, tal como os podemos tentar detetar durante a Revolução a partir dos resultados eleitorais, analisados, já não pelo simples critério da taxa de participação, mas pelas tendências que revelam, são ainda mais difíceis de interpretar, sobretudo no início do período, testemunho da lentidão do estabelecimento de opções definidas. É verdade que a França montanhesa não é a da Gironda, que encontra no litoral, de Caen a Bordéus ou a Marselha, passando por Nantes, os seus pontos fortes. Mas será preciso esperar pelos escrutínios eleitorais do Diretório, no anos V, VI e VII, para ver desenhar-se, por retoques sucessivos, a forma de uma França jacobina, no Centro, desde Nivernais a Limusino, e depois numa parte do Sudoeste. A estas áreas, que continuarão a ser as do jacobinismo rural no século XIX e até no século XX, não se pode opor o resto da França como maciçamente à «direita»: trata-se antes da França da ordem, mais do que a da bacia parisiense e do Nordeste, mas também da França em estado de Contrarrevolução no Oeste ou no sul do Maciço Central. É esta França da rejeição que devemos agora estudar.

A França que fala e a França do silêncio

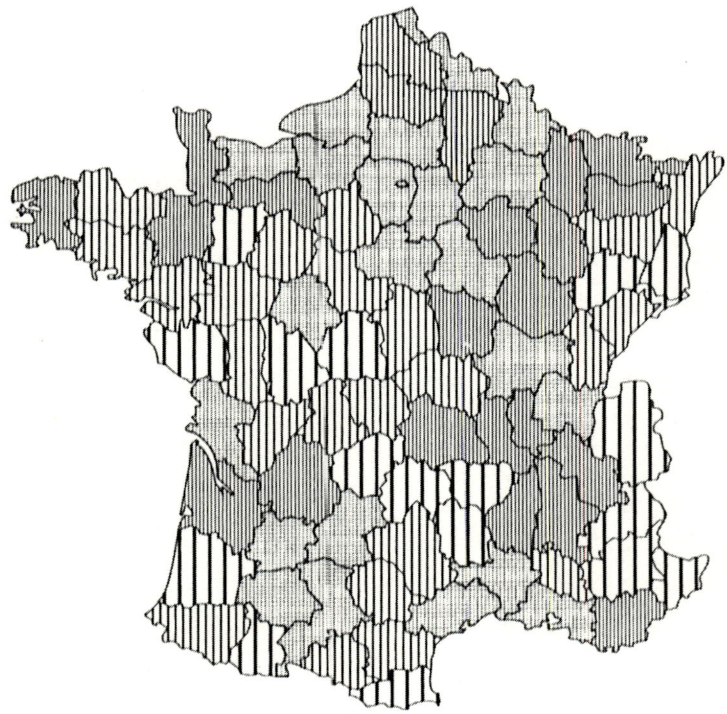

O fluxo global de comunicações à Convenção Nacional (ano II, vindemiário–frutidor): classificação dos departamentos em 4 grupos iguais hierarquizados (do escuro ao mais claro) segundo o número de comunicações enviadas.

CAPÍTULO 3

Em duas frentes: Revolução aceite, Revolução rejeitada em França e no mundo

Resumo

1. **A Contrarrevolução**
2. **A Revolução e o Mundo**
3. **O exército e a guerra**
4. **O problema colonial e a abolição da escravatura**

1. A Contrarrevolução

A Contrarrevolução nasce com a Revolução: encontra-se já em germe na atitude dos privilegiados aquando dos episódios de oposição aristocrática às últimas tentativas de reforma monárquica; torna-se mais clara na altura dos Estados Gerais. A tomada da Bastilha provoca a fuga para fora de França dos príncipes (Condé, Artois) e dos nobres mais hostis, constituindo assim a primeira vaga daquilo que será a emigração.

O termo «Contrarrevolução» abrange várias realidades que não se definem facilmente. Uma ideologia contrarrevolucionária elabora-se desde muito cedo para denunciar o novo rumo das coisas e propor uma interpretação dos acontecimentos; mas a Contrarrevolução é, antes de tudo, ação. Entre os nobres e os plebeus, que concertam posições, a ação vai além do âmbito das lutas parlamentares — durante a Constituinte e, depois, no Diretório — e dos debates de opinião na imprensa, para se investir numa atividade conspirativa que cobrirá todo o período. Adquire também a forma de tentativas de ação militar nos exércitos dos príncipes, recrutados fora de França entre os emigrados. Mas a Contrarrevolução encontrou também uma base popular em meios e regiões que se uniram, muito cedo, em 1790, em certas zonas do Sul, e, no Oeste, a partir de 1791 e 1792. A insurreição da Vendeia, em março de 1793, vai abrir uma frente de guerra civil que encontra os seus prolongamentos na maior parte do Oeste na forma da *chouannerie*(56), recorrente até ao final do período.

Outra Contrarrevolução se desenha assim, maioritariamente camponesa no Oeste, que atinge os meios urbanos no Sul. Tem características específicas, ainda que os laços com a Contrarrevolução aristocrática sejam evidentes. Recentemente, avançou-se o termo «antirrevolução» para designar o conjunto das atitudes rebeldes ou refratárias que caracterizam os movimentos populares hostis ao novo regime ou a alguns dos seus aspetos (políticos, sociais, religiosos), sem resultarem numa revolta aberta. A expressão tem o mérito de, pelo menos, distinguir as diferentes formas de hostilidade à Revolução.

A denúncia da Revolução exprime-se desde os primeiros meses. Na Constituinte, alimentou as invetivas dos porta-vozes do partido monárquico (o abade Maury, Cazalès), enquanto os monárquicos, dos quais Mounier é o mais representativo, defendiam uma monarquia reformada, mas forte, no quadro de um sistema à inglesa de Câmara Alta e Câmara Baixa. O falhanço

(56) Designação para a insurreição rural do Oeste francês, assim chamada devido ao nome do seu inspirador, Jean Chouan. [*N. do T.*]

dos monárquicos em fazer prevalecer as suas ideias deixa, neste campo, espaço livre aos partidários do restabelecimento de uma monarquia à antiga, como o conde de Antraigues. Alguns publicistas, como Rivarol, ou o grupo dos jornalistas Amigos do Rei, elaboram um discurso. Sénac de Meilhan ou o conde Ferrand questionam as causas da Revolução, críticos para com o Antigo Regime, mas hostis à burguesia iluminista e ao princípio de uma rutura na continuidade histórica. Sobre este tema, é de Inglaterra que chega a denúncia mais argumentada, com as *Reflexões Sobre a Revolução de França*, de Burke, obra que se tornará a bíblia do pensamento contrarrevolucionário. A reflexão mais curta, mas com grande futuro, do abade Barruel dá origem ao mito da conspiração maçónica contra a religião e a monarquia, fonte de todo o mal. Este pensamento contrarrevolucionário evoluiu ao longo dos anos: a morte do rei, em 1793, consolida a ideia de uma prova coletiva, de um ato da providência divina. Durante o Diretório, a oposição realista dividir-se-á entre uma corrente legalista até ao ano V, que sonha com a restauração de uma monarquia adaptada às novas condições, e a visão teocrática de grandes pensadores — Joseph de Maistre ou Louis de Bonald — que defendem o regresso às hierarquias antigas: Deus, o rei, o pai de família, garantes de uma ordem providencial. É esta leitura que alimentará a ideologia da Restauração e do legitimismo, a partir de 1815. Após a morte do delfim (Luís XVII), em 1795, esta doutrina recebeu a caução do pretendente ao trono de França, o conde de Provença, irmão do rei, que se proclamou Luís XVIII e que, no exílio, afirma nas suas proclamações o desejo de uma restauração do Antigo Regime, purgado dos seus abusos, mas exige também a punição dos culpados.

No domínio da ação, a Contrarrevolução começa por seguir os caminhos de uma atividade conspirativa: a ideia popular da «conspiração aristocrática» não é apenas um mito. Em Paris, o marquês de Favras projetou raptar o rei para o livrar dos revolucionários; é enforcado a 19 de fevereiro de 1790. Depois, como vimos, multiplicam-se as ações deste género: conspiração verdadeira ou mítica dos «cavaleiros do punhal», em 1790; preparação da fuga do rei, em 1791, e, a partir de agosto de 1792 e até à morte do rei e da rainha, tentativas para a evasão da família real. Na província, mas também fora de França, gizaram-se outros projetos: o comité de Turim, cidade onde se instalara o conde de Artois, organizou em 1790, graças aos seus emissários, a rede de conspiração do Sudeste, de Lyon e de Grenobla a Toulose, passando pela Provença. Esta rede foi desmantelada, e outras tentativas pontuais (em Lyon, ou, na região de Vivarais, os acampamentos de Jalès) traduziram-se em fracassos. No Oeste, em 1791, a conspiração de La Rouerie, do nome do seu instigador, foi igualmente travada. No entanto, o falhanço não é total, ainda que demonstre a incapacidade destes agentes em estabelecer uma base junto das massas: é a crise religiosa nascida do cisma constitucional que vai fornecer à Contrarrevolução «os peões que lhe faltavam» (F. Furet) e altera as condições do jogo. Em 1793, no sudeste do Maciço Central, a conspiração do notário Charrier será também um fracasso; mas, nesta altura, já a insurreição do Oeste coloca no primeiro plano a Contrarrevolução popular.

A atividade conspirativa é apoiada e fomentada a partir do exterior pelos príncipes emigrados. Do comité de Turim, o epicentro destas iniciativas deslocou-se para Coblença, na margem esquerda do Reno. É aqui que se reúnem os emigrados, sob a direção do príncipe de Condé, que tentou constituir um exército — sem grandes tropas — na perspetiva de uma reconquista do reino. Fútil — arriscando alimentar as reticências e até a hostilidade daqueles que os acolhem — e, mais tarde, miserável, quando a diáspora provocada pela conquista francesa os levou a dispersarem-se, a vida destes emigrados constitui uma das rubricas desta história da Contrarrevolução fora de França. A sua ação militar terminou abruptamente: participaram de forma apenas marginal — tolerados com algum desprezo — na campanha de

Valmy, em 1792, e dispersaram-se depois nos exércitos da coligação. O seu último regresso, em 1795, aquando da tentativa de Quiberon, resultou em desastre. Mas a emigração não se limita a este aspeto. Afetando inicialmente um pequeno número de privilegiados — o mundo da corte e um fluxo ainda modesto de nobres de província —, aumentou em várias levas: clérigos refratários, a partir de 1791 e, sobretudo, de 1792, na sequência das medidas de deportação, e quadros militares, após Varennes e à entrada em guerra. A crise federalista acrescentou a estes elementos iniciais um aumento localmente notável (como nos departamentos do Sul) de emigração burguesa das cidades atingidas pela repressão. A isto junta-se, em função das operações militares, uma emigração popular de camponeses e arraia-miúda nas fronteiras: da região de Nice até à fronteira do Norte ou à Alsácia, que fornece o maior contingente.

O mapa que materializa estes fluxos migratórios põe em evidência regiões periféricas rebeldes: o litoral, do canal da Mancha ao Atlântico, a fronteira do Norte e do Nordeste e a Provença. O balanço global, que junta as diferentes estratificações, permite enumerar quase 100 000 emigrados, ou seja, entre 0,4% e 0,5% da população francesa, e não nos admiramos por o antigo terceiro estado contribuir com 68%, o clero com 25% e a nobreza com 17%. Em termos de incidência relativa sobre os efetivos da categoria, os privilegiados são realmente os mais diretamente afetados.

A vida dos emigrados foi difícil: pensando estar de partida por pouco tempo, tiveram muitas vezes de enfrentar a miséria, sobretudo os que, nobres ou sacerdotes, não dispunham de recursos. Eram recebidos com uma simpatia inconstante, que a arrogância dos primeiros não facilitava; depois, com o desenrolar dos acontecimentos, tiveram de procurar refúgio mais longe. Da Renânia ou do condado de Nice, onde inicialmente se tinham fixado, a conquista francesa obrigou-os a dispersarem-se por

Inglaterra, pelo Sacro Império, pela Espanha, pela península italiana e, por vezes, até pela Rússia e pelos Estados Unidos. Paradoxalmente, os padres foram melhor recebidos na Inglaterra anglicana do que nos Estados do papa ou em Espanha, desconfiados de tudo o que vinha de França. A partir de 1792, a França revolucionária promulgou toda uma legislação repressiva a respeito dos emigrados e respetivas famílias, que culmina em 1793–1794. O emigrado regressado pode sofrer a morte em 24 horas; os seus bens são confiscados e vendidos como bens nacionais de segunda origem; a sua família é abrangida pela lei dos suspeitos. O período após termidor, que, no quadro da reação do ano III, se acompanha de um regresso em massa dos proscritos, não põe em causa a moldura legislativa do Terror: aos momentos de tolerância, em que as autoridades fecham os olhos, sucedem-se fases de grande severidade, principalmente após o golpe de Estado de 18 de frutidor do ano V, mas também nos anos VI e VII. É o Consulado que, pelas suas medidas de amnistia, provocará o regresso da maioria dos emigrados que não voltaram ou que regularizará a situação dos outros.

A Contrarrevolução popular enfrenta problemas de outra ordem. Do como ao porquê, interrogamo-nos sobre a sua extensão e formas de ação, mas também sobre as razões que fizeram passar para o campo adversário alguns grupos sociais ou zonas geográficas, que se tornaram maciçamente hostis à Revolução.

Resumindo as etapas, é no Sul que desde cedo aparecem focos contrarrevolucionários: na primavera de 1790, as agitações de Montauban ou o sangrento «tumulto de Nimes» (abril–junho) revelam focos de grande tensão, em que se conjugam conflitos políticos e confrontos sociais e religiosos: uma plebe católica instigada pelos aristocratas contra uma burguesia patriota protestante. Mas a fratura confessional nestes focos de presença reformada não explica tudo. O confronto é intenso nas zonas fortemente urbanizadas das cidades, que constituem igualmente pontos quentes de uma luta de classes exacerbada, em muitos casos organizada em torno de clientelas, associando notáveis e povo em campos rivais. Marselha, Arles, Aix ou Toulon conhecem estes confrontos; as rivalidades confessionais são também influentes: por exemplo, no condado Venaissino, Avinhão, pró-francesa, opõe-se a Carpentras, capital tradicional que se mantinha papal.

Nestas zonas fortemente trabalhadas pelas redes realistas, a Contrarrevolução dispõe assim de bases fortes nas cidades, bem como na rede de vilas urbanizadas, devastadas pelas lutas partidárias. Mas ela não é exclusivamente urbana: os ajuntamentos de guardas nacionais contrarrevolucionários dos acampamentos de Jalès (sul de Ardèche), em 1790, 1791 e 1793, são testemunhas da influência sobre toda uma zona refratária que se desenha claramente, cobrindo os flancos sul do Maciço Central, de Vivarais a Languedoque, capaz de se estender a Leste para a Provença, e a Oeste para o sul do planalto central. Este foco precoce constitui o epicentro de agitações recorrentes durante todo o período, que se estendem a boa parte do Sul quando se tornam mais fortes: por exemplo, em 1793, durante a crise federalista, ou no ano III, quando o Terror Branco encontra aí um terreno de eleição. Mas durante todo o período diretorial, com paroxismos (ano V), o vale do Ródano, de Lyon a Marselha, continua a ser um dos focos contrarrevolucionários: foi aqui que operaram os degoladores realistas das companhias de Jeú (em redor de Lyon) ou das companhias do Sol (na Provença).

Mas o Sul só excecionalmente foi foco de guerra civil aberta e duradoura: é uma originalidade do Oeste francês ter sido o lugar de uma contrarrevolução diferente, essencialmente camponesa, englobando vastas áreas numa guerra civil na Vendeia e uma quinzena de departamentos na guerrilha da *chouannerie.*

O recrutamento de 300 000 homens para a defesa da República, em março de 1793, provocou a insurreição geral do Oeste, afetando nove departamentos — Bretanha, margens armóricas e Vendeia, entre o dia 9 e o fim do mês. Começa por ser muito violenta — em Machecoul, no Loire inferior, cerca de 5000 guardas municipais e nacionais são massacrados pelos camponeses. A norte do Loire, a repressão é rápida e a revolta esmagada no fim do mês. Mas, no Sul, os ajuntamentos camponeses crescem; Cholet cai no dia 14 às mãos dos insurretos; a 23, as tropas republicanas são derrotadas em Pont-Charrault. O movimento organiza-se. Forma-se um exército católico e realista, que tem por chefes alguns nobres como Charette; inicialmente pouco entusiastas, constituem doravante os quadros da insurreição, ainda que um cocheiro, Cathelineau, use o título de «generalíssimo». A uma escala inferior, os capitães de paróquia dirigem as tropas camponesas. No fim de maio, há já um território conquistado que fixa os limites daquilo a que se chama «Vendeia militar»: de Leste a Oeste, da costa ao rio Thouet, do norte ao sul do Loire até ao rio Sèvre Niortaise (ver mapa). Em junho, o exército católico e real conquista Saumur e, depois, Angers, encontrando aí armas em abundância; dirige-se então para Nantes, que lhe resiste no fim do mês, limitando-lhe a extensão a Norte, tal como a resistência de Sables-d'Olonne o bloqueia a Sul. Mas permanece solidamente implantado no seu perímetro, resistindo aos ataques dos «Azuis», pelo menos até meados de outubro, quando um ataque concertado contra Cholet permite aos republicanos reconquistarem a cidade. Batendo em retirada, os insurgentes vão para Norte na esperança de conseguirem sublevar novamente a Bretanha e, apoderando-se de um porto, receberem auxílio dos Ingleses. (Ver texto em caixa: «A guerra civil na Vendeia».) Aquilo a que se chamou «volta de Galerno» reúne cerca de 70 000 camponeses, dos quais talvez 40 000 sejam combatentes: é uma tropa mal organizada, com mulheres e crianças. Conquistam Laval e Fougères; recebem reforços da Bretanha e de Maine. Mas os insurretos da Vendeia fracassam diante de Granville, que é fortemente defendida. Ao voltarem para Sul, não podem atravessar

Frentes de combate, 1792–1794

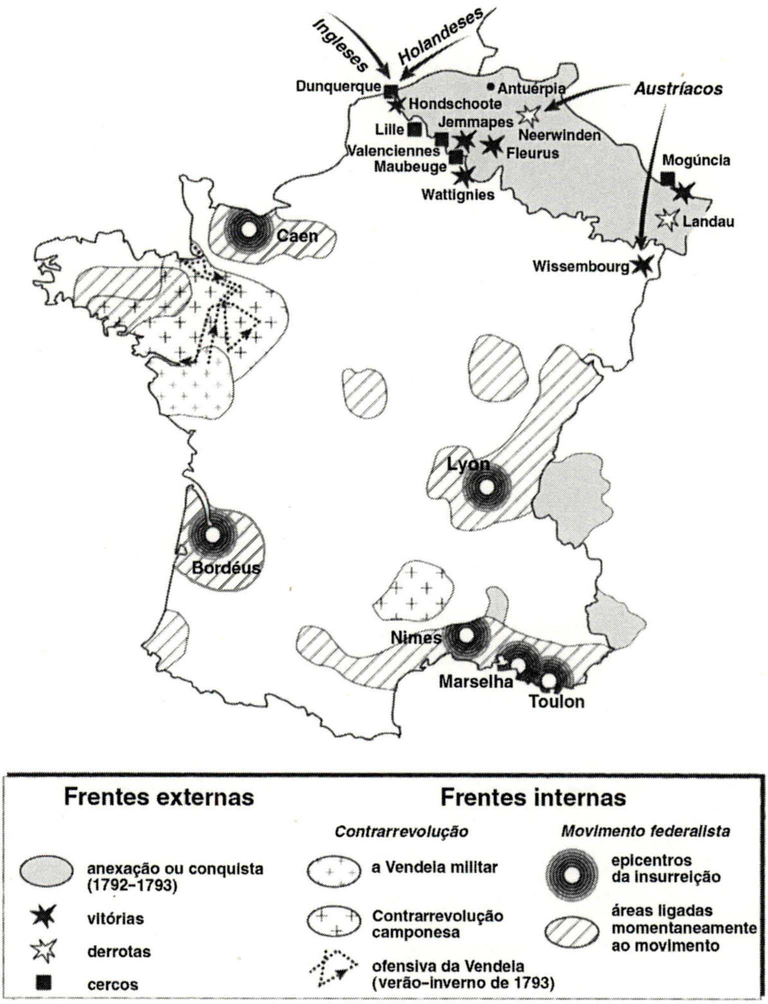

o Loire, dominado pelos republicanos: dirigem-se então para Leste, até Le Mans, onde as tropas republicanas, comandadas por Marceau, os massacram. O resto do exército católico e real é eliminado em Savenay, a 23 de dezembro de 1793. Desguarnecida, a Vendeia foi, entretanto, reocupada. Por iniciativa de Turreau, comandante do exército do Oeste, um sistema de repressão feroz é confiado às «colunas infernais», que praticam a política da terra queimada. A insurreição é retomada, durando até à primavera de 1793. Ao mesmo tempo, as revoltas renascem a norte do Loire, por iniciativa de bandos locais reforçados com os restos do exército real, mas mudam parcialmente de carácter. É então que se pode falar propriamente de *chouannerie* em todos os departamentos do Oeste. Ao contrário da Vendeia, aqui não há operações de guerra, mas sim uma guerrilha na forma de ataques rápidos, geralmente à noite, contra os patriotas e os soldados isolados, e também contra as diligências. Esta insurreição conheceu várias fases: um período ativo até à primavera de 1795, por iniciativa dos chefes locais, aos quais o conde de Puisaye se esforça por impor a autoridade. O general Louis Hoche, que assumiu o comando do exército do Oeste e substituiu a repressão sangrenta por uma política de negociações, consegue impor a pacificação de Jaunaye na primavera de 1795. O desembarque dos emigrados em Quiberon (junho de 1795), embora seja um fracasso, não deixa de relançar a guerrilha, derrotada por Hoche, que vence os últimos chefes da Vendeia (Charette e Stofflet) e realiza uma reconquista precária. Em 1797, após o golpe de 18 de frutidor do ano v, a insurreição da *chouannerie* desperta em todo o Oeste, cobrindo uma área mais extensa do que nunca.

A última fase da Contrarrevolução, em 1799, é, num certo sentido, a mais espetacular, pois envolve, simultaneamente, ação conspirativa e apelo à mobilização das massas, e atinge tanto o Oeste como o Sul. Na verdade, produz-se num terreno preparado: nesta altura, pode dizer-se que algumas formas de *chouannerie* difusa atuam em numerosas regiões, alimentadas pelas tropas de desertores e de insubmissos e pelos padres refratários, por vezes pouco distintas do banditismo de direito comum. Do mesmo modo, as conspirações tinham retomado toda a atividade entre 1796 e 1797, fomentadas por redes, como a do conde de Antraigues, e apoiadas pelo governo britânico. A detenção do general Pichegru, uma das esperanças dos conjurados em 1797, não acabara com o movimento. As derrotas dos exércitos da República diante das tropas da segunda coligação deram esperanças aos realistas e ao governo inglês de suscitar uma insurreição em vários sítios: na Bretanha, mas também no Sul, em Bordéus e Toulose. Esta insurreição desencadeou-se em agosto. Foi em Toulose que teve maior dimensão; a cidade foi sitiada por bandos de camponeses, refratários e desertores, mas esta cidadela do jacobinismo meridional resistiu e os insurgentes foram derrotados em Montrejeau, a 29 de agosto. No Oeste, os chefes *chouans*, Cadoudal, Frotté, Bourmont, só se conseguiram mobilizar em setembro, quando, nas fronteiras, o perigo externo estava já afastado. Algumas cidades — Nantes, Le Mans, Saint-Brieuc — foram ocupadas momentaneamente, mas a ordem foi rapidamente restabelecida.

A Contrarrevolução fracassara ainda antes de Bonaparte começar a restabelecer a ordem. É aqui que convém refletir sobre as suas raízes, sobre as razões dos seus êxitos e da sua derrota, sobre o balanço que dela se pode fazer.

🕮 A guerra civil na Vendeia

O general Turreau, que será o promotor das «colunas infernais» para reprimir a Vendeia, expõe as condições específicas desta guerra civil.

«Os Bandidos, favorecidos por todos os acidentes da natureza, têm uma tática particular, que sabem aplicar perfeitamente à sua posição e às circunstâncias locais. Seguros da superioridade que lhes dá o seu modo de atacar, nunca se deixam apanhar desprevenidos: só lutam quando e onde querem. A habilidade deles no uso das armas de fogo é tal que nenhum povo conhecido, por mais guerreiro ou habilidoso que seja, tira tão grande partido do fuzil como o caçador de Loroux e o caçador furtivo de Bocage. O ataque deles é uma irrupção terrível, súbita, quase sempre imprevista, porque, na Vendeia, é muito difícil reconhecer bem, esclarecer-se bem e, por isso, precaver-se de uma surpresa. Dão à sua ordem de batalha a forma de um crescente, e as suas alas assim dirigidas em flecha são compostas dos melhores atiradores, soldados que não disparam um tiro de fuzil sem o ajustar, e que não falham um alvo a uma distância normal. Sois esmagados antes de ter tempo de vos reconhecerdes, sob uma massa de fogo, que não se pode comparar ao efeito apresentado pelas nossas disposições. Não esperam por ordens para disparar: não conhecem os fogos de batalhão, de fila ou de pelotão; no entanto, aqueles que ides defrontar são tão alimentados, tão apoiados e sobretudo muito mais mortíferos do que os nossos. Se resistirdes ao seu ataque violento, é raro que os Rebeldes vos disputem a vitória; mas pouco conseguireis, porque fazem a sua retirada tão rapidamente que é muito difícil apanhá-los, já que a região não permite a utilização da Cavalaria. Eles dispersam-se, escapam-se pelos campos, matas, bosques, moitas, conhecem todos os caminhos, atalhos, gargantas e desfiladeiros; conhecem todos os obstáculos que se opõem à sua fuga e os meios de os evitarem. Se fordes obrigados a ceder ao seu ataque, tereis tanta dificuldade em retirar como eles têm facilidade em fugir quando são vencidos [...].»

(*Fonte:* citado por PETITFRÈRE, Claude, *La Vendée et les Vendéens*, Paris, Gallimard, 1981, pp. 24–25.)

Vimos claramente que houve vários modelos de Contrarrevolução — pelo menos no Oeste e no Sul. A revolta camponesa do Oeste foi a que mais questões suscitou. Uma produção historiográfica imponente foi-lhe consagrada desde o século passado.

Na época, as coisas eram simples: do ponto de vista dos autores legitimistas ou conservadores, foi uma sublevação pelo rei e pela religião; para os republicanos, era o produto da ignorância de populações fanatizadas. Mas já se começava a questionar as condições específicas dos movimentos do Oeste: o temperamento refratário de populações sempre hostis aos recrutamentos de homens, o quadro geográfico da mata, propício à guerrilha. O debate, do qual excluímos os aspetos polémicos, foi retomado nas últimas décadas em bases mais rigorosas. Na sua tese sobre *Les Paysans de l'Ouest*, [*Os Camponeses do Oeste*], a partir do exemplo do departamento de Sarthe, Paul Bois, sublinhando a insuficiência das explicações tradicionais, foi o primeiro a destacar o carácter social do movimento. Um campesinato desiludido nas suas esperanças e na sua fome de terra pelo controlo sobre os bens nacionais por parte da burguesia patriota das cidades e vilas voltou a sua hostilidade não só contra esta última, mas também contra o Estado revolucionário. Esta problemática foi retomada e desenvolvida pelos autores franceses ou anglo-saxões que desde então insistiram no conflito cidade-campo nestas regiões, mostrando como a hegemonia burguesa, através das novas instituições administrativas, judiciais e fiscais, contribuíra para a revolta das comunidades agredidas nas suas tradições, práticas e solidariedades. Os autores mais recentes convidam também, pondo em causa na sua simplicidade o esquema explicativo de P. Bois, a reavaliar a importância do fator religioso, essencial a partir de 1792. Além da intensidade da prática religiosa em regiões onde a Contrarreforma obtivera os seus maiores êxitos, insistem no papel dos padres — tão numerosos no Oeste —, na vida coletiva e na organização dos poderes na aldeia. Embora hoje se possam admitir estas explicações relativizadas, concebe-se também que só esclarecem parte do fenómeno: válidas para o oeste de França, não se podem aplicar ao caso do Sul, tal como o apresentámos.

Esta conclusão não implica que se subestime o custo, em homens e em misérias, desses confrontos, tema que não pode ser esquecido, ainda que se deva abordá-lo fora de qualquer polémica. A guerra civil, principalmente no Oeste, foi muito mortífera, pontuada por atrocidades de parte a parte e acompanhada de uma repressão implacável: o número de 128 000 mortos com o qual parecem concordar os historiadores da guerra da Vendeia mostra a sua dimensão. Mas será suficiente para justificar o termo de «genocídio» que alguns lhe aplicaram? É usar o anacronismo, seguindo um caminho que a honestidade histórica recusa. É esquecer propositadamente que, apesar de algumas declamações exageradas e isoladas, toda a filosofia da Revolução Francesa se inscreve em contraponto de um tal projeto.

2. A Revolução e o Mundo

A Revolução Francesa não podia ser apenas um fenómeno «franco-francês». Insere-se no quadro mais amplo da era das revoluções, que se inscreve tanto na Europa como na América, pelo menos entre 1770 e 1820. A revolução americana, que a França apoiara, é a principal referência; mas a Irlanda, as Ilhas Britânicas, os Países Baixos ou a República de Genebra conheceram antes de 1789 algumas sublevações ou verdadeiras revoluções, e, às portas de França, a revolução brabançona iniciara-se em 1788 nos Países Baixos austríacos. O impacto dos acontecimentos de França vai causar uma nova vaga revolucionária em parte da Europa. Falou-se de «revoluções atlânticas» para caracterizar este conjunto: conceito legítimo, se levarmos em conta a diversidade do conteúdo destes movimentos, mais independência nacional do que subversão social na América, defesa dos antigos privilégios contra a brutalidade das reformas esclarecidas no caso de Brabante.

O caso francês, relativamente aos outros, afirma a sua originalidade não só porque diz respeito ao reino mais povoado, uma potência de grande influência na Europa, mas também pelo carácter específico de uma Revolução que, com a sua Declaração dos Direitos do Homem, se inscreve numa perspetiva de universalidade, falando aos homens de todos os tempos e de todos os países. A amplitude das mudanças ocorridas, tanto no plano institucional como social, tinha de pôr profundamente em causa a ordem monárquica europeia, constituindo, para uns, um exemplo, e, para outros, um objeto de receio intolerável.

Seria o conflito, então, inevitável? Acusou-se a Revolução de ter enveredado, em 1792, numa aventura guerreira, cujas repercussões seriam consideráveis não só fora de França, mas também no próprio curso da Revolução, radicalizando as posições e arrastando o país para uma escalada do conflito, de que o Terror do ano II seria o reflexo e o recurso à ditadura militar de Bonaparte a última consequência. É uma responsabilidade discutível e, pelo menos, partilhada: a Revolução começa com uma vontade pacífica, que as circunstâncias externas e internas — a «força das coisas» evocada por Saint-Just — arrastarão para uma aventura inicialmente imprevista.

Existem, portanto, fases distintas no relacionamento da Revolução Francesa com a Europa. Durante o período que corresponde à Constituinte, pretendia ser pacífica e aberta: no dia 19 de junho de 1790, Anacharsis Cloots, que se diz «o orador do género humano», apresentou-se na Constituinte à cabeça de uma delegação de estrangeiros para apelar a uma festa (estamos na véspera da Federação) que se pretendia de toda a humanidade. Trata-se de uma iniciativa ainda isolada, no quadro de uma diplomacia prudente, cuja condução continua a ser confiada ao soberano, mas em que a Assembleia manifesta, a partir de agosto de 1790, a afirmação de um novo espírito. Ao recusar tomar partido num conflito que opunha, nas longínquas costas do Pacífico, a Inglaterra e a Espanha, à qual a monarquia estava ligada pelo «pacto de família», a Assembleia repudia a herança da política dinástica que regia a diplomacia tradicional.

Esta atitude enfrenta contradições dificilmente assumidas no caso dos «príncipes possessores» da Alsácia, domiciliados no Sacro Império Romano Germânico, que se queixam do prejuízo sofrido por causa da abolição da feudalidade, como nos casos de Avinhão, possessão pontifical que reclama, desde 1790, a sua ligação à França. Será que se pode recusar a vontade livremente expressa das populações? Direito monárquico contra direito dos povos, sobre um fundo de sangrentas sublevações locais, o debate entre aristocratas e patriotas foi intenso na Assembleia, e só a 14 de setembro de 1791, após consulta popular, é que o decreto de ligação de Avinhão e do condado Venaissino à França foi finalmente votado.

Neste primeiro período, enquanto os constituintes estão ocupados com o direito da paz e da guerra, os problemas vêm da diplomacia paralela secreta do rei: no dia 3 de dezembro de 1790, o soberano escreveu ao rei da Prússia, pedindo um congresso de potências capaz de lhe restaurar os poderes. Prendem-se, depois, com a atitude dos Estados monárquicos, preocupados com a questão da expansão das ideias revolucionárias: é a época em que o impacto dos acontecimentos de França (o eco da Bastilha) é largamente sentido na Europa entre os intelectuais do Sacro Império e nos clubes de Inglaterra. O novo Estado revolucionário beneficia provisoriamente das dificuldades de alguns países: a guerra russo-turca, a primeira divisão da Polónia. A 27 de agosto de 1791, o imperador Leopoldo e o rei da Prússia, ao estabelecerem um acordo em Pillnitz sobre uma declaração dando conta das suas preocupações, envolvem-se de forma ainda prudente. Mas, nesta data, a tentativa de fuga do rei para Varennes já pôs em alerta uma Revolução que constitui os seus primeiros batalhões de voluntários e que se preocupa com a ameaça dos emigrados nas suas fronteiras.

A iminência da guerra dominou a história da Assembleia Legislativa, marcada pelo grande debate, nos jacobinos, entre Robespierre e Brissot sobre a oportunidade de entrada em conflito com a Europa dos «déspotas». À prudência do primeiro, que denuncia todos os perigos de um conflito e evoca profeticamente a eventualidade do aparecimento de um salvador militar, opõe-se a intrepidez certamente precipitada do segundo: desmascarar a duplicidade real, ir além das primeiras aspirações dos povos para alcançar o reino da liberdade. (Ver texto em caixa: «Discurso de Robespierre contra a guerra».)

Inicia-se uma segunda sequência, em que prevalece a leitura «girondina» na política externa de França. É evidentemente dominada, a partir da primavera, pelo estado de guerra, desde a abertura das hostilidades, a 20 de abril de 1792, com o «rei da Boémia e da Hungria», ao qual se juntaram, apesar da prudência diplomática, os Estados do Sacro Império e o rei da Prússia. A conjuntura militar domina, marcada pelas derrotas francesas, pela invasão da primavera e do verão de 1792 e pela ameaça, formulada a 25 de julho pelo manifesto de Brunsvique, de uma «subversão total», se se atentasse contra a pessoa real (ver texto em caixa: «O manifesto de Brunsvique»). O resultado é conhecido: após a queda da monarquia, a 10 de agosto, e, sobretudo, a recuperação francesa com a vitória de Valmy (20 de setembro de 1792), a Revolução envereda por uma política de expansão momentânea, que permite a conquista da Bélgica após a vitória de Jemmapes (6 de novembro de 1792) e da margem esquerda do Reno. Que fazer destas novas aquisições? Na Saboia, conquistada ao rei do Piemonte, a vontade das populações, ratificada como em Avinhão pelos votos, leva à sua anexação. A Saboia passa a constituir o departamento do Monte Branco, e o condado de Nice, seguindo o mesmo processo, torna-se o departamento dos Alpes Marítimos. A Bélgica, igualmente chamada a pronunciar-se sobre a questão da sua ligação à França, une-se a ela com um ritmo desigual em função das províncias, valonas ou flamengas, breve intervalo antes da contraofensiva do imperador. A nova leitura que prevalece durante este período é, portanto, «guerra nos castelos, paz nas cabanas», expansão revolucionária que se exprime na declaração de 19 de novembro de 1792, pela qual a França concede «fraternidade e auxílio» aos povos em luta pela liberdade. Esta política girondina, que vai ao encontro dos objetivos de um Dumouriez, associa um verdadeiro idealismo revolucionário e, sem dúvida, considerações mais concretas — abertura de novos mercados para a burguesia e para os homens de negócios.

Esta política foi atacada pelo refluxo da conquista revolucionária da primavera ao inverno de 1793: derrota de Neerwinden, em março, seguida da traição de Dumouriez, evacuação de Maiença, em julho, ataque ao território nacional em todas as suas fronteiras, alargamento da coligação à Inglaterra e à Espanha após a execução do rei, ao mesmo tempo que a última divisão da Polónia pela Prússia, Áustria e Rússia deixa estas potências de mãos livres para intervirem no Oeste (23 de janeiro de 1793). Ocupada com a reconquista das frentes internas — Lyon só será retomada em outubro de 1793 e Toulon a 19 de dezembro aos Ingleses — e com a guerra nas fronteiras (vitórias de Hondschoote e Wattignies, setembro–outubro de 1793), a Convenção montanhesa repudia o expansionismo do período girondino, tanto por razões ideológicas como pela força das coisas. Mas, no Comité de Salvação Pública, Lazare Carnot, cuja influência é preponderante no domínio militar e diplomático, está aberto à ideia do «*pré carré*»([57]), herança do Antigo Regime, que vê nas fronteiras naturais — a linha do rio Mosa — uma condição para a segurança do país.

([57]) *Pré carré* (literalmente, «prado quadrado») é um domínio exclusivo, que antigamente designava a própria França. [*N. do T.*]

Discurso de Robespierre contra a guerra (inverno de 1792)

«A guerra é sempre o primeiro desejo de um governo poderoso que quer ficar ainda mais poderoso. Não vos direi que é durante a guerra que o ministério acaba por esgotar o povo e dissipar as finanças, que cobre com um véu impenetrável os seus roubos e erros; falar-vos-ei daquilo que afeta mais diretamente o mais caro dos nossos interesses. É durante a guerra que o poder executivo utiliza a mais temível energia, e exerce uma espécie de ditadura que só enfraquece a liberdade há pouco conquistada; é durante a guerra que o povo esquece as deliberações que dizem essencialmente respeito aos seus direitos civis e políticos, para se ocupar apenas com os acontecimentos do exterior, que ele desvia a atenção dos seus legisladores e magistrados para investir todo o interesse e esperanças nos seus generais e ministros, ou melhor, nos generais e ministros do poder executivo. É por causa da guerra que foram deliberadas, por nobres e oficiais militares, as disposições muito pouco conhecidas desse novo código que, quando a França se encontra em estado de guerra, entrega a polícia das nossas cidades fronteiriças aos comandantes militares e cala diante deles as leis que protegem os direitos dos cidadãos.

«É durante a guerra que a mesma lei os investe do poder de punir arbitrariamente os soldados. É durante a guerra que o hábito de uma obediência passiva e o entusiasmo muito natural pelos chefes bem-sucedidos transforma os soldados da pátria em soldados do monarca ou dos seus generais. Nos períodos de tumultos e fações, os chefes dos exércitos tornam-se os árbitros da sorte do país, e fazem pender a balança a favor do partido a que aderiram. Se são Césares ou Cromwells, apoderam-se da autoridade. Se são cortesãos sem carácter, nulos para o bem, mas perigosos quando querem o mal, vão depor a sua força aos pés do seu amo, e ajudam-no a recuperar um poder arbitrário, na condição de serem os seus primeiros valetes.»

(*Fonte:* citado por Godechot, Jacques, *La Pensée révolutionnaire*, Paris, Armand Colin, 1964, pp. 180–181.)

O manifesto de Brunsvique (excerto)

«[...] 8 — A cidade de Paris e todos os seus habitantes sem distinção terão de se submeter imediatamente ao rei, de colocar este príncipe em plena e total liberdade e de lhe assegurar, assim como a todas as pessoas reais, a inviolabilidade e o respeito que o direito natural e das pessoas obriga os súbditos para com os soberanos; Suas Majestades Imperial e Real tornam pessoalmente responsáveis de todos os acontecimentos, sobre as suas cabeças, para serem julgados militarmente, sem esperança de perdão, todos os membros da Assembleia Nacional, do departamento, do distrito, da municipalidade e da guarda nacional de Paris, os juízes de paz e todos os outros seus dependentes, declarando, além disso, as ditas Majestades, pela sua fé e palavra de imperador e rei, que se o castelo das Tulherias for forçado ou insultado, que se lhe for feita a menor violência, o mínimo ultraje a Suas Majestades, ao rei, à rainha e à família real, se não for imediatamente garantida a sua segurança, conservação e liberdade, terão uma vingança exemplar e inolvidável, condenando a cidade de Paris a uma execução militar e a uma subversão total, e os revoltosos culpados de atentados aos suplícios merecidos. Suas Majestades Imperial e Real prometem, pelo contrário, aos habitantes da cidade de Paris empregar os seus bons ofícios junto de Sua Majestade mui cristã para obter o perdão dos seus enganos e erros, e tomar as medidas mais rigorosas para garantir as suas pessoas e bens, se obedecerem pronta e exatamente a esta injunção. [...]»

(*Fonte:* Buchez, Philippe-Joseph-Benjamin e Roux, Pierre-Célestin, *Histoire parlementaire de la Révolution française*, Paris, Paulin, 1835, t. XVI, pp. 276–281.)

Esta filosofia, sem dúvida diferente, ainda que não seja nova, irá prevalecer após termidor e durante o Diretório, quando a expansão francesa envereda por caminhos por vezes inesperados. As influências de Carnot, diretor até frutidor do ano V(58), e de Reubell, que desempenha um papel importante na política externa do Diretório, reforçam uma linha que se mantém ligada à demarcação do Reno e à política das fronteiras naturais. Mas há o modo: anexação direta e departamentalização ou criação de Estados satélites, a que se chamarão «Repúblicas-irmãs»? A questão fora levantada pelo bispado de Basileia, efémera República Rauraciana antes de se tornar no departamento de Mont-Terrible. A reconquista da Bélgica, em 1795, foi seguida de uma nova anexação (outubro de 1795). A 16 de germinal do ano III(59), a paz de Basileia com a Prússia reconhecia essas fronteiras — faltava o acordo do imperador, principal interessado. Mas, ao mesmo tempo, o Tratado de Haia, após a conquista da Holanda, no inverno de 1795 (Batalha do Helder, 4 de pluvioso do ano III)(60) dava origem à República Batávica, que se dotava de uma Constituição à francesa.

A solução das Repúblicas-irmãs vai prevalecer definitivamente do ano IV ao ano V, graças à nova inflexão dada à expansão francesa pelas vitórias de Bonaparte em Itália: se o Diretório se virava para o Reno, interessado numa vitória que obrigaria o imperador a negociar, o fracasso da campanha da Alemanha, após inícios prometedores na primavera do ano IV (1796), fez passarem para primeiro plano as conquistas obtidas por Bonaparte na península italiana — de abril de 1796 (Montenotte, Millesimo, Dego) a fevereiro de 1797 (queda final da praça-forte de Mântua). Ultrapassado pela própria dimensão do sucesso, mas sobretudo pela iniciativa pessoal do general vitorioso, o Diretório, apesar

(58) Agosto–setembro de 1797. [*N. do T.*]

(59) 5 de abril de 1795. [*N. do T.*]

(60) 23 de janeiro de 1795. [*N. do T.*]

das suas veleidades, perdia a iniciativa das operações. Tinha de se resignar a avalizar a restruturação do espaço transalpino negociado por Bonaparte com o imperador nos preliminares de Leoben (18 de abril de 1797) e, depois, no Tratado de Campoformio. Triunfo do princípio das Repúblicas-irmãs? Sem dúvida, já que a Planície do Pó se tornava na República Cispadana (vindemiário do ano V)([61]) e se alargava às dimensões da República Cisalpina, e a velha República de Génova se transformava na República Liguriana. Apesar do Tratado de Tolentino (ventoso do ano V)([62]), pelo qual o papa reconhecera a perda de parte dos seus Estados, o movimento prosseguiu: em nivoso do ano VI (janeiro de 1797), o general Berthier entrava em Roma, onde se constituía uma República Romana; menos de um ano depois, em pluvioso do ano VIII([63]), Championnet conquista Nápoles e expulsa o rei, para aí instalar uma República Partenopeia. (Ver mapa.) Será que, neste estádio, se pode falar ainda de um expansionismo da liberdade? Na Itália setentrional da República Cisalpina, núcleos minoritários, mas importantes, de patriotas e jacobinos italianos tinham recebido favoravelmente a intervenção francesa, ainda que o peso do protetorado militar de Bonaparte e do Diretório, dos seus comissários e generais, desprezasse as suas aspirações e iniciativas. Tanto em Roma como em Nápoles, a base em que assentava o protetorado francês era ainda menor, pois enfrentava a má vontade popular e as resistências dos defensores do Antigo Regime.

Os próprios princípios pelos quais se podia justificar a intervenção francesa tinham sido desrespeitados: a política pessoal de Bonaparte revelara o pouco interesse que tinha pelas aspirações dos povos, quando, pelo Tratado de Campoformio, entregara Veneza e o seu território, que tentavam constituir-se em República,

---

([61]) Outono de 1796. [*N. do T.*]

([62]) Fevereiro–março de 1797. [*N. do T.*]

([63]) Janeiro–fevereiro de 1799. [*N. do T.*]

ao imperador como moeda de troca pelos outros reordenamentos da península. Era voltar à troca de territórios e populações na pura tradição das monarquias tradicionais.

Após Campoformio, a política do Diretório, tal como era então praticada pelos diretores, como Barras e Reubell, deixa de ser firme e desinteressada: na margem esquerda do Reno reocupado, deixou-se Hoche alimentar as esperanças dos patriotas na criação de uma República Cisrenana e, depois, procedeu-se a uma anexação pura e simples. Em relação aos cantões suíços, Reubell e Bonaparte concordaram, no inverno do ano VI, em aproveitar os movimentos revolucionários em curso, especialmente na região de Vaud, e provocar uma fácil conquista francesa, que resultou na constituição de uma frágil República Helvética, disputada entre federalistas e unitários.

Em todos estes países dependentes, as intervenções diretas, as contribuições forçadas e as exações tanto dos comissários do Diretório como dos generais contribuíram para fragilizar um sistema que só se conservava graças à devoção de uma minoria de patriotas. Após a partida de Bonaparte para o Egito (maio de 1798) — perseguindo um sonho oriental que, sem dúvida, satisfazia a vontade de parte dos diretores desejosos de o afastar —, a formação da segunda coligação, composta pela Inglaterra, Áustria, Rússia e Império Otomano, revelou em 1799 a fragilidade do sistema das Repúblicas-irmãs. Vencidos na Alemanha (Stockach, março de 1799), obrigados por uma série de derrotas a abandonar quase toda a península italiana, enquanto os Anglo-Russos desembarcados na Holanda tomavam a República Batávia, os Franceses só foram salvos *in extremis* pelo brilhante sucesso de Masséna na Batalha de Zurique, em setembro de 1799, que forçou a retirada do marechal russo Suvorov. Quando Bonaparte, de regresso do Egito, desembarca em Fréjus, um mês depois, a integridade do território francês está já preservada, mas nada resta do edifício precário das Repúblicas-irmãs.

3. O exército e a guerra

Os anos de guerra cobrem os três quartos da década revolucionária. A Revolução teve de enfrentar a coligação da maioria das potências europeias, ao mesmo tempo que os acontecimentos no interior a confrontavam com a desorganização do exército realista. Só sobreviveu graças a um enorme esforço, do qual nasceu o exército nacional.

Nas vésperas da Revolução, a monarquia dispunha de um exército profissional, 110 000 homens na infantaria, 32 000 na cavalaria, associando regimentos franceses e estrangeiros. Os nobres, por tradição, forneciam a maioria dos efetivos, monopolizando as patentes superiores, segundo normas que se haviam tornado ainda mais seletivas no fim do Antigo Regime (éditos de Ségur). Os oficiais plebeus, mais numerosos nas armas técnicas (artilharia, engenharia), tinham limitadas perspetivas de promoção. Na marinha, os «casacas vermelhas» — oficiais nobres — desprezavam os «casacas azuis» plebeus. A vida na tropa era rude e conservavam-se os castigos corporais.

A crise de Varennes representa uma primeira viragem importante: receando uma intervenção externa, a Assembleia decide então realizar um primeiro recrutamento de voluntários, colocados na guarda nacional. Os 100 000 voluntários recrutados em 1791 são, na sua maioria, artesãos urbanos (66%), mas entre eles figuram também camponeses. A base de recrutamento é a burguesia das vilas e das cidades. Constitui-se um exército paralelo — as fardas azuis, em contraponto aos uniformes brancos do exército real. Escolhem-se os quadros e oficiais, e, neste exército, a disciplina é menos rude. Estes voluntários vão participar nos primeiros confrontos da guerra e mantiveram-se firmes em Valmy, frente aos Prussianos.

As derrotas da primavera e do verão de 1792, porém, mostraram a profunda desorganização de um exército em plena

Anexações e Repúblicas-irmãs (1796–1799)

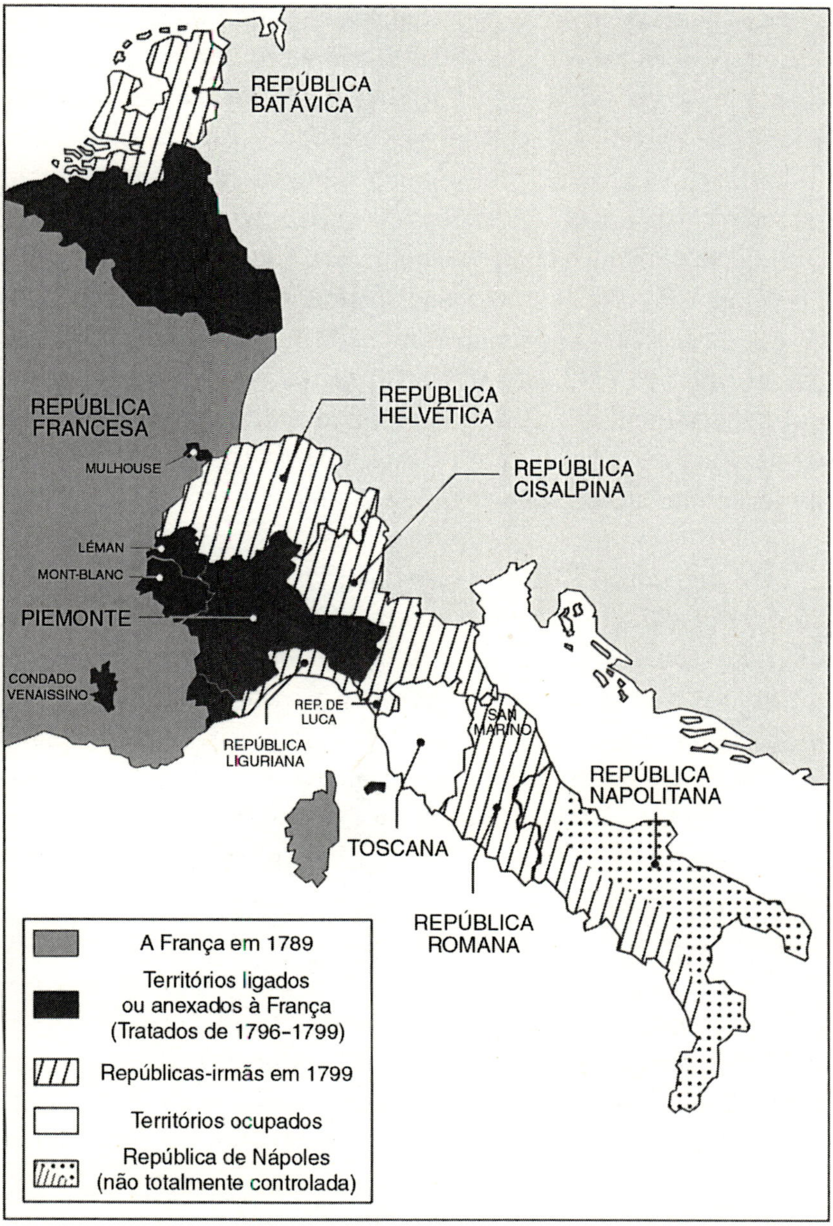

recomposição. De julho, após a proclamação da pátria em perigo, até ao inverno de 1792, fez-se uma segunda mobilização de voluntários, elevando para 400 000 o número de efetivos. Destes, fazem parte os federados do 10 de Agosto, bem como algumas legiões de patriotas estrangeiros. Contudo, na sua essência, esta mobilização afeta mais diretamente a população rural. O recrutamento é difícil nas regiões renitentes ao serviço militar, embora o nordeste de França contribua com o seu contingente tradicional. Os voluntários de 1792 são mais politizados e menos disciplinados do que os de 1791. Anunciam as menores mobilizações ulteriores: em fevereiro de 1793, a mobilização de 300 000 homens, operada por departamentos segundo modalidades definidas localmente, e que suscitou, sobretudo no Oeste, fortes resistências, resultou no recrutamento de apenas 150 000 soldados.

Em agosto de 1793, no auge da crise interna e externa, a Convenção decreta solenemente a mobilização em massa, afetando todos os celibatários e viúvos dos 18 aos 25 anos de idade. «A partir de agora e até que os inimigos tenham sido expulsos do território da República, todos os Franceses estão em requisição permanente para o serviço nos exércitos.» Apesar das dificuldades desta operação, a República vai poder contar, em meados de 1794, com um milhão de homens, 700 000 dos quais na primeira linha. Esta mobilização sem precedentes levou à reorganização total de um exército que se tornara no exército da nação. Aquando da mobilização de 300 000 homens, por proposta de Dubois Crancé, iniciou-se a fusão entre os corpos vindos do antigo exército e os novos batalhões; este foi o objeto da amálgama que consistia em associar, no novo quadro de uma semibrigada[64], dois batalhões de voluntários a um batalhão de

(64) A semibrigada (*demi-brigade*) era uma unidade militar que, neste período, substituiu o regimento de dois batalhões, que passou a ser composto por três batalhões (dois de voluntários, um de profissionais). [*N. do T.*]

carreira. As disparidades já não tinham razão para existir, tanto em relação ao soldo como às promoções, isto graças a um sistema que combinava a antiguidade e a eleição para a promoção às várias patentes. Em janeiro de 1794, estavam constituídas 200 semibrigadas. Este processo concluiu-se no início de 1796.

Após termidor e as vitórias do ano II, os efetivos foram-se reduzindo de ano para ano: passaram de mais de 700 000 para menos de 500 000, em 1795, e para menos de 400 000, em 1796 e 1797. Resta agora apenas um quarto dos voluntários de 1791 a 1793, apenas um quinto das mobilizações do ano II. Confrontado com a continuação da guerra e, depois, com a ofensiva da segunda coligação, a partir de 1798, o Diretório tem de criar um novo sistema: votada a 5 de setembro de 1798, a lei Jourdan estabelece o sistema da conscrição, que sujeita ao serviço obrigatório os jovens com 20 anos de idade. As modalidades de aplicação — tiragem à sorte dos alistados, possibilidade de se comprar um substituto — serão estabelecidas em 1799. O Consulado e o Império aperfeiçoam esta prática com uma democracia comedida: acabaram os voluntários de 1792 e os soldados do ano II.

Neste quadro cronológico, o exército revolucionário mostra os seus traços específicos: é o exército nacional de um povo mobilizado para defender a Revolução e a nação. As resistências que as mobilizações suscitaram numa parte da França não escondem o entusiasmo e o *élan* coletivo. Os voluntários e os soldados do ano II sabem por que combatem: em Jemmapes, em novembro de 1792, cantam *A Marselhesa* enquanto tomam de assalto as linhas inimigas. Os seus traços de heroísmo são relatados; têm os seus clubes e conhecem uma propaganda ativa por intermédio da imprensa. Para um número considerável de jovens franceses, o exército é uma escola de republicanismo; ficarão ligados a ele até ao fim. É também, por via da promoção que oferece, o lugar onde surgem quadros juvenis — os generais de vinte anos, como Hoche ou Marceau — ao lado de elementos vindos do antigo exército, que encontram uma estrutura à sua medida: Carnot, capitão genial, será o estratega e «o organizador da vitória» do ano II.

Pode estabelecer-se um «ritmo global» (J.-P. Bertaud) a partir da discriminação dos atos de guerra, confrontos ou batalhas de diferente importância, entre 1792 e 1802. Contaram-se 750, dos quais quase metade se inscrevem entre a abertura das hostilidades, em 1792 e julho de 1795 (Tratado de Basileia com a Espanha), e, se quisermos ser mais exatos, perto de um quarto entre março de 1793 (derrota de Neerwinden) e junho de 1794 (vitória de Fleurus), ou seja, durante o período da ditadura jacobina, que teve de enfrentar o choque maior do ataque dos coligados. Durante estes dez anos de combates, o teatro dos conflitos alterou-se, passando das fronteiras norte e nordeste da França para o estrangeiro: Itália, Suíça, Sacro Império, a partir de 1795.

Várias fases de expansão e de recuo se sucederam e se encadearam. De abril a setembro de 1792, o fracasso da ofensiva francesa na Bélgica levou à invasão das fronteiras pelos exércitos prussiano e austríaco, travada pela vitória de Dumouriez e Kellermann em Valmy, a 20 de setembro. A Convenção passa então à ofensiva: vitoriosos em Jemmapes, os Franceses conquistam a Bélgica e parte da Holanda, e anexam a Saboia e o condado de Nice. A formação da primeira coligação, em que os Países Baixos, a Espanha e a Inglaterra se associam à Áustria e à Prússia, enquanto a guerra civil provoca devastações, leva, a partir da primavera de 1793 (derrota de Neerwinden, a 28 de março), a uma nova fase de recuo: as fronteiras são novamente invadidas. A reorganização iniciada no outono (Wattignies, 15 de outubro de 1793) conduz à vitória decisiva de Fleurus no dia 26 de junho de 1794. Os exércitos franceses retomam a ofensiva, enquanto a primeira coligação se desfaz (Tratado de Basileia com a Prússia e a Espanha, em abril–junho de 1795, e de Haia com a Holanda, em maio), e concentram os esforços contra a Áustria e a Inglaterra.

Se os êxitos foram partilhados e as grandes ofensivas travadas na fronteira do Reno, uma compensação decisiva foi dada pelas vitórias de Bonaparte na primeira campanha de Itália. As batalhas decisivas nos Apeninos e na planície do Pó, da primavera ao outono de 1796, sancionadas pelo Tratado de Campoformio (17 de outubro de 1797), asseguraram o domínio da França sobre a península italiana e sobre uma zona que depressa se alargou à Suíça. As expedições organizadas contra a Irlanda duraram pouco, mas o Diretório lança a expedição do Egito, confiada a Bonaparte (desembarque em julho de 1798). Os brilhantes sucessos inicialmente obtidos contra os mamelucos e, depois, contra os exércitos turcos são anulados pelo desastre naval de Abuquir, em que o almirante Nelson destrói a frota francesa, tornando Bonaparte prisioneiro de uma conquista que depois tenta consolidar com uma ofensiva na Síria.

A segunda coligação, formada, como vimos, no outono de 1798, vê os exércitos franceses repelidos de Itália, da Alemanha e da maior parte da Suíça, enquanto os Anglo-Russos desembarcam na Holanda. Esta situação crítica é invertida pelas vitórias de Masséna em Zurique e de Brune em Bergen, em setembro de 1799.

Ao longo destas campanhas, a arte da guerra modificou-se. É clássico opor as batalhas das guerras do século anterior às da década revolucionária. O novo exército da França revolucionária compensa a falta de formação dos seus recrutas com a força do número e com o espírito ofensivo gerado pelo entusiasmo e convicção revolucionários. Pratica o ataque frontal, usando a força de choque de massas em movimento, em muitos casos com armas brancas: as primeiras vitórias significativas (Jemmapes) ilustram esta técnica da ofensiva renhida, com grande custo em homens. Mas o contraste é evidente entre as ações dos primeiros anos da Revolução e a extrema mobilidade associada à capacidade tática das batalhas da campanha de Itália.

A guerra modificou-se, bem como o exército. Menos numerosos, mas mais aguerridos, os exércitos do Diretório conservam algumas características comuns com os do ano II, tanto na situação material (a penúria do exército de Itália no início da campanha de 1796) como no espírito (um apego à República, da qual se consideram os defensores). Mas a entrada em territórios estrangeiros, uma relativa profissionalização, a cesura com a sociedade civil da França diretorial, reforçam a influência dos generais, *a fortiori* quando se trata de chefes brilhantes como Bonaparte. A personalização do novo poder militar é reforçada, nos generais, pela autonomia e sentimento de poder de que gozam, como se passa em Itália. Em conflito com os comissários do Diretório, sabem também que o poder civil precisa deles: Bonaparte manda Augereau a Paris para apoiar o golpe de Estado de 18 de frutidor do ano V. Transformados em árbitros da situação interna num regime de golpes de Estado, são tentados a desempenhar um papel político, conspirando por vezes com os contrarrevolucionários (Pichegru, Moreau) ou afirmando as suas convicções republicanas. Bonaparte encerra o debate apoderando-se do poder para si próprio.

4. O problema colonial e a abolição da escravatura

No âmbito das relações entre a Revolução e o mundo, o problema colonial pode parecer marginal. No entanto, adquire toda a sua amplitude se considerarmos tudo aquilo que implica. Com este problema, é não só a economia e o poder da França ultramarina que estão em causa, mas também o sistema de valores proclamados pela Revolução, que não podia deixar de enfrentar a questão da escravatura.

Do primeiro império colonial da França monárquica, muito reduzido pelas guerras contra a Inglaterra, restava à França, além da Luisiana, as feitorias da Índia e do Senegal, essencialmente as ilhas produtoras de açúcar e produtos exóticos: ilha Bourbon e Ilha de França, no oceano Índico, Guiana, Martinica, Guadalupe e suas dependências, e sobretudo São Domingos, nas Caraíbas. Com cerca de 450 000 escravos negros em 1789, São Domingos representava o melhor exemplo de uma economia de plantação dominada por uma aristocracia branca, enquanto uma minoria de pessoas de cor livres (30 000), privada de direitos, não deixava de ter uma posição importante na vida da ilha.

Em França, o problema das colónias e da escravatura tinha sido levantado pelos homens das Luzes: Montesquieu, Rousseau, Diderot ou o abade Raynal. A elite esclarecida estava em contacto com os reformistas ingleses, como Wilberforce, que faziam campanha contra o tráfico negreiro. A exemplo destes, a Sociedade dos Amigos dos Negros, fundada em 1788, foi animada por pensadores e publicistas como Brissot, Condorcet, o abade Grégoire ou Clavière. Mirabeau também participava, bem como Robespierre. Defendiam a abolição do tráfico negreiro e, desde o início da Revolução, a atribuição dos direitos civis aos homens de cor livres; a abolição progressiva da escravatura, para eles, era um objetivo mais distante. Mas a resistência era intensa por parte dos meios interessados no comércio das ilhas: os plantadores e os seus amigos associam-se aos armadores dos portos, Nantes ou Bordéus, que prosperam graças ao sistema. Ativo e poderoso, este grupo de pressão reunia-se no clube Messiac em Paris.

A Constituinte confrontou-se muito cedo com o problema colonial, já que os colonos pretendiam ter os seus deputados, o que lhes foi concedido, e as suas assembleias coloniais, que foram legalizadas. Mas os homens de cor livres reivindicavam também, em Paris, os direitos civis: a sua exigência foi negada por duas vezes, em março e outubro de 1790. Só a 15 de maio de 1791, após um intenso debate em que Robespierre e Dupont de Nemours pronunciaram a célebre fórmula «mais vale perecerem as colónias do que um princípio», é que estes serão concedidos, não sem algumas restrições: será preciso esperar até março de 1792 para que esses direitos sejam confirmados. Mas o problema da abolição da escravatura tinha sido afastado: foi a grande insurreição dos escravos negros de São Domingos, em agosto de 1791, e os seus desenvolvimentos que o impuseram. Dirigida por vários chefes, entre os quais emergirá progressivamente a figura de Toussaint-Louverture, a insurreição reforçou as suas posições em 1792–1793, com o apoio interessado dos Espanhóis, enquanto os Ingleses, chamados pelos plantadores, estabeleciam cabeças-de-ponte nas cidades. Os comissários civis enviados pela Convenção, em especial Sonthonax, lutaram pela reconquista da ilha e, depois, negociaram com os dirigentes negros, de quem procuravam apoio contra os Espanhóis ou contra os plantadores. Por sua própria iniciativa, Sonthonax decreta, entre agosto e setembro de 1793, a abolição da escravatura em várias partes da ilha. Em maio de 1794, Toussaint-Louverture alia-se à República e empreende a reconquista da ilha aos Espanhóis e Ingleses. Alguns conflitos internos entre chefes negros e mulatos não travam o sucesso da iniciativa. Em 1798, sob o comando de Toussant-Louverture, São Domingos surge como uma República independente no quadro da República Francesa.

🕮 A abolição da escravatura

«[...] Um dos três deputados recentemente chegados de São Domingos apresentou um relatório sumário sobre os acontecimentos que aí ocorreram. Remonta à causa dos problemas de que a ilha foi vítima: o deputado vê essa causa na política odiosa e nas intrigas de Inglaterra e de Espanha, que, querendo subtrair esta importante colónia à república, arranjaram forma de aí organizar a guerra civil. Mas os negros armados pela causa de França anularam, pela sua coragem, esses pérfidos projetos e exigiram, em paga pelos seus serviços, a liberdade, que lhes foi concedida.

«O orador exorta a Convenção a confirmar esta promessa e a fazer com que as colónias gozem plenamente dos benefícios da liberdade e da igualdade. [...]

«LEVASSEUR (de la Sarthe): Peço que a Convenção, não cedendo a um movimento de entusiasmo, mas antes aos princípios da justiça, fiel à Declaração dos Direitos do Homem, decrete desde já que a escravatura é abolida em todo o território da república. São Domingos faz parte deste território e, porém, temos escravos em São Domingos. Peço, portanto, que todos os homens sejam livres, sem distinção de cor.

«LACROIX (de Eure-et-Loir): Estando ocupados na constituição do povo francês, não prestámos atenção aos infelizes homens de cor. Neste aspeto, a posteridade terá grandes críticas a fazer-nos; mas temos de reparar este erro. Debalde decretámos que nenhum direito feudal continuaria a existir na República Francesa. Acabais de ouvir um dos nossos colegas dizer que ainda existem escravos nas nossas colónias. É tempo de nos elevarmos à altura dos princípios da liberdade e da igualdade. Podemos dizer que não há escravos em França, mas não é verdade que os homens de cor são escravos nas nossas colónias? Proclamemos a liberdade dos homens de cor. Fazendo este ato de justiça, dareis um grande exemplo aos homens de cor escravos nas colónias inglesas e espanholas. Os homens de cor, tal como nós, quiseram quebrar as suas correntes; nós quebrámos as nossas, não nos quisemos submeter ao jugo de um senhor; concedamos-lhes o mesmo benefício.

«LEVASSEUR: Se fosse possível colocar sob os olhos da Convenção o quadro devastador dos males da escravatura, tremeria com a aristocracia exercida nas colónias por alguns brancos.

«LACROIX: Senhor Presidente, não deixe que a Convenção se desonre com uma discussão mais longa.

«*Toda a assembleia se levanta em aclamação.*

«O presidente pronuncia a abolição da escravatura, entre aplausos e gritos mil vezes repetidos de *Viva a República! Viva a Convenção! Viva a Montanha!*

«Os dois deputados de cor estão na tribuna, abraçam-se. *(Aplaudem.)*

«Lacroix leva-os ao presidente, que lhes dá o beijo fraterno.

«São sucessivamente abraçados por todos os deputados [...].»

(*Fonte:* Arquivos Parlamentares, 2.ª série, Paris, CNRS, t. 84, p. 283.)

Entretanto, a decisão que Sonthonax tomou nas ilhas provocou, em Paris, um avanço decisivo do debate sobre a abolição da escravatura. Ainda reticente, em junho de 1793, face às exigências de uma delegação negra chefiada por Chaumette, a Convenção abole pelo menos, entre julho e setembro, o tráfico negreiro. A 4 de fevereiro de 1794, recebe três deputados de São Domingos e, num movimento entusiasta, vota definitivamente a abolição da escravatura nas colónias (ver texto em caixa: «A abolição da escravatura»). No entanto, o debate não está encerrado, ainda que a Constituição do ano III confirme que «ninguém se pode vender ou ser vendido». Em 1795, o debate é retomado na sequência dos ataques dos plantadores contra os comissários Sonthonax e Polverel, e ainda em 1797, quando o realista Vaublanc desenvolve um violento discurso esclavagista. Mas, até ao fim da Revolução, o decreto de fevereiro de 1794 não será posto em causa. Será Bonaparte, marido da crioula Josefina de Beauharnais, que restabelecerá a antiga ordem esclavagista. Esta ordem vai perdurar até 1848.

Entretanto, entre conquistas e reconquistas, os Ingleses apoderaram-se da Martinica, de Santa Lúcia, de Tobago e das feitorias da Índia. Mas no outono de 1799 existem ainda as colónias francesas de São Domingos, Guadalupe, Guiana e a Ilha de França, assim como a ilha Bourbon, que se tornou a ilha da Reunião. Ao coligar-se, em São Domingos, com o poder negro de Toussaint-Louverture, a Revolução transigira com os colonos do oceano Índico, aceitando a manutenção da escravatura. Desta história complexa e tormentosa das colónias em Revolução, resta a memória de algumas grandes figuras, como Toussaint-Louverture e Sonthonax, e talvez mais ainda a do Decreto de 4 de Fevereiro de 1794, que foi uma das grandes antecipações da Revolução Francesa.

CAPÍTULO 4

Uma nova sociedade

Resumo

1. População e demografia

- **1.1. O impacto da Revolução**
- **1.2. Comportamentos demográficos**

2. Uma economia em Revolução

- **2.1. Uma expansão travada?**
- **2.2. Liberalismo ou taxação?**
- **2.3. As etapas de uma política**
- **2.4. A aventura do assinado**
- **2.5. Panorama da economia francesa do pós-Revolução**

3. Sociedade: a revolução camponesa

- **3.1. Propriedade, exploração, tributação senhorial**
- **3.2. As reivindicações camponesas**
- **3.3. Lutas agrárias**
- **3.4. A venda dos bens nacionais**
- **3.5. Um balanço geral**

4. Sociedade: povo urbano e burguesia

- **4.1. O peso da conjuntura**
- **4.2. A «arraia-miúda»**
- **4.3. Uma nova burguesia?**
- **4.4. Os novos-ricos: ganhadores e perdedores**

1. População e demografia

Com 28 600 000 habitantes em 1790, segundo as estimativas atuais dos demógrafos, que analisam (e corrigem) os dados imprecisos dos cálculos da época, a França era, depois do Império russo, o país mais populoso da Europa, e este peso demográfico deve ser levado em conta para se compreender, em especial, a intensidade do esforço de guerra que este país teve de suportar. Esta grande população era, em parte, resultado de um crescimento secular, que, a partir do final do século XVII, fizera ultrapassar o nível de cerca de 20 milhões que apresentava durante a Idade Clássica. É verdade que este crescimento era inferior ao de outros países — Europa Central ou Oriental —, onde o número de homens explodira durante este período. Mas tinha sido marcado, durante a segunda metade do século, e sobretudo entre 1750 e 1770, pela diminuição da mortalidade, ligada ao recuo das fomes e epidemias, enquanto a natalidade se mantinha estável. Era um crescimento também desigual, que beneficiava sobretudo o Nordeste e o Sul, da Aquitânia aos Alpes, enquanto o grande Oeste, que engloba o Maciço armórico e as regiões do Loire, via a sua população diminuir.

Esta população era maioritariamente rural: a taxa de urbanização era da ordem dos 16%. Cinco sextos da população viviam, portanto, no campo, dos quais cerca de 75% eram camponeses propriamente ditos. A distribuição espacial desta população revela a importância das cidades no Norte e Nordeste de França, mas também numa parte do Oeste e na região lionesa, e depois num corredor contínuo, do vale do Garona ao baixo Languedoque e à Provença, que individualiza a rede urbana meridional. Em contraponto, surge um grande vazio no sul do Loire, que cobre a maior parte do Maciço Central e uma parte do Oeste. São igualmente pobres em cidades a zona intra-alpina e o Piemonte pirenaico. Paris, com 550 000 a 600 000 habitantes, é, depois de

Londres, a maior capital europeia. Mas poucas cidades chegam ou se aproximam dos 100 000 habitantes (Lyon, Marselha), ou atingem sequer os 50 000 (Bordéus, Nantes, Ruão). A França atlântica das atividades portuárias domina, ainda que haja alguns centros industriais (Lille, Amiens, Troyes, Nimes). Mas em menos de 40 cidades com mais de 30 000 habitantes predominam ainda as capitais regionais, dotadas tradicionalmente de um poder de governação pela presença de um parlamento (Dijon, Toulose, Rennes, Montpellier).

1.1. O impacto da Revolução

Este quadro, sem ser alterado por completo, será profundamente afetado pela Revolução. Terá ela representado uma estagnação ou, pior ainda, uma regressão demográfica? Em suma, terá sido a Revolução «populicida», como se escreveu na época e se faz ainda hoje? Podemos tentar fazer um balanço geral, antes de entrarmos na análise das modalidades e dos comportamentos coletivos: apesar do seu carácter por vezes hipotético, os cálculos demográficos atuais permitem-nos fazer isso. No fim da década revolucionária, a população francesa aumentou, provavelmente, em meio milhão de habitantes. Será muito, será pouco? Muito, certamente, se tivermos em conta as baixas sofridas. Em primeiro lugar, as perdas militares: o enorme esforço de guerra, desde as primeiras mobilizações até ao recrutamento em massa e depois à circunscrição diretorial, cifra-se na perda de quase meio milhão (480 000) de vidas humanas. É mais difícil avaliar aquilo que, no interior das fronteiras, está diretamente relacionado com a Revolução: violências espontâneas, peso do Terror, guerra civil, principalmente no Oeste, mas também, de forma mais difusa, no Sul. Foi possível também — ideia controversa, como sublinhámos — desenhar, no que diz respeito à época revolucionária, o termo anacrónico «genocídio franco-francês». Se tentarmos raciocinar serenamente, evitando enegrecer ou branquear abusivamente o quadro, podemos conhecer, a partir dos estudos clássicos de Donald Greer, o peso do Terror legal: as execuções devidas aos tribunais revolucionários ciframe-se de 35 000 a 40 000 condenações à pena capital, muito desigualmente repartidas, das quais 90% nos teatros da guerra interna, nas fronteiras e em Paris. Mas 37 departamentos tiveram menos de 10 condenações. Este balanço cobre apenas, certamente, parte das perdas «civis» imputáveis à Revolução. Houve massacres durante as violências quotidianas dos primeiros anos em Paris e na província (ofensivas ou repressivas), execuções sumárias e maciças, em 1793, em Lyon ou em Toulon, massacres também nos episódios do Terror Branco, tal como aconteceu no Sul, de 1795 a 1797 e depois disso. O tributo mais pesado foi pago, incontestavelmente, pelo Oeste insurreto e, principalmente, pela Vendeia militar ao longo de uma guerra cruel. Fiquemo-nos pelo balanço já muito pesado de 128 000 mortos nos dois campos, com o qual concordam os analistas mais sérios.

De onde vem, então, o resto deste défice de meio milhão, em 1801, que avançámos? Os outros focos da guerra civil e da *chouannerie* não nos fornecem o saldo; mas não há dúvida de que não se deve esquecer o corte operado, essencialmente, pela emigração — em 1800, a lista dos emigrados elevava-se ainda a 145 000 pessoas.

1.2. Comportamentos demográficos

Apesar desta queda grave e pesada, a Revolução Francesa não alterou as características de uma demografia em expansão: a mortalidade «normal» parece ter diminuído. O oeste da França tendia ao recuo, enquanto a bacia parisiense, o Norte e o Sudeste acentuavam o crescimento; mas trata-se de um grande Oeste, que se estende até ao centro do país, cuja regressão só em parte é imputável à guerra civil.

Com efeito, a Revolução Francesa, de forma menos espetacular, pode definir-se como uma grande agitação e desarrumo de populações. Percebem-se facilmente os seus aspetos mais visíveis nos deslocamentos dos batalhões de voluntários ou dos exércitos revolucionários do interior, bem como nos da população na fronteira do Norte e do Nordeste (na Alsácia). Seguir as migrações internas revela-se mais difícil, ainda que, por vezes, as «apanhemos em flagrante», como as comunidades do Oeste que se dirigem para o interior... A Revolução desorganizou momentaneamente alguns circuitos de migrações sazonais ou do trabalho (a volta à França dos Companheiros)([65]), mas criou também polos de atração. Assim sucedeu em Toulon, esvaziada como um ovo após a reconquista aos Ingleses e repovoada depois pelos operários vindos de toda a França para trabalharem no «arsenal da República». O que leva a relativizar o balanço que se pensava poder fazer de uma desurbanização do país durante este período, de resto limitada — de 16% a 15% da população total. Algumas cidades situadas entre Paris e o Norte ou o Oeste insurreto cresceram durante algum tempo; noutras regiões, como no Sul (Montauban), estagnaram ou regrediram. As flutuações da população parisiense, positivas no início do período, negativas depois, refletem esta tendência contrastada.

As atitudes demográficas alteraram-se também profundamente. A Revolução assiste ao início de uma febre de casamentos a partir de finais de 1792, que culminará em 1793 e 1794, por vezes até mais tarde. A guerra e as mobilizações de homens, a que os casados não estão sujeitos, contribuíram para isso: forte estimulante! Mas o movimento começara mais cedo. A nova legislação revolucionária e a abolição das obrigações religiosas canónicas sobre o casamento também contribuíram, mais do que

([65]) Circuito outrora feito por jovens artesãos e operários de um mesmo ofício (Les Compagnons) através de França, como parte da sua formação. [*N. do T.*]

o hipotético desregramento dos costumes por vezes invocado: mas é incontestável que as mentalidades mudaram. A união livre do *sans-culotte*, evocada por Albert Soboul, na Paris do ano II, não parece ser uma característica generalizada; praticava-se e será ainda mais praticada nas classes populares urbanas do século XIX. De resto, a ideologia revolucionária, muito virtuosa e defensora da família, apregoa as virtudes conjugais. Mas, com a instauração do divórcio em 1792, o novo regime parece dar razão aos que viram nela uma viragem — considerada nociva — na história da família.

Na base de uma legislação liberal, que admite o divórcio por consentimento mútuo, inscreve-se, de 1793 a 1795, um movimento visível: 200 divórcios por ano em Ruão durante esses dois anos, uma centena nos seguintes. Em Paris, Lyon e Marselha foi possível avaliar a amplitude deste facto. Acabava, em primeiro lugar, com todo um relicário de casais há muito afastados ou que se davam mal, daí a sua importância. As facilidades legais oferecidas pela legislação de 1792 foram restringidas com o Diretório; além disso, ao suprimir, entre outros, o divórcio por consentimento mútuo, o Código Civil multiplicou os obstáculos, levando a prática ao baixo nível existente ainda no século XIX.

Outras questões se levantam, que já não pertencem ao domínio exclusivo da demografia, mas dizem também respeito às mentalidades. Deste modo, podemos perguntar-nos se a Revolução modificou as atitudes face à vida, ao nível da natalidade, ao acelerar a difusão da contraceção — nas suas formas elementares de então, já denunciadas pelos prelados sob o nome de «funestos segredos» —, que não era desconhecida nem dos meios modestos em algumas províncias desde os anos 1770. Em Languedoque, E. Le Roy-Ladurie pensou poder identificar uma viragem sensível durante a década revolucionária, que depois corrigiu, deslocando-a para o período do Primeiro Império. Mas, se não existe correlação imediata entre a Revolução e o «desregramento dos costumes», concorda-se atualmente em reconhecer que o período contribuiu para uma difusão alargada da prática.

Este elemento complementar ao balanço relativizado de um período que não foi a grande derrocada que alguns nele viam, mas que foi um ponto de inflexão sensível na história demográfica da França, não é negligenciável.

2. Uma economia em Revolução

2.1. Uma expansão travada?

A história económica da Revolução confronta-se com um paradoxo. Tal como a demografia, ela é técnica: fala de curvas, números, técnicas financeiras complexas. Deste modo, apesar dos trabalhos do início do século, pode dizer-se que esta história só se afirmou — brilhantemente — com a tese de Ernest Labrousse em *La Crise de l'économie française à la veille de la Révolution* [*A Crise da Economia Francesa nas Vésperas da Revolução*], que leva em conta os movimentos conjunturais de uma economia de «estilo antigo», dominada pelo mundo rural, no curto período de uma convulsão breve, mas colocada também no contexto de uma história dos movimentos de longa duração e do desenvolvimento do «glorioso século XVIII», marcado pelo lento aumento dos preços, das rendas e do rendimento burguês. Falta estudar em profundidade o impacto do momento revolucionário sobre as próprias estruturas da produção nos domínios agrícola, industrial (o têxtil, então predominante, e a siderurgia), comercial e bancário: os trabalhos mais recentes dedicam-se a este tema.

Esta abordagem rigorosa, que deve resolver as dificuldades nas fontes de uma época ainda muito pré-estatística, revela outro aspeto, se não inevitavelmente polémico, pelo menos problemático: pelo seu balanço económico, é toda a Revolução que comparece no banco dos réus, de modo menos frontal do que quando se trata do Terror, mas, ainda assim, direto. Terá a Revolução travado o desenvolvimento económico francês, resultando no caos de um fiasco financeiro, de uma paisagem devastada e, pior ainda, hipotecando duradouramente o progresso do país? Somos tentados a olhar para o lado, a comparar com a Inglaterra, que, sem Revolução, prosseguiu a sua revolução industrial, ganhando um avanço decisivo sobre a França, afirmando a sua «descolagem» — o seu *take off* — em curso há décadas. Em suma, terá a Revolução impedido o *take off* da economia francesa e comprometido definitivamente as hipóteses de apanhar a sua rival? Podemos questionar, sem contestar a legitimidade destas abordagens comparativas, este procedimento que distribui os prémios como num concurso. Não haverá uma via francesa específica que mereça ser estudada por si mesma? E se o admitirmos, poder-se-á dizer que a França, nas últimas décadas do Antigo Regime, estava a apanhar a Inglaterra ou a igualá-la nesta corrida à modernização?

Os investigadores atuais (D. Woronoff) concordam, na esteira de E. Labrousse, que a economia francesa dera, principalmente na segunda metade do século, um grande salto em frente: testemunha disso é a explosão demográfica, bem como os progressos do grande comércio, o desenvolvimento de alguns sectores da indústria, como o algodão, sobretudo a partir de 1760, e as inovações na siderurgia (primeira fundição a carvão em Creusot, em 1785). Mas estes investigadores são igualmente sensíveis à lentidão e aos atrasos, particularmente num mundo rural em que a extensão geral das superfícies cultivadas está apenas a começar, em algumas regiões (Normandia), a fazer acompanhar-se de uma transformação profunda das técnicas e dos produtos. Se o movimento de expansão (fase A dos economistas), caracterizado por um aumento lento e benéfico dos preços e do rendimento, iniciado na década de 30 do século XVIII, prossegue até 1817, transpondo o período revolucionário, ele está sujeito a modulações internas. É um «interciclo de contração» que se inscreve em 1778 e 1787 na curva dos preços, na venda ao desbarato da viticultura, nas dificuldades da indústria têxtil, e a Revolução vai herdar este clima desfavorável. Não terá a França já perdido o jogo antes de 1789, o que relativiza o papel da Revolução?

Em contrapartida, não se lhe deve minimizar o impacto. Os movimentos naturais da conjuntura económica vão ser contrariados durante uma década pelos acontecimentos políticos. Em primeiro lugar, a guerra, que, a partir de 1792, vai alterar todos os circuitos económicos das trocas internacionais, impõe um esforço e uma quebra considerável às forças vivas da nação; o estabelecimento de uma economia de guerra dirigista perturba duradouramente os mecanismos da produção.

Mas a Revolução não esperou por 1792 para enveredar por uma política económica e financeira de grandes consequências para o futuro. Sem chegarmos ao ponto de, como alguns fazem, ver no recurso a uma guerra expansionista uma fuga para a frente face às dificuldades internas, devemos avaliar o impacto das duas medidas, aliás intimamente ligadas, que são a nacionalização dos bens do clero — gigantesca expropriação — e a aventura do assinado, que, ao desencadear os mecanismos de uma inflação galopante, iria infletir toda a história económica deste período. É preciso lembrar — trata-se de repartir as responsabilidades — que esta dupla medida se inscreve na herança do Antigo Regime e da crise financeira que lhe precipitara a queda. «Bendito défice, serás o tesouro da nação», disse Mirabeau: faltava ainda encontrar esse tesouro.

Na intersecção dos movimentos de uma conjuntura largamente pautada, nesta economia agrária, pelos ritmos das colheitas — penúria e explosão dos preços agrícolas de 1788–1789, que afetam toda a economia, melhoria em 1790–1791, comprometida pela guerra e pela inflação a partir de 1792, nova crise agrícola em 1795–1796, seguida de uma «aberta» (D. Woronoff) entre 1797 e 1799, nova má colheita nas vésperas de brumário — e de outra conjuntura, desta feita política, a economia da década revolucionária não oferece um quadro estável, mas antes a imagem de uma luta incessante dos atores para se erguerem, como se dizia na época, «à altura das circunstâncias».

2.2. Liberalismo ou taxação?

Confrontados com esta conjuntura, de que instrumento ideológico dispunham os homens, ou, mais simplesmente, haverá uma economia política da Revolução Francesa? Seria demasiado simples resumi-la numa só palavra, liberdade, e concluir que todos os decisores desta época se converteram ao liberalismo económico, ainda que a livre iniciativa apareça, como vimos, enquanto complemento dos valores proclamados de «propriedade» e «segurança». Na classe política e nos meios de negócios do tempo, concorda-se, sem dúvida, que, na sua versão absolutista, o antigo regime de dirigismo económico, de herança colbertista, que regulamentava minuciosamente a produção e usava do privilégio para manter as manufaturas do Estado, tinha os dias contados. Do mesmo modo, denuncia-se o arcaísmo das barreiras — peagens, portagens e alfândegas internas.

Será legítimo opor, termo a termo, a esta corrente difundida nas elites outro modelo de economia moral, baseado numa leitura diferente da filosofia do direito natural, tal como formulada de Locke a Mably, que coloca no centro dos direitos naturais do homem o direito à existência, com tudo o que isso implica de restrições ao exercício de uma liberdade de iniciativa, que acaba no ponto em que a satisfação das suas necessidades é ameaçada?

Este discurso choca, pelo menos, com aquele que é formulado, à sua maneira, tanto nas práticas como nas declarações, pelos grupos populares rurais e urbanos. A livre circulação é temida, pois desguarnece os mercados, o preço livre é rejeitado em nome da taxação dos produtos pelo preço justo, que os põem ao alcance do indigente. As suas reivindicações respondem a necessidades objetivas, mas inscrevem-se em todo um imaginário em que aparece o tema do açambarcador ou da conspiração da fome, e também em toda uma tradição de lutas das comunidades camponesas pelo igualitarismo, pela defesa das práticas coletivas. Na sua dupla expressão, urbana e rural, esta forte exigência popular vai impor-se através das lutas sociais, levando a classe política a ceder e até a dar parcialmente razão a esta reivindicação.

Poder-se-á então pensar que houve um confronto efetivo entre uma elite aderente à filosofia do direito natural e a reivindicação espontânea, e depois consciente, das massas? Não se pode afirmá-lo diretamente. Quanto a concluir que a Revolução, em vez de enveredar pela via da transformação capitalista da sociedade, poderia ter escolhido a alternativa desta economia moral, na qual se associavam a filosofia do direito natural e a reivindicação popular, isso faz parte de uma reconstrução retrospetiva da história.

2.3. As etapas de uma política

Seguir no terreno as etapas da política económica da Revolução implica distinguir vários momentos. Apesar da pressão popular, o vento sopra inicialmente a favor da corrente liberal: no verão de 1789, é proclamada a livre circulação dos cereais. Além disso, algumas medidas são populares e capazes de conseguir unanimidade, como as que suprimem, a partir de 1790, as portagens e peagens, e os Parisienses rejubilam com a destruição das barreiras às portas da capital. Menos populares são, talvez, outros textos nos quais se prefere ver apenas as consequências da noite de 4 de agosto, que abolem os privilégios. Foi neste período da Constituinte que se votaram os textos fundamentais que regem a liberdade de iniciativa: a 2 de março de 1791, a lei conhecida por «de Allarde», do nome do seu redator, suprime as corporações, as manufaturas privilegiadas e a regulamentação da produção. Primeira etapa, cujo espírito e modalidades são especificados, a 14 de junho, pela lei Le Chapelier (ver texto em caixa: «A lei Le Chapelier»), que proscreve qualquer «coligação» ou associação, tanto de aprendizes como de mestres, e os interdita de «tomar resoluções ou deliberações sobre os seus pretensos interesses comuns». Esta última medida afeta essencialmente, talvez, os assalariados. A liberdade de associação paga os custos da proclamação da liberdade do trabalho.

Mas a persistência da inquietude a respeito das provisões, que explodem em revoltas frumentárias nos mercados, e a sua subida de 1791 a 1792, quando as taxações populares adquirem uma dimensão espetacular nas planícies de grande cultivo, enquanto que, em Paris, agitações do açúcar e do café visam as mercearias, de 1792 a 1793, testemunhando o divórcio com uma classe política apegada ao princípio da livre circulação. Através dos seus porta-vozes, como Roland, o partido girondino tonar-se-á no seu defensor, ainda que tenha de ceder sob pressão da crise do verão de 1792, ao promulgar as primeiras medidas autoritárias para o aprovisionamento dos mercados.

O Máximo. Após a queda da Gironda, a pressão popular, cujas reivindicações são expressas pelos «raivosos» (ver texto em caixa: «A doutrina dos "raivosos"»), e, mais ainda, a necessidade de sustentar o esforço de guerra, levam a Montanha a converter-se aos princípios de uma economia dirigida sob controlo do Estado. O Máximo dos preços dos cereais e do pão e, depois, de todas as mercadorias é estabelecido por etapas: em maio de 1793, é fixado localmente pelas autoridades dos departamentos; em setembro, o Máximo geral aplica-se uniformemente a toda a República; a 19 do mesmo mês, é alargado a todos os preços e salários, estes últimos na base de uma taxa de 150% relativamente a 1789.

Esta política de controlo inscreve-se no quadro de uma legislação social cujo espírito, como vimos, foi anunciado pela

Constituição de 1793, definindo o dever de auxiliar os mais necessitados e de assegurar o direito de todos à subsistência. Trata-se da expressão de um ideal de democracia social, do qual as leis de ventoso do ano II[66] tentarão dar uma primeira aplicação na primavera de 1794.

🕮 A doutrina dos «raivosos» (fim de junho de 1793)

«*Delegados do povo francês,*

«Cem vezes este recinto sagrado repercutiu crimes dos egoístas e dos intrujões; sempre nos haveis prometido atacar as sanguessugas do povo. O ato constitucional vai ser apresentado à sanção do soberano: haveis nele proscrito a agiotagem? Não. Haveis pronunciado a pena de morte contra os açambarcadores? Não. Haveis determinado em que consiste a venda da prata cunhada? Não. Pois bem! Declaramos que não haveis feito tudo para a felicidade do povo.

«A liberdade não passa de um fantasma vazio quando uma classe de homens pode, impunemente, reduzir a outra à fome. A igualdade não passa de um fantasma vazio, quando o rico, pelo monopólio, exerce o direito de vida e morte sobre o seu semelhante. A república não passa de um fantasma vazio quando a contrarrevolução se opera, dia a dia, pelo preço dos produtos, aos quais três quartos dos cidadãos não podem aceder sem verterem lágrimas.

«No entanto, só travando o banditismo do negociante, que se deve distinguir do comércio; só colocando os alimentos ao alcance dos *sans-culottes* é que os ligareis à Revolução e às leis constitucionais.

«Pois quê! Porque os mandatários infiéis, os *homens de Estado*, chamaram para a nossa infeliz parte os flagelos da guerra estrangeira, é preciso que o rico nos declare uma ainda mais terrível no país?

---

(66) Fevereiro–março de 1794. [*N. do T.*]

Porque trezentos mil franceses, traiçoeiramente sacrificados, pereceram pelo fogo homicida dos escravos dos reis, é preciso que aqueles que guardam os seus lares sejam obrigados a comer pedras? É preciso que as viúvas dos que morreram pela causa da liberdade paguem, a preço de ouro, o leite e o mel que servem de alimento aos filhos?»

(*Fonte:* citado por DOMMANGET, Maurice, *Jacques Roux le curé rouge*, Paris, René Lefeuvre, 1948.)

🕮 A Lei Le Chapelier (14–17 de junho de 1791)

(Excerto)

«Artigo 1.º — Sendo a anulação de todos os géneros de corporações de cidadãos do mesmo estado e profissão uma das bases fundamentais da Constituição Francesa, é proibido restabelecê-las. de facto, sob qualquer pretexto e sob qualquer forma que seja.

«Art.º 2.º — Os cidadãos de um mesmo estado ou profissão, os empreendedores, aqueles que têm loja aberta, os operários e aprendizes de uma arte qualquer não poderão, quando se encontrarem juntos, nomear presidente, nem secretários, nem síndicos, ou manter registos, tomar resoluções ou deliberações, nem formar regulamentos sobre os seus pretensos interesses comuns.

«Art.º 3.º — É proibido a todos os corpos administrativos ou municipais receberem alguma comunicação ou petição sob a denominação de um estado ou profissão, e de lhes dar alguma resposta; e é-lhes ordenado que declarem nulas as deliberações que possam ser tomadas desta maneira, e que velem cuidadosamente para que não lhes seja dada qualquer seguimento ou execução. [...]»

(*Fonte:* DUVERGIER, Jean-Baptiste, *Collection complète des lois, décrets, ordonnances*, Paris, Guyot et Scribe, 1834, t. III, p. 22.)

As medidas que acompanham o Máximo — requisições forçadas e controlo — integram-se num dispositivo geral que tem como finalidade assegurar o aprovisionamento correto das cidades; até à primavera do ano II, terá um sucesso relativo. Uma atenção especial é dada a tudo o que diz respeito ao esforço de guerra: organização de oficinas para prover o equipamento das tropas, produção de salitre, necessário para o fabrico da pólvora, controlo das indústrias siderúrgicas, indispensáveis ao armamento, por vários sistemas (a administração estatal ou o sistema da «empresa»), e até a nacionalização das fábricas de pólvora.

O golpe de termidor assiste ao regresso a uma desregulamentação, cujo símbolo é a supressão do Máximo, que se tornara odioso tanto para os assalariados como para os produtores. O Diretório prefere entregar a empresas e a companhias a tarefa de sustentarem o esforço de guerra, missão que lhes dará bons lucros. O regresso à livre iniciativa opera-se num clima de anarquia, cujos custos são suportados pelos mais pobres. As realidades da situação impõem transigir e proceder por etapas. Tenta-se assim impor aos cultivadores o respeito pela disciplina de aprovisionamento dos mercados urbanos, para evitar a especulação e a economia de troca que tende a estabelecer-se. Reverso estrondoso do ideal de virtude e solidariedade do ano II, é realmente um sistema de economia paralela que tende então a instaurar-se. Este sistema não tinha sido desconhecido nos anos anteriores, quando a denúncia dos açambarcamentos e da má vontade dos grandes lavradores sublinhou os seus malefícios. A derrocada do papel-moeda, cuja amplitude iremos analisar, acentua a tendência: de região para região — vinhos do vale do Loire por trigo de Beauce —, de particular para particular — camponeses e pessoas da cidade —, a liberdade recuperada beneficia aqueles que têm alguma coisa, em detrimento dos que nada têm para trocar.

2.4. *A aventura do assinado*

Na aventura coletiva desta economia em revolução, em que os princípios se confrontam com as realidades, a crise financeira foi evocada como um dos principais elementos de um fiasco económico, levando à condenação global de uma experiência realizada por aprendizes de feiticeiro sob o signo da improvisação. Alterando-se os equilíbrios do Antigo Regime — equilíbrios, aliás, pouco estáveis! —, apoderando-se do património do clero, mas para o delapidar inutilmente, lançando-se na aventura desastrada da substituição da moeda metálica pelo papel-moeda, correu-se o risco das derrapagens descontroladas, que resultou no atoleiro final de uma economia desastrosa. Não se pode negar a evidência, ainda que pareça excessivo ajuizar, apenas pelo ângulo dos problemas financeiros, uma aventura coletiva cujas consequências sociais e económicas superam amplamente este quadro, e ainda que, na questão das responsabilidades, não se dê grande atenção às do Antigo Regime nos seus últimos dias. Mas, de qualquer modo, temos de seguir o encadeamento dos factos e avaliar as suas consequências.

Na ausência de finanças saudáveis, a França de 1789 tinha uma moeda forte, a libra tornesa, estabilizada desde a década de 20 deste século. O numerário não faltava, ainda que a moeda fiduciária tivesse pouca circulação, apesar da criação, no fim do Antigo Regime, de uma caixa de desconto para letras de crédito: ao contrário de Inglaterra, a França não dispunha de um grande banco central.

O problema crucial vinha das finanças do Estado, ligado ao próprio sistema fiscal, que engendrava um défice crónico. Nas últimas décadas e, em especial, desde a guerra da América, que fora uma verdadeira voragem, este défice adquirira proporções consideráveis, já que só o pagamento da dívida absorvia 50% dos rendimentos anuais. Porque não — como sugeria o banqueiro

Lecoulteux, expressando a sabedoria burguesa — fazer o que fazem as famílias neste caso: alienar parte do património? A 2 de novembro de 1789, Talleyrand propõe à Assembleia a nacionalização dos bens do clero, cujo valor se estimava em dois mil milhões de libras.

Na sua forma inicial, o sistema conserva uma verdadeira prudência: uma «caisse de l'extraordinaire» *emite notas, os assinados,* espécie de obrigações garantidas pelos bens nacionais, com juro de 5%. Aceites como pagamento desses bens e destruídos depois de recebidos, financiam os adiantamentos que a caixa concede ao Estado para equilibrar as suas finanças. Foram assim emitidos 400 milhões de assinados.

Mas as necessidades impõem-se: este papel funciona mal, a venda dos bens nacionais exige tempo, a criação e entrada de novos impostos que substituam os do Antigo Regime é um empreendimento demorado. Ao decidir, em 29 de setembro de 1790, uma nova emissão de 800 milhões de libras em frações de baixo valor, sem juros, e ao decretar a sua circulação forçada, a Assembleia transforma o assinado numa verdadeira moeda, cuja emissão contínua servirá para cobrir as despesas correntes do Estado. Controlado no início — 900 milhões em 1791, 600 milhões em 1792 —, o funcionamento da chapa de notas acelera em 1793 sob a pressão de novas necessidades: perto de 4000 milhões estão em circulação em agosto de 1793. Esta inflação monetária não podia deixar de provocar uma desvalorização. Relativamente ao numerário, a nota de 100 libras era trocada, no verão de 1792, apenas por 80% do seu valor, 50% no início de 1793 e 30% no verão deste mesmo ano. A má moeda expulsa a boa e o numerário esconde-se, com todas as consequências sociais que isso implica. Nesta espiral inflacionista, nem tudo estava ainda perdido, já que a colocação à venda dos bens de segunda origem — os dos emigrados — oferecia uma nova fonte de rendimentos, como as imposições de 1793 sobre os novos países anexados. O governo de Salvação Pública, que somará a estes rendimentos os espólios de prata das igrejas, tentou travar o movimento diminuindo as emissões; obteve momentaneamente algum sucesso, já que a taxa de câmbio do assinado subiu de 30% para 50%.

Após termidor, é a derrocada, ao mesmo tempo que se levantam os condicionalismos: 11 mil milhões de assinados *estão em circulação no verão de 1795.* As tentativas de saneamento — pagamento de parte dos impostos em géneros, empréstimo forçado no ano IV (1796) — surtem pouco efeito e, obrigados a reconhecer a realidade da inflação em junho de 1795, os governantes estabelecem uma circulação oficial do assinado. Quando se decide, a 19 de fevereiro de 1796, pôr termo à experiência já esgotada, encontram-se em circulação 34 mil milhões de assinados. O Diretório tentou substituí-lo por outra moeda: o mandato territorial papel-moeda, igualmente de circulação obrigatória. Mas esta nova tentativa falhou: cambiáveis a uma taxa demasiado baixa pelos assinados sem valor (30 por 1), os mandatos territoriais sofreram o mesmo descrédito que os seus antecessores. A operação é ainda mais breve: em fevereiro de 1797, o mandato territorial é desmonetizado.

O regresso à moeda metálica e a derrocada dos preços consequente ao fim do fenómeno inflacionista provocam um marasmo duradouro. Desta viragem, as finanças do Estado safam-se «o melhor que podem», ou seja, mais mal do que bem: desembaraçam-se da dívida pela «bancarrota dos dois terços» (30 de setembro de 1797), catastrófica para os pequenos possuidores de rendimentos, e constituem fundos com os rendimentos extraordinários provenientes da pilhagem e das contribuições dos países conquistados; no entanto, parece que os rendimentos fiscais começam a melhorar num país que se habitua ao imposto. Mas a situação volta a ficar difícil e até trágica em 1799.

Desvalorização do assinado em Paris (1792–1794)

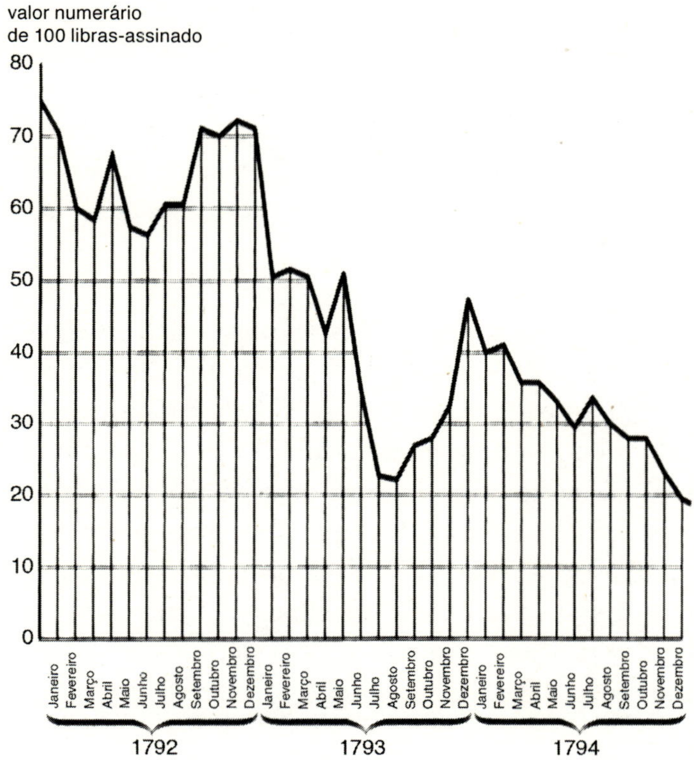

(*Fonte:* BOULOISEAU, Mare, *La République jacobine*, Paris, Seuil, 1971.)

A política financeira da Revolução salda-se assim num fiasco incontestável, cujas consequências imediatas foram pesadas, tanto no plano económico como social. No entanto, talvez seja preciso ir além desta conclusão. A Revolução assegurou a sua sobrevivência; a venda dos bens nacionais, independentemente do seu balanço, operou uma transformação profunda, que não se pode dizer que tenha sido um fracasso. Como notava Georges Lefebvre, uma derrota financeira pode esconder um êxito social a longo prazo.

2.5. *Panorama da economia francesa do pós-Revolução*

O panorama da economia francesa após esta década parece muito contrastado. Os índices da produção, quando os podemos confrontar com os de 1789, testemunham um crescimento momentaneamente interrompido, conseguindo, quando muito, recuperar, aquando da «aberta» diretorial, os números iniciais. No entanto, temos de relativizar.

No domínio agrícola, a política voluntarista do ano II (1794) levou a uma exploração a todo custo do espaço cultivável. Desenvolveram-se novas culturas, como a batata, por vezes em detrimento da inovação no domínio das culturas de forragem e da criação de animais, afetado pelas requisições. As ferramentas agrícolas, por falta de renovação, continuam a ser arcaicas, à imagem da sociedade rural em muitas regiões. A ocupação das comunas, assim como o corte das florestas, podem ser apreciados de várias maneiras, conforme se considere o seu alcance social ou a sua rentabilidade económica.

Na indústria, os contrastes são ainda mais claros: o têxtil, principal sector da produção, sofreu do marasmo económico no Oeste e do comércio de tecidos do norte e sul de Languedoque. Mas o desenvolvimento do algodão, por onde se faz a inovação, é notável nas regiões onde as fábricas estão implantadas: Paris, Ruão, Alsácia e a região de Lille. Fechado ao exterior, o mercado francês consolida-se. Novos circuitos de aprovisionamento suprem o desaparecimento dos antigos; os manufatureiros aproveitam a colocação à disposição das antigas casas religiosas para se estabelecerem e prosseguem o esforço de modernização tecnológica pela difusão de novas máquinas. Oberkampf, em Jouy-en-Josas, Richard e Lenoir, que se estabelecem em Paris num antigo convento, testemunham a capacidade de os manufatureiros se adaptarem às novas circunstâncias.

A situação está longe de ser tão florescente na siderurgia ou nas minas. Muitas empresas extrativas ou fundições estavam nas mãos de privilegiados, da nobreza ou do clero. Depois de mudarem de mãos ou penhoradas, foram objeto de uma atenção especial no quadro da economia de guerra. O sistema da administração estatal ou da empresa, que as confia a gestores arrendatários vigiados pelo Estado, permitiu-lhes cumprir a sua missão no ano II, antes de o Diretório proceder à sua venda. Nestas condições difíceis, a inovação marca passo: assim é em Creusot, que constitui a montra tecnológica isolada de uma modernização futura. A multiplicação das pequenas oficinas — no centro de França ou nas regiões montanhosas — não favoreceu o progresso técnico. E apesar das requisições e dos golpes autoritários, a falta de madeira, combustível ainda essencial, faz-se sentir.

O grande comércio, elemento vital do dinamismo económico do século, foi certamente o que mais sofreu com a interrupção das grandes trocas marítimas. Aqui, o ponto de viragem, tal como o podemos apreciar pelas entradas de navios num grande porto como Marselha, não é 1789, mas sim 1793, quando se fazem sentir as consequências da guerra e do bloqueio inglês. No Atlântico, a revolta e a perda das colónias desferiu um golpe temível nos grandes portos. Mas este ataque não é irrevogável: em Marselha, um comércio de cabotagem mediterrâneo, por intermédio de comerciantes neutros (genoveses), assume parcialmente as trocas tradicionais; do mesmo modo, Bordéus sustenta parte da sua atividade pelo recurso aos navios americanos ou nórdicos. Mas não deixa de ser verdade que, para o mundo do grande negócio tradicional, este período representa uma viragem irreversível.

Tratar-se-á do eclipse do grande negócio? Também aqui, temos de relativizar. Neste mundo complexo de negociantes e homens do dinheiro, nem todos são perdedores no final do período. A Revolução guilhotinou os arrematantes de impostos régios, mas conservou os banqueiros, ainda que sejam vistos com suspeição no ano II e se tenha encerrado a Bolsa (reaberta com o Diretório). As grandes famílias da alta finança parisiense — os Perrégaux, Hottinger, Delessert —, na sua maioria de origem protestante (genebresa ou suíça), já fortemente implantadas no fim do Antigo Regime, conseguiram sobreviver ao período. Após termidor, a retoma do movimento dos negócios, de 1796 a 1799, vê-as prosperar. Este regresso dos capitalistas concretiza-se com a criação de instituições de crédito: a Caixa de Contas Correntes, que associa a alta finança e o grande negócio, a Caixa de Desconto do Comércio, o Banco Territorial, que prospeta o mercado aberto à especulação imobiliária pela venda dos bens nacionais. Se as necessidades financeiras de um Estado aflito fazem destas potências intermediários necessários, a banca beneficia também com a retoma das correntes comerciais no espaço francês, e o círculo fechado dos homens de negócios abre-se a novos investidores vindos da província (Lyon, Ruão, Montpellier, Grenobla), da Suíça ou da Bélgica. Este desenvolvimento é incompleto comparado com a Inglaterra, e ainda não afeta a França profunda. É também frágil, pois, na época do Diretório, ao lado das dinastias consolidadas que souberam aproveitar a sua parte do bolo, os novos-ricos, fornecedores, assentistas, financeiros e especuladores de todo o género, constroem fortunas por vezes imensas e, em muitos casos, efémeras.

Este aspeto especulativo da economia revolucionária não deve ser esquecido. Neste período, inscrevem-se, porém, mutações mais profundas, das quais a alteração da geografia da economia francesa é, sem dúvida, a mais significativa. A França atlântica recua e acusa o golpe da crise do grande comércio que atinge os meios urbanos, bem como das suas indústrias tradicionais. Mas o leste da França evolui e foi possível falar de um «eixo renano», que, pelo seu dinamismo, testemunharia um começo de reconversão dos espaços económicos para a Europa continental, evolução que será acentuada pelo período imperial. Neste novo espaço, os territórios anexados — Bélgica, Renânia —, onde prospera a siderurgia, assumem a sua importância. Por último, Paris, que concentra os negócios e as novas indústrias mais dinâmicas no têxtil ou na química, afirma-se igualmente como um lugar industrial cuja importância será depois confirmada. Tempo de agitações e experiências, com a sua parte de fracassos, a Revolução Francesa não abandona, no domínio económico, a paisagem de ruínas que, por vezes, a descrevia. Com a sua legislação, instaurou as condições para uma entrada na modernidade do século XIX e lançou as bases de uma nova sociedade em que a burguesia liberal consolidará as suas conquistas. É esta nova distribuição dos papéis que devemos agora analisar.

3. Sociedade: a revolução camponesa

Deve-se principalmente a Georges Lefebvre, na sua insistência em distinguir «as» revoluções, a consciência da especificidade e até da autonomia da revolução camponesa: autonomia relativa, pois já vimos a influência que o mundo rural teve sobre os destinos nacionais, especialmente durante o verão de 1789. Não deixa de ser verdade que três quartos dos Franceses, que pertenciam ao campesinato, viveram a Revolução em função dos seus problemas e segundo as suas próprias estratégias. A comunidade camponesa não é uma palavra vã, ainda que se deva evitar fazer dela um mito. Desigualmente unida ou estruturada de região para região, esta comunidade tem os seus objetivos de guerra coletivos, mas também as suas tensões internas.

3.1. Propriedade, exploração, tributação senhorial

Em primeiro lugar, deve fazer-se uma distinção entre camponeses proprietários e camponeses sem terra, já que, embora a originalidade da França de 1789 consista em deixar uma parte relativamente importante do solo aos camponeses — cerca de 40% à escala nacional —, isso reflete realidades regionais muito diferentes: nas planícies de grande cultivo da bacia parisiense e no Norte, a parte camponesa é pequena, de 20% a 30%, por vezes até menos em redor de Paris. É muito pequena no Oeste, limitada no Centro pela grande propriedade (Borbobês), que se encontra em alguns sectores do Sul (baixo Languedoque). Apesar de tudo, o contraste maior é entre o Norte e o Sul; ainda que a parte camponesa aumente no Nordeste, da Lorena e Alsácia ao Franco-Condado, é do Sudoeste ao Maciço Central, mas também aos outros maciços montanhosos, Pirinéus e Alpes, do Delfinado à Provença, que se estendem as regiões de grande, e até muito grande, propriedade camponesa.

A parte camponesa, porém, nem nestes lugares é exclusiva. Além da distribuição da propriedade, deve levar-se em conta a repartição da exploração das terras (que pertencem aos privilegiados ou aos burgueses) que, indiretamente exploradas, são arrendadas aos camponeses segundo modalidades diferentes: a *fermage*, renda fixa com uma duração de três, seis, ou nove anos, em dinheiro ou géneros, é o caso mais comum nas regiões de grande cultivo na França setentrional dos latifúndios. O arrendamento a meias (*métayage*) — na base de uma partilha igual da colheita, por vezes, contudo, mais desfavorável ao camponês — caracteriza as zonas de agricultura mais modestas, e até pobres, na França central e na maior parte do sudoeste da Aquitânia. No Oeste, a *fermage* coexiste com várias formas de arrendamento a meias, como o domínio recuperável (*domaine congéable*), em que à renda do proprietário se acrescentam elementos relacionados com o sistema senhorial.

O peso desigual da tributação feudal é a terceira componente, não a menor, que rege estes equilíbrios. O peso do *champart*, fração da colheita entregue ao proprietário, pode variar de 1/3, caso excecional, a 1/30. A percentagem global destes direitos, inferior a 2% do rendimento camponês na Ilha de França, ultrapassa os 10% na região de Toulose.

3.2. As reivindicações camponesas

As lutas camponesas não se resumem a este combate essencial pelo pão que anima todas as revoltas relativas à subsistência. Em 1789, o discurso coletivo dos cadernos de reivindicações [*cahiers de doléances*] coloca o acento tónico na denúncia dos direitos senhoriais e do sistema feudal; a estes associa-se, por vezes, o dízimo, desviado da sua vocação original. Menos evidentes, surgem outros contenciosos, que Georges Lefebvre apresentou na obra *Questions agraires sous la Terreur.* Nas planícies de grande cultivo da França setentrional, é o problema das grandes quintas, ou seja, da concentração das explorações tal como era então praticada por iniciativa dos grandes proprietários (nobres, abadias) ou grandes exploradores, que agrava a fome por terra dos pequenos lavradores. Noutras regiões, sobretudo na fronteira entre o grande cultivo e a pequena exploração, quer no Centro ou no Sudoeste, onde o arrendamento a meias está especialmente implantado, denunciam-se as práticas dos «arrematantes de impostos régios» (*fermiers généraux*), os intermediários (camponeses ou não) a quem os grandes proprietários confiam, em troca do pagamento de uma soma fixa, a cobrança das suas rendas, mas também, em muitos casos, dos seus direitos senhoriais, e que pressionam o camponês. O problema dos comunais — terras coletivas não apropriadas individualmente —, baldios, gândaras e até florestas, materializa parte das lutas camponesas, sobretudo onde estas terras são importantes. Denuncia-se o seu açambarcamento pelos senhores, geralmente por partilhas impostas à comunidade (graças ao direito de triagem ou de acantonamento) no fim do Antigo Regime. Hesita-se entre a defesa da utilização coletiva e a reivindicação de uma partilha — igualitária ou em função da propriedade — destas terras cobiçadas. Aqui, os interesses divergem. O individualismo agrário dos camponeses ou dos proprietários abastados, que desejam cercar as suas terras para as subtraírem ao peso das utilizações coletivas (pastagem) e substituírem aí o pousio por culturas forrageiras, por exemplo, enfrenta fortes oposições.

Os problemas da comercialização e distribuição constituem um último ponto difícil, e não dos menores: de um lado, camponeses vendedores e mercadores ou intermediários, e, do outro, as classes consumidoras, enfrentam-se tanto na cidade como no campo. Uma corrente de pensamento liberal inspira-se no discurso fisiocrata sobre o «*laisser-faire, laisser-passer*», defendendo, na esteira de Turgot, a livre circulação do trigo. Na base, prevalecem outros discursos e outras práticas. O povo das cidades e dos campos exige não só o respeito restrito do controlo para evitar qualquer «açambarcamento», mas também a taxação do preço do cereal e do pão, a um custo que o torne acessível aos pobres, e inquieta-se com o trigo que circula: carroças na estrada, barcaças nos rios.

3.3. Lutas agrárias

A história agrária da revolução é uma história de lutas e conquistas, em muitos casos de armas na mão. Mas isto não era evidente: por vezes, opôs-se aos «furores camponeses» do século XVII a calma relativa de um século XVIII circunspecto, em que as revoltas populares diminuem em número e em intensidade e em que a Guerra das Farinhas (1774) surge como um acontecimento isolado. Mas isso é subestimar a importância de uma mobilização camponesa, talvez atomizada e menos espetacular, mas constante, a partir da qual se pode compreender melhor as explosões da primavera de 1789 ao outono de 1792.

Nestes anos, começa a esboçar-se uma tendência; a legislação agrária da Revolução responde, por vezes com atraso, às solicitações renovadas da mobilização coletiva. A revolução camponesa antecipa a das cidades: a partir de março e abril de 1789, durante a preparação dos Estados Gerais, algumas províncias revoltam-se (Cambrésis e Picardia, no Norte, baixa Provença, no Sul). Outra insurreição surge em julho, reavivando focos no Norte, no Bocage normando, na Alta Alsácia e no Franco-Condado, bem como em Mâcon (aqui, a revolta é violenta, desde as vinhas aos montes) e no Delfinado. A inquietude relativa aos alimentos, mais difusa, afeta então cidades e campos no auge da crise do verão e associa-se aos movimentos antinobiliárquicos. Neste quadro, o Grande Medo, de que falaremos mais adiante, assegura a sua originalidade, inscrevendo-se num contexto que o explica: o medo do bandido, numa França percorrida por grandes grupos de vagabundos, bem como o medo da «conspiração da fome». Em todo o caso, as suas consequências diretas, na forma dos decretos de 5 e 11 de agosto de 1789, alteram profundamente a paisagem social com a abolição proclamada da «feudalidade». Os seus limites são conhecidos: distinção operada pelos juristas entre direitos pessoais abolidos sem resgate e direitos reais declarados resgatáveis, em condições que tornam esta operação, se não impraticável, pelo menos muito onerosa para as municipalidades. A resposta coletiva manifesta-se por esta série de «*jacqueries*» (cinco ou seis), no dizer de Taine, que foi o primeiro a contá-las, antes da atualização de Anatoli Ado. Desenrolam-se de 1790 a 1792, quase sem interrupção, a partir de Limusino, de Quercy e de Périgord, para se alastrarem ao Centro-Oeste (Charentes), ao sul da Equitânia, à maior parte do Maciço Central e, a partir do inverno de 1791–1792, à Provença, condado Venaissino e Baixo Delfinado. Mas a França setentrional não é poupada.

Estas manifestações traduzem-se pela reticência (resistência passiva ao pagamento das rendas e do dízimo), pela recusa em pagar ou por expressões simbólicas (a plantação de rebentos — os maios — reivindicativos que se tornarão as árvores da Liberdade). Mas adquirem também a forma de ações violentas contra os castelos, contra os seus cataventos brasonados, bosques e lagos. A mobilização camponesa culmina nas duas insurreições da primavera e outono de 1792, que vão afetar tanto o norte como o sul do país. Na primavera de 1792, nas planícies em redor de Paris, Beauce, Brie, Hurepoix, ocorrem revoltas por causa da comida, que resultam na taxação forçada do preço do cereal e do pão no mercado e adquirem um carácter de expedições itinerantes dos campos para as cidades, que por vezes acabam mal, como em Étampes, em março, em que o *maire* Simonneau é massacrado pelos revoltosos. Estes movimentos das planícies de grande cultivo culminam no outono do mesmo ano. É então que se vê, numa área mais ampla, da planície aos confins da mata entre o Sena e o Loire, deslocarem-se sobre grandes distâncias, de mercado em mercado, dezenas de milhares de camponeses para taxarem o cereal nas cidades. O movimento dos taxadores, que termina no Norte, não deixa de ter equivalente no Sul: de Vivarais ao Languedoque, da Provença ao Baixo Delfinado, os castelos ardem. O estilo das expedições é diferente, talvez menos espetacular, mas mais brutal na hostilidade antinobiliárquica. (Ver mapas seguintes.)

Neste contexto, em conjunção com os avanços políticos do movimento revolucionário urbano, não é de admirar que as principais medidas legislativas neste domínio — e as mais avançadas — tenham sido tomadas entre agosto de 1792 e setembro de 1793. A Constituinte e, até então, a Legislativa não haviam manifestado qualquer pressa: baseada nos dois princípios de liberdade (22 de agosto de 1789 e proclamação da liberdade do comércio dos cereais) e de propriedade (repressão dos movimentos antifeudais do Sudoeste e ainda, a 8 de dezembro de 1792, pena de morte decretada contra os defensores da lei agrária, ou seja, da partilha), apoiada na nova lei marcial decretada em outubro

Revoltas por falta de alimentos (1789–1793)

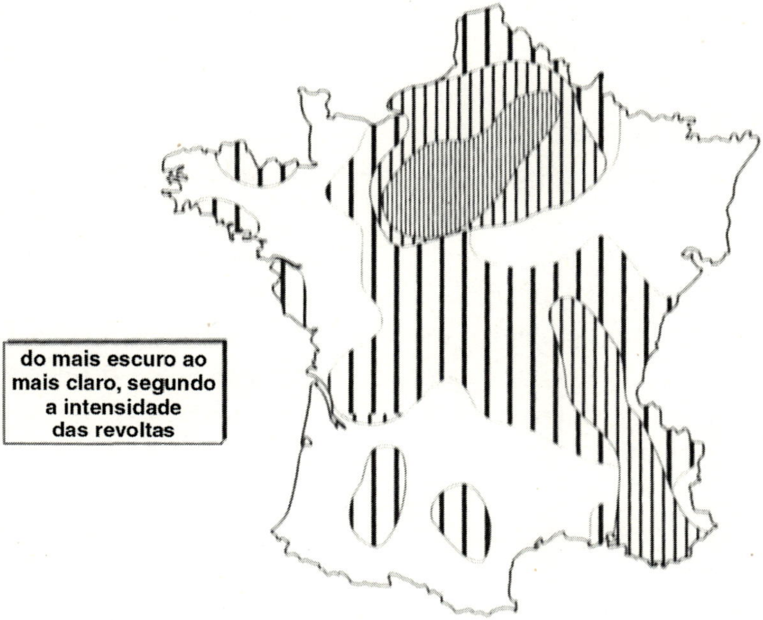

Revoltas antifeudais (1789–1793)

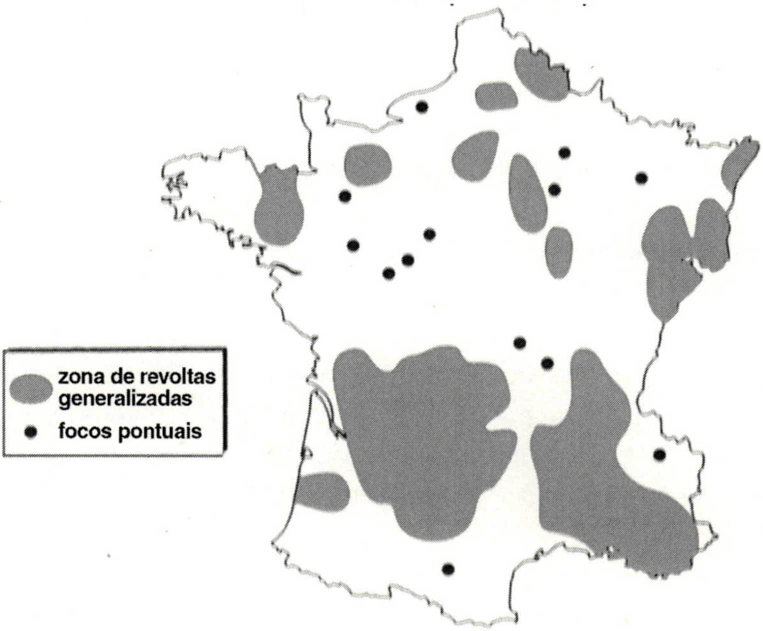

de 1789 contra os ajuntamentos, a nova legalidade burguesa não cedia. As barreiras caem pela primeira vez a 25 de agosto de 1792, com a anulação efetiva de muitos dos direitos contestados e, decisivamente, a 17 de julho de 1793, com a abolição definitiva e sem resgate de todos os direitos referentes à feudalidade e a anulação dos processos em curso. No que respeita à taxa dos cereais, na sequência da crise do verão de 1792, foi aprovado um decreto, a 16 de setembro de 1792, que impõe às comunas uma certa quantidade de trigo a entregar nos mercados, mas foi uma lei muito mal aplicada. A 4 de maio de 1793, respondendo à reivindicação dos *sans-culottes*, foi promulgada a primeira lei do Máximo, etapa para o Máximo geral dos salários e dos preços (promulgado a 29 de setembro do mesmo ano).

A questão dos comunais impunha-se devido ao movimento geral de reconquista pelos camponeses, desde 1789, dos terrenos usurpados pelos senhores ou considerados como tais. A 28 de agosto de 1792, um decreto que reconhecia às comunas a propriedade das suas terras comunais dava-lhes também a possibilidade de as partilharem. Só uma fração delas o fez durante a Revolução.

3.4. A venda dos bens nacionais

A mudança mais profunda ocorrida no mundo rural foi a gigantesca transferência de propriedade representada pela venda dos bens nacionais. No dia 2 de novembro de 1789, os bens do clero foram postos à disposição da nação; a 14 de maio de 1790, um texto legislativo regulava as modalidades da venda. O sequestro, em 1792, dos bens dos emigrados levou à alienação destes a partir de 3 de junho de 1793; tornam-se então nos bens de segunda origem. No ano IV (1796), uma nova legislação foi adotada. Tratava-se de um empreendimento considerável, se considerarmos que o clero possuía 6% a 10% do solo nacional. É mais difícil calcular com rigor o património coletivo dos emigrados. No total, porém, são entre 15% e 16% das terras, um sexto, que mudam de mãos. Sem entrarmos no pormenor das modalidades da operação nem nas discussões que provocou, lembremos as mudanças importantes. Em 1791, a adjudicação fazia-se no distrito para vendas pagáveis em doze anuidades. Lotes importantes, propriedades e herdades foram rapidamente adquiridos; em 1791, cerca de 2/3 das vendas de um distrito estavam realizadas. Tinham sido adquiridas por compradores abastados, sobretudo burgueses, alguns grandes agricultores e, eventualmente, antigos privilegiados. A legislação de 1793 previa, pelo contrário, a divisão em pequenos lotes; em mais de uma zona, foi a vez dos pequenos camponeses, cujo grupo crescera, mas para um fluxo de vendas sensivelmente mais modesto. O ano IV é de liquidação: sobram ainda belas propriedades, principalmente nos bens de segunda origem, mas voltara-se às adjudicações globais, pagáveis em três anos. Estas compras são reservadas a um grupo restrito de notáveis ou de administradores e especuladores. No total, os pequenos camponeses, que, porém, tentaram aceder à pechincha pela prática das compras coletivas ou por intermédio de um testa-de-ferro, só tiveram condições favoráveis no ano II. Isto explica a modéstia geral dos ganhos camponeses. Se levarmos em conta o mapa das vendas, manta de retalhos descontínua, mas expressiva, podemos verificar a pequena quantidade de compras camponesas em redor de Paris e no centro da bacia parisiense, mas também na proximidade das cidades (Bordéus, Toulose, Montpellier, Ruão, Aix...) e, de forma muito geral, em todo o Oeste, bem como no Centro (Cher, Viena). A participação camponesa reforça-se em algumas regiões, como na Borgonha e no Norte. No total, os pequenos camponeses ficaram apenas com migalhas de uma partilha que é feita, essencialmente, entre os grandes agricultores, os que tinham meios, as burguesias locais e as das cidades vizinhas que reforçavam o seu domínio, e por vezes os grandes especuladores, principalmente da capital, na bacia parisiense e noutros lados, agrupados eventualmente em «bandos negros» (Valclusa). O que não significa que os pequenos não tenham conseguido adquirir nada; na sua maioria afastados das compras diretas, puderam beneficiar de revendas acompanhadas de fragmentações e da mobilidade do mercado imobiliário que seguiu este vasto movimento de alienações. Em Beauce, o número de proprietários nas matrizes prediais aumentou um terço, geralmente com cotas modestas. (Ver mapa seguinte.)

3.5. Um balanço geral

Apesar do domínio burguês e da influência dos grandes camponeses, um pequeno e médio campesinato sai consolidado durante quase um século (até ao êxodo rural do século XIX), conferindo à sociedade rural francesa o seu carácter original. Se a propriedade aniquilada do clero pagou quase todas as despesas da operação, a grande propriedade nobiliárquica (ou outra) foi apenas parcialmente diminuída pelas vendas de segunda origem.

No entanto, não é em termos triunfalistas que se pode fazer o balanço da Revolução no campo. Alguns ganhos são indiscutíveis: a supressão do sistema feudal e do tributo senhorial e a diminuição do imposto... Mas o problema das terras comunais está longe de ficar resolvido, contencioso que se irá projetar no século seguinte. A frustração dos camponeses na operação de venda dos bens nacionais foi invocada, segundo o exemplo da região de Sarthe, como uma das principais razões para parte dos camponeses do Oeste se passarem para o lado da Contrarrevolução.

Com efeito, após a intensificação do envolvimento camponês dos quatro primeiros anos como eco à intervenção ativa das massas que acompanham o movimento revolucionário, admiramo-nos com o abandono e, até, a mudança de comportamentos dos

Participação dos camponeses nas compras de bens nacionais (1789–1799)

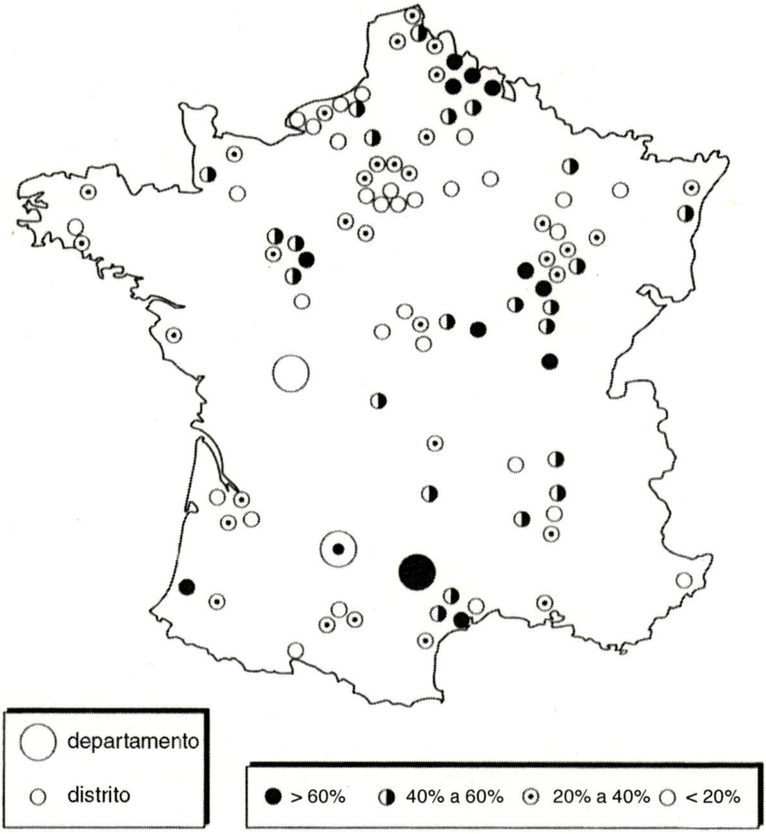

rurais que passam para o campo da Contrarrevolução. Será isso consequência das perturbações introduzidas pelo cisma religioso a partir de 1791, agravado de forma traumática pela descristianização do ano II? Abordaremos este problema mais adiante. Terá sido a rejeição das novas estruturas do Estado, reforçada pelas administrações nas mãos das burguesias urbanas, como foi o caso no Oeste? O peso das requisições, a aplicação do Máximo e o Terror na aldeia contribuíram, sem dúvida, nas planícies de grande cultivo, para o recuo da burguesia rural dos grandes camponeses, durante algum tempo despojada da sua hegemonia sobre o poder local. Mas esta burguesia reconstituiu-se rapidamente durante o Diretório: aquilo que se analisou recentemente sob o termo «*fermocratie*»([67]) (G. Jessenne), em Artois, testemunha a consolidação das oligarquias aldeãs. Mas isto não ocorre sem um período de hesitação: após a grande crise do ano II — o «grande inverno» para os mendigos de Beauce —, os bandos de errantes multiplicam-se pela planície. Para os grandes lavradores, enriquecidos pela economia de troca instaurada nos campos devido à falência do papel-moeda, continua a existir o perigo dos bandidos «queimadores» de pés, que procuram saber onde eles escondem o seu dinheiro. E para os compradores de bens nacionais, a sorte não é mais invejável no Oeste e no Sul. Não importa; podia-se dizer, como a velha camponesa de Michelet, muito mais tarde: «Ah, os bons tempos!»

4. Sociedade: povo urbano e burguesia

Se era importante virar-se, pelo próprio facto do seu peso, para o imenso povo do campo, a outra França — esse quarto da população que não «se ocupa da agricultura», essa sexta parte que se concentra nas cidades — não podia deixar de repercutir, ainda com mais vivacidade, as mudanças sociais resultantes do acontecimento revolucionário. Não englobando os mais ricos e os mais pobres, os perdedores (privilegiados, nobreza e clero, mas também oficiais régios e uma parte de rendeiros), nem os vencedores (uma burguesia antiga ou nova cujo estatuto foi revalorizado na nova cidadania), que fará no quadro do regime censitário da monarquia constitucional e do Diretório? Os temas fundadores estão lá: deitar abaixo a sociedade de ordens, supressão dos títulos

([67]) «Fermocratie», que se poderia traduzir por «quintocracia», é o domínio de áreas rurais por grupos de grandes lavradores [*N. do T.*]

e privilégios, das hierarquias que regiam a série das honras ou das desconsiderações, dissolução das «companhias», das estruturas e das solidariedades que comandavam o mundo do trabalho — corporações, confrarias, empresas com privilégios...

4.1. O Peso da Conjuntura

A esta vaga de fundo sobrepõe-se o peso da conjuntura social nascida da própria Revolução. Em alguns aspetos, resulta diretamente da grande transformação que acabámos de evocar: a emigração afeta uma franja limitada — considere-se como ordem de grandeza os 145 000 nomes inscritos, no ano 1800, na lista dos emigrados —, mas é seletiva. É claro que não se deve omitir, pelo seu peso numérico, a emigração plebeia, a das fronteiras do Norte e do Nordeste, e secundariamente do Sul, camponeses e habitantes fronteiriços, que balançam ao sabor das circunstâncias. Todavia, afeta mais uma percentagem significativa das ordens antigamente privilegiadas, clero e nobreza, ainda que neste último caso as estratégias familiares tenham muitas vezes imposto a dissociação da estrutura, em que os idosos e as mulheres ficam em França para velarem pelo património. A emigração tem consequências indiretas sobre parte das atividades urbanas; comércios de luxo ou de entretinimento, construção e, de uma forma mais geral, tudo aquilo que diz respeito ao mercado de consumo. Do mesmo modo, nas cidades com parlamentos ou nas antigas capitais administrativas e religiosas, sente-se o efeito da destruição dos órgãos do Antigo Regime. Outros fatores vão também agir sobre as estruturas sociais: em primeiro lugar, a guerra, que entra no campo da França revolucionária em 1792. Também ela desloca os homens, de forma ainda mais maciça do que a emigração, lançando um milhão de soldados nas fronteiras durante este período, uma aventura, como vimos, da qual muitos não regressarão.

As crises económicas dão o seu contributo para esta crise latente ligada à aventura do assinado e à inflação consequente, particularmente sensível em certos grupos (arraia-miúda ou detentores de rendimentos), mas também as agitações paroxísticas, cuja duração ficará gravada na memória coletiva em 1789 e 1790, e talvez mais ainda nos anos III e IV (1795 e 1796).

No entanto, temos de reconhecer que, no conjunto das suas estruturas, a sociedade não foi totalmente transformada. O mundo das barracas de vendas, das lojas e dos pequenos produtores independentes conserva, apesar das leis Le Chapelier e de Allarde, os seus modos de vida e de produção; o universo dos burgueses e capitalistas, momentaneamente afetado, resiste. Durante a década revolucionária, muitos foram os que deixaram passar a tormenta, sem que os ritmos das suas vidas quotidianas fossem profundamente afetados. Se fizéssemos um balanço daquilo que muda e daquilo que se perpetua, ele variaria muito em função dos grupos sociais.

4.2. A «arraia-miúda»

O povo, a «arraia-miúda», constitui geralmente cerca de metade das sociedades urbanas, se nele incluirmos os diversos ramos das profissões assalariadas: jornaleiros e ganhões, proletariado indiferenciado e flutuante, que, porém, tem (se assim se pode dizer) a sua aristocracia no grupo fechado dos carregadores, os assalariados dos vários corpos de ofícios e os trabalhadores braçais da construção, geralmente vindos de Limusino, em grupo, para arranjar trabalho nas grandes obras parisienses; operários e trabalhadores do sector têxtil, que trabalham por vezes em empresas concentradas, mas, na maioria dos casos, em quartos ou oficinas; aprendizes dos antigos ofícios reunidos em corporações (sapateiros e alfaiates, os mais numerosos); pequenos ofícios de rua, cuja distinção entre assalariados e mestres (carregadores de água, pequenos vendedores) seria falaciosa; por último, os criados, plebe maioritariamente feminina, importante em efetivos, se considerarmos que, numa cidade do Antigo Regime, constituía quase 10% da população.

Sobre um fundo de misérias e dificuldades comuns, as suas sortes são diversas. Em algumas cidades, a emigração aristocrática e a limitação do tipo de vida burguês reduziram para metade o número de efetivos da classe dos criados. Os aprendizes das barracas de venda e das lojas, bem como os seus mestres, acusam o golpe da crise dos ofícios de luxo, tanto em Lyon como na capital. Uma produção em massa, geralmente em oficinas grandes, atenua parcialmente esta crise do emprego, em 1793–1794, para responder à procura dos exércitos, em sapatos, uniformes e equipamentos diversos. Mas, desde o início, a Revolução conheceu movimentos sociais de tipo moderno: eclosões de greves em 1790 e 1791, na mesma altura em que as leis de Allarde e Le Chapelier proscreviam estas coligações, nas corporações profissionais mais estruturadas (carpinteiros, pedreiros e também no sector do vestuário). O Diretório enfrentará igualmente alguns movimentos deste género. A condição destes trabalhadores é mais que nunca precária: pagos ao dia, sofrem com a escassez das pequenas frações de dinheiro, do «bilhão», e com a inflação do assinado. Testemunhas disso são, em Paris, os pedidos dos patrões de modo a serem aprovisionados de pequenos assinados, que nos oferecem um quadro da concentração já elevada do emprego em alguns ramos de atividade. Particularmente precária é a situação da mão-de-obra feminina — lavadeiras, costureiras, fiandeiras e toda a gama de ofícios ligados ao sector têxtil.

O fluxo e o refluxo, em função dos momentos e das estações, desta mão-de-obra geralmente vinda do campo, que a cidade atrai e rejeita, mas também a sua mobilidade na cidade, ligada à precariedade do alojamento, dão conta desta dificuldade de viver. Será que nada ganharam? Os salários subiram em toda a parte, por vezes como resposta à escassez da mão-de-obra consequente aos recrutamentos de homens. Mas este crescimento é incessantemente posto em causa pelo movimento dos preços, pela carestia e pela penúria, que afetam toda a gente. A luta pela subsistência quotidiana mobilizara as massas na crise de 1789; após uma acalmia relativa, os problemas voltaram em 1792 e 1793, por vezes focalizados em certas mercadorias: o sabão que falta às lavadeiras, o açúcar e o café, dos quais a revolta das colónias e o açambarcamento privam um povo parisiense que a eles se habituara. Durante todo o tempo, o pão caro e raro provoca filas à porta das padarias. Houve momentos mais favoráveis do que outros: no ano II, até certa altura, a severa política de requisição para prover às necessidades das cidades e a aplicação da lei do Máximo conseguiram assegurar um aprovisionamento correto no tempo do pão da igualdade. Mas a desregulamentação termidoriana, que coincidiu com uma nova crise de alimentos e com o frio de um inverno rigoroso, fez do ano III, sem dúvida, o momento, mais duro para as classes populares; e a crise regressará em 1798...

A fronteira é ténue entre este mundo e o dos pequenos produtores independentes das lojas, que constitui em média 35% a 40% dos efetivos urbanos, pelo menos quando se podem quantificar. A unidade de produção individual — mestre, companheiros, aprendizes — continua a ser a norma mais corrente, apesar das formas de concentração, de que algumas cidades como Paris são o exemplo, tanto em oficinas ou manufaturas como pelo recurso a uma mão-de-obra no domicílio. Esboça-se toda uma hierarquia, dos sapateiros aos alfaiates, os mais numerosos, do remendão, isolado no seu ponto de venda, aos grandes e prósperos empresários. Para os primeiros, a sorte não é muito diferente da arraia-miúda, sujeitos aos mesmos condicionalismos da vida quotidiana. Outros desembaraçam-se melhor: nas cidades, momentaneamente avolumadas pela chegada de gente de fora, assiste-se a uma multiplicação dos comércios ligados à alimentação, padeiros ou marchantes. A conjuntura é favorável para certos ramos: a grande agitação das transações imobiliárias ligadas à venda dos bens nacionais favorece o crescimento dos mestres pedreiros, que se tornam empresários. E se os ofícios ligados ao têxtil ou às indústrias de luxo conhecem fortunas diversas, por causa da perda dos mercados tradicionais, as necessidades da indústria de guerra favoreceram outros patrões.

4.3. Uma nova burguesia?

As mudanças mais profundas afetam visivelmente alguns ramos que hoje se poderiam considerar do sector terciário ou mesmo de outros, já que o burguês ocioso, que vive das suas rendas na província ou em Paris, constituía uma rubrica não negligenciável em número na cidade do Antigo Regime — de 2% a 5%? — e ainda menos em influência social. Em relação a esta categoria, o balanço da Revolução Francesa é ambíguo. O «burguês» (com aquilo que o título representava como privilégios em muitas cidades) desaparece do vocabulário social: presente ainda nas listas dos cidadãos ativos de 1790, dá então lugar ao «rendeiro»([68]), principalmente em Paris, e ao «proprietário», nos outros lugares. Há aqui mais do que uma mutação semântica, uma vez que o proprietário de 1800 não é simplesmente o herdeiro do burguês do Antigo Regime, constituindo uma categoria a que se juntarão outros, vindos, como veremos, das antigas classes privilegiadas. Neste período indeciso, os destinos do grupo são contraditórios. Desde esta época que se colocou o acento tónico na desclassificação e miséria do rendeiro: na verdade, este grupo que vive das rendas constituídas sobre o Estado ou sobre o município é quase uma originalidade parisiense, já que na província preferia-se investir em terras. Os pequenos rendeiros foram

([68]) No original, «rentier», ou seja, aquele que vive dos rendimentos. [*N. do T.*]

diretamente afetados pela inflação monetária, vítimas diretas da derrocada do assinado, do mandato territorial, da bancarrota dos dois terços e do difícil retorno dos seus investimentos. Mas o quadro não deve ser generalizado. Na província, talvez mais do que em Paris, embora a crise seja visível — como na redução do número de criados —, existem mecanismos de compensação: compraram-se bens nacionais; a renda imobiliária, ainda que tenha desaparecido em alguns aspetos (os créditos hipotecários declarados resgatáveis e «liquidados» no ano III), consolidou-se nas suas formas clássicas, e a imagem balzaquiana do pai Grandet([69]), rendeiro da terra e um tanto usurário, responde a um tipo social, o de uma burguesia que, durante algum tempo, adotou um perfil discreto, mas que continuou a prosperar.

A supressão da venalidade dos cargos e, por conseguinte, do grupo dos funcionários reais — nobilitados, por vezes plebeus em vias de enobrecimento pelo cargo — adquire um rumo irreversível; fecha-se uma fileira. É também afetada a classe dos pequenos funcionários judiciais, conhecida por «*petite robe*», multidão de procuradores e advogados (o termo desaparece para dar lugar ao «defensor oficioso») que gravitavam em torno das justiças reais e senhoriais e que costumavam gerir os negócios dos privilegiados; auxiliares, em suma, de um aparelho de poder que, ao nível da administração real, impressionava pela modéstia dos seus efetivos. Em que se tornaram não só os parlamentares, mas também as dezenas de conselheiros-secretários do rei, que, em 1789, existiam em qualquer cidade, mesmo que modesta? Aqueles que estavam no nível mais alto, já integrados no mundo da nobreza através da casta parlamentar, sofreram um ataque direto: magistrados dos tribunais de parlamentos e arrematantes dos impostos régios pagaram o seu tributo ao Terror e muitos deles emigraram. Dos que se integram no novo sistema, muitos

([69]) Personagem da obra de Balzac, *Eugénie Grandet*. [*N. do T.*]

dedicam-se à gestão da sua fortuna imobiliária, em muitos casos considerável, juntando-se à nova aristocracia dos proprietários, que encontraremos bem instalada durante o Império. Os magistrados e os membros daquilo a que se chamará as profissões liberais — médicos, arquitetos, profissionais do livro — foram muito mais sensíveis a uma reconversão que parecia ser exigida pelas circunstâncias. Trata-se de uma gigantesca mudança de ares, por assim dizer, se considerarmos, como J. Godechot, a oferta maciça que representavam 40 000 municipalidades, 540 conselhos de distrito e 83 administrações de departamento, mas também da justiça reestruturada. Desde o início da Revolução que esses profissionais encontram aí os seus lugares e, nas assembleias, ocupam as posições mais proeminentes.

Terá a Revolução dado origem, como por vezes se avançou, a uma nova burocracia, que estabeleceu as bases da evolução do século XIX? O sistema que a Revolução instituiu não deve ser confundido com aquele que o Consulado e, depois, o Império estabelecerão; o princípio eletivo, a todos os níveis e em todos os domínios, mesmo religioso, constitui a originalidade do período. Considerando apenas os factos sociais, é incontestável que a Revolução contribuiu para o nascimento de uma nova camada de pequenos e grandes notáveis, investidos na política local, constituídos em redes de influência, capazes de sobreviver às turbulências e às mudanças de liderança: é tanto uma classe política quanto uma classe social. Insistiu-se, explorando o tema do arrivismo revolucionário, nos movimentos operados, do militantismo à estabilização, no seio dos gabinetes dos comités e dos ministérios parisienses e das administrações provinciais, como meio de promoção social de uma pequena burguesia que sai das suas bases. O estudo em curso do pessoal das grandes administrações confirma, mas ao mesmo tempo reduz às suas proporções corretas, o fenómeno burocrático durante a Revolução. Terá havido falta de tempo? Contudo, uma fileira terá maior longevidade: a profissionalização do exército de voluntários de 1792, na evolução que se pode seguir até ao Diretório, assegura a promoção de quadros que entrarão, ao mesmo nível, na classe das notabilidades do Império e até da monarquia censitária.

4.4. Os novos-ricos: ganhadores e perdedores

Passemos ao mundo dos novos-ricos promovidos pela revolução; tema clássico quando se aborda a sociedade do Diretório, em que este grupo se mostra sem constrangimentos. No quadro da «festa diretorial», os contrastes são visíveis, da miséria da arraia-miúda e dos rendeiros à opulência dos que se apontam a dedo: homens de negócios e capitalistas, assentistas e fornecedores dos exércitos, financeiros enriquecidos pela crise e pelos expedientes do Tesouro Público. Ouvrard ou Hamelin tornam-se personagens emblemáticas, símbolos destas fortunas feitas e até reforçadas pela especulação sobre os bens nacionais, depressa também desfeitas, numa altura em que o dinheiro muda rapidamente de mãos. No entanto, esta realidade inegável não deve esconder as vantagens adquiridas por uma burguesia consolidada. Estes grandes banqueiros — Perrégaux, Lecoulteux-Canteleu, Laffon-Ladébat — não são desconhecidos nem recém-chegados, cuja atividade se pode seguir nas esferas financeiras próximas do Estado.

O grupo dos grandes comerciantes e dos empresários conheceu sortes diversas, tanto no tempo como no espaço. Em Nantes, Bordéus ou Marselha, alguns dos negociantes enriquecidos pelo grande comércio pagaram um pesado tributo à repressão do movimento federalista, mas os seus negócios sofreram também o marasmo do grande comércio transoceânico. O tempo da «oligarquia mercantil», de que falava Danton, parece ter passado. Terão os industriais e os empresários feito melhor? Desfavorável para alguns, a conjuntura foi benéfica para outros, que souberam adaptar-se às circunstâncias. O percurso sem mácula de um Oberkampf, na sua manufatura de chita-da-índia de Jouy-en-Josas, ou de Claude Périer, em Vizille, que diversificam as suas atividades desde a manufatura à banca, ilustram a solidez de algumas dinastias burguesas, enquanto outras, no algodão (Richard e Lenoir em Paris) ou nas fundições, iniciam carreiras duradouras.

Nesta redistribuição dos papéis, existem também perdedores. Se vimos que os ganhos estão longe de ser uniformes na burguesia e, *a fortiori*, nos grupos populares, é evidentemente entre os antigos privilegiados, clero e nobreza, que se espera encontrar essas perdas. Da ordem do clero, do seu poder e riquezas, já nada resta. O grupo humano que constituía foi disperso pela emigração e, em certos casos, pela eliminação física (3000 mortos) e pelo impacto da descristianização e das abdicações de sacerdócios. Enfim, este clero envelheceu: vai precisar de décadas para se reconstituir.

A nobreza oferece um panorama com mais contraste. Também ela foi seletivamente atingida pela emigração e pelas execuções. No final do período, as famílias desmembradas pela emigração, bem como o refúgio de muitos nas suas residências e castelos campestres, dão provas de uma classe fragilizada e ainda em estado de choque. Além de ver a sua posição e estatuto afetados, foi atingida na sua riqueza pela destruição completa dos rendimentos que retirava dos direitos senhoriais. Esta parte difícil de calcular, variável com os feudos e os patrimónios, podia, porém, elevar-se facilmente a 20% ou 30%. Depois foi afetada enquanto proprietária. A venda dos bens nacionais de segunda origem afetou-lhe a riqueza imobiliária, ao passo que, nos primeiros tempos da Revolução, não recusava as compras de bens do clero. Também aqui o balanço é muito mais difícil de fazer do que para o clero, que foi totalmente expropriado. O que representavam os bens dos emigrados relativamente à propriedade global da nobreza?

Mas nem todos eles tinham sido vendidos, e a legislação mais complacente da época diretorial autorizava transações com as famílias que haviam ficado no país. Por isso, alguns resgates por intermédio de testas-de-ferro limitaram os prejuízos. Seja como for, se estimarmos em 16% a parte do solo francês que mudou de mãos a título de vendas dos bens nacionais de primeira e segunda origem, podemos calcular que um quarto da fortuna imobiliária da nobreza foi alienado, o que não é nada. Embora atingida, a aristocracia francesa não foi abatida. Na nova classe da riqueza proprietária, que tem ainda um grande futuro diante de si, a nobreza conservará uma posição distinta durante mais de meio século.

CAPÍTULO 5

Um homem novo: mentalidades, religiões, cultura

Resumo

1. **Do medo à esperança**
    - **1.1. No princípio, o medo…**
    - **1.2. A violência**
    - **1.3. Turbas revolucionárias**
    - **1.4. O *sans-culotte*: um homem novo**
2. **Religião e Revolução**
    - **2.1. A França religiosa em 1789**
    - **2.2. Nascimento de um conflito: o cisma constitucional**
    - **2.3. O crescimento do anticlericalismo**
    - **2.4. A descristianização do ano II**
    - **2.5. A política religiosa do Diretório**
3. **Festas e símbolos: a cidade ideal**
    - **3.1. Evolução da festa revolucionária**
    - **3.2. A simbólica revolucionária**
4. **Uma revolução cultural?**
    - **4.1. Destruir ou construir**
    - **4.2. A atividade literária**
    - **4.3. As artes gráficas**
    - **4.4. A música revolucionária**

4.5. A alfabetização e a língua
5. Regresso às mentalidades: a Revolução no quotidiano
5.1. Os pobres e os ricos
5.2. A família, a mulher, a criança
5.3. A Revolução e a morte

1. Do medo à esperança

Georges Lefebvre descreveu a mentalidade revolucionária como um misto de duas pulsões contraditórias, a esperança e o medo. É verdade que esta fórmula parece simplificadora, mas pode servir de guia para entrarmos neste novo mundo a que a Revolução quis dar origem.

1.1. No princípio, o medo...

O medo não é a única força motriz das reações populares, mas está presente desde os primeiros episódios no pico do verão de 1789. O Grande Medo é o último pânico importante por que passou a sociedade camponesa tradicional e, sem dúvida, o mais espetacular. Já tivera antecedentes, e evocou-se, a este propósito, o cortejo dos medos ancestrais — medo do lobo, da peste, das bruxas, do boémio —, substituídos então pelo medo do bandido. Na segunda quinzena de julho, como um eco à Queda da Bastilha, rebentou em vários pontos do reino o boato da chegada de bandidos imaginários, que pilham e queimam as colheitas. Fala-se, por vezes, de Ingleses no litoral e de soldados imperiais ou Piemonteses noutros lados. A notícia propaga-se de aldeia em aldeia, a partir de seis epicentros, sobre três quartos do território francês, seguindo as vias de circulação. Suscita a reação das comunidades, que correm às armas, marcham ao encontro desta ameaça vã, contribuindo assim para a sua propagação. Desenganados, muitos camponeses voltam-se para os castelos vizinhos, apoderam-se dos títulos dos direitos senhoriais e queimam-nos. Movimento pouco sangrento — contam-se apenas cinco vítimas em toda a França —, mas violento e espetacular, o Grande Medo está na origem da abolição da feudalidade na Noite de 4 de Agosto. (Ver mapa seguinte.)

Foi também Georges Lefebvre quem analisou o fenómeno num célebre ensaio e fez a reconstituição do seu desenrolar e modos de propagação, distinguindo os pânicos originais e os que se seguiram. Interrogou-se sobre as próprias origens deste rumor e mostrou como se enraizava num contexto preciso, o da crise de víveres e da miséria, que lançara para as estradas bandos de vagabundos, temidos pelos camponeses e pelas comunidades. Reação de pânico de estilo antigo, propagada oralmente, ao Grande Medo seguiram-se, ao longo deste período, outros receios localizados, na bacia parisiense em 1790 e em 1791, com o anúncio da fuga da família real para Varennes; em Champagne ou às portas de Paris, as gentes mobilizaram-se na sequência do falso boato de uma invasão. Apesar de algumas reincidências localizadas, o medo desapareceu depois, mas não os rumores.

Num mundo em que as notícias circulam mal e lentamente, geram-se os boatos mais alarmantes, geralmente em torno de uma conspiração. Nos últimos tempos do Antigo Regime, assistira-se à «conspiração da fome», fomentada pelos grandes, dizia-se, para reduzir o povo à fome. A partir de 1789, fala-se da conspiração aristocrática, dos príncipes e dos nobres contra a Revolução. Denunciam-se os açambarcamentos, o projeto de reduzir o povo à fome. No desenrolar dos movimentos populares dos anos seguintes, o tema voltará a aparecer sob várias formas. Por exemplo, na altura das revoltas camponesas da primavera e outono de 1792, nas planícies de grande cultivo, fala-se de uma conspiração alimentada pelos contrarrevolucionários ou pelo duque de Orleães, ou até pelos «anarquistas». Em todos os casos, denunciam-se o dinheiro distribuído, as notícias falsas, os emissários... No seguimento da Revolução, após a declaração de guerra, ouve-se falar da «conspiração do estrangeiro», financiada pelo dinheiro de Pitt([70]), e a acusação estende-se sucessivamente aos girondinos, aos indulgentes e aos hebertistas. O Diretório vai virar a acusação de conspiração contra os «anarquistas», na ocasião da Conspiração dos Iguais, no ano IV (1796), e o tema reaparecerá na altura do golpe de Estado de brumário([71]).

Os massacres de setembro de 1792 podem ser integrados na rubrica das consequências do medo e do receio da conspiração. Após a queda da monarquia, há uma ameaça de invasão, os Prussianos encontram-se na Champagne. Em Paris, o medo das ações contrarrevolucionárias e, como se dirá mais tarde, da «facada nas costas» suscita uma mobilização contra as prisões onde estão detidos aristocratas e sacerdotes refratários. A partir de 2 de setembro, vários grupos percorrem as prisões, na Force, na Abadia e na Salpêtrière: após um simulacro de julgamento, massacram 1000 a 1500 pessoas, das quais 300 padres, entre muitos prisioneiros de direito comum. Outros massacres ocorrem na mesma altura na província, em Versalhes, por exemplo. Tal como o Grande Medo, mas por razões diferentes, os acontecimentos de setembro levantam algumas questões: a origem do medo é aqui bem identificável, mas ficamos impressionados com o carácter cego do massacre e a sua selvajaria. As autoridades, ultrapassadas ou parcialmente cúmplices, mantiveram-se passivas e rejeitaram depois a responsabilidade, o que não esclarece o problema. Os estudos recentes destacaram nos atores — artesãos, lojistas e burgueses — a vontade de aplicação de uma justiça popular direta, sem intermediários. Os massacres

([70]) William Pitt (1759–1806) foi o primeiro-ministro da Grã-Bretanha durante este período [*N. do T.*]

([71]) Golpe de 9 de novembro de 1799, que levou Napoleão ao poder [*N. do T.*]

O Grande Medo (julho de 1789)

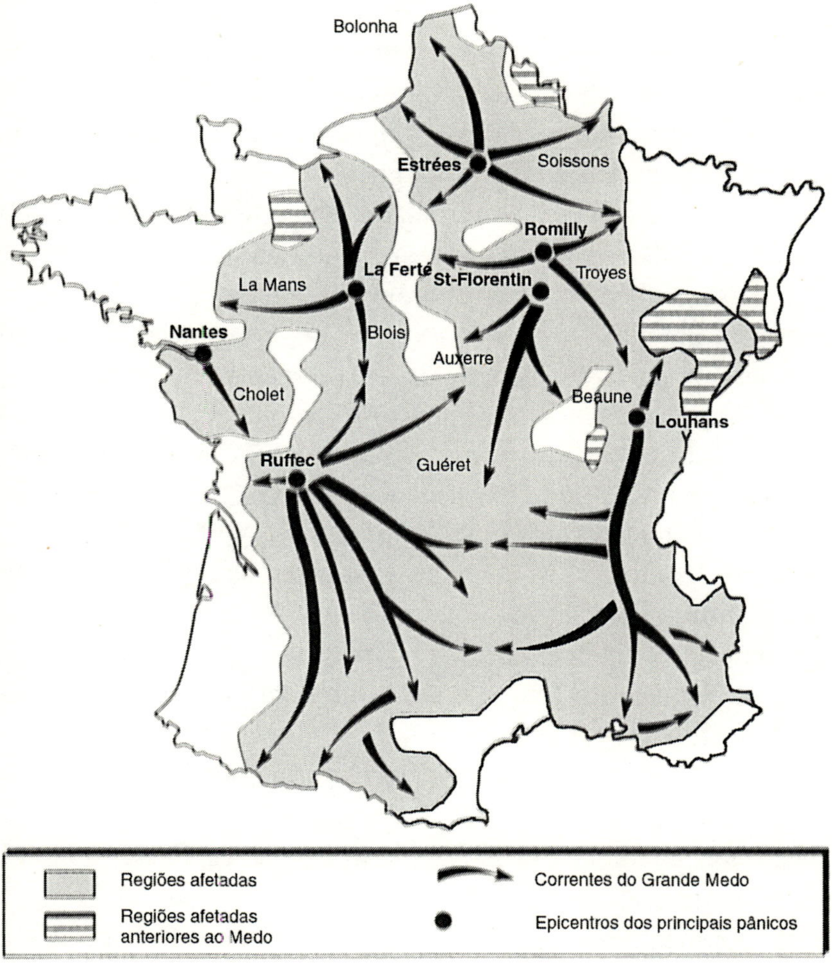

de setembro transformam o medo na violência coletiva, pondo em funcionamento os mecanismos daquilo que Lefebvre definia como a vontade punitiva, para ele um dos motivos de uma atividade revolucionária mais geralmente defensiva do que agressiva.

1.2. A violência

Mas a violência é, com o medo, uma das componentes desta mentalidade revolucionária. Tal como o medo, tem raízes profundas na herança do Antigo Regime: violência repressiva do Estado contra violências populares, violência quotidiana na Paris popular, evocada por cronistas como Sébastien Mercier ou Restif de la Bretonne. Da primavera ao outono de 1789, desenrolam-se episódios de violência em Paris. A burguesia da Constituinte quis travar esta engrenagem ao votar a lei marcial em outubro de 1789 e apressar a constituição das guardas nacionais. A violência popular, contudo, não parou: reaparece de forma latente ou aberta nos palcos da luta camponesa (Limusino, Périgord) em 1790, com intensidade nos focos de luta meridionais, nos pontos quentes de Nimes, Montauban, Avinhão, Marselha, Arles ou Toulon... Os confrontos sangrentos atingem aí o seu ponto culminante em junho e julho de 1792, quando as cidades provençais conhecem os seus «carrascos», que, em Marselha, Aix ou Toulon, atacam de noite os aristocratas ou os administradores moderados.

A partir da análise destas ocorrências, podemos tentar descrever o sistema específico da violência revolucionária. Raramente devassa — ainda que tenha havido pilhagens em Paris no dia 12 de julho de 1789 ou durante os tumultos de 1793 —, exprime-se principalmente nas insurreições por causa da venda forçada a preço taxado. Em certos casos, volta-se contra os edifícios — saque da fábrica Réveillon, na primavera de 1789 — em atos de vandalismo. Relativamente às pessoas, uma selvajaria em que se revelam pulsões sádicas (como nos massacres de setembro) junta-se à vontade de aplicar uma justiça direta, formulada de modo elementar. A violência segrega um imaginário, o dos candeeiros públicos na esquina das ruas, nos quais se enforcam os aristocratas, e que vemos nas imagens a perseguir as suas futuras vítimas, até a guilhotina vir substituí-los.

Escreveu-se que o Terror acabara com o medo, tal como, em certa medida, tinha acabado com o exercício da violência espontânea, antes de esta, tendo mudado de campo, voltar sob outra forma nos massacres da reação termidoriana do ano III ao ano V (de 1795 a 1797). Aparentemente paradoxal, a fórmula explica-se se levarmos em conta as questões dialéticas da luta revolucionária. A burguesia admitiu e, afinal de contas, caucionou a violência popular quando esta lhe foi necessária, e conhecemos a reflexão de Barnave acerca do assassinato de Bertier de Sauvigny: «O sangue derramado era assim tão puro?» Alguns dos líderes mais ativos, como Marat, elaboraram uma teoria da violência necessária: «É dos fogos da subversão que nasce a liberdade», escreve *L'Ami du Peuple*, que chega a exigir dezenas e até centenas de milhares de cabeças. Mas este maximalismo não corresponde ao desejo da classe política de pôr um ponto final na Revolução.

Ao assumir o controlo da violência espontânea, pela elaboração da legislação «terrorista» a partir de 1793, Robespierre e o partido montanhês estabelecem as bases daquilo que será definido como linha diretriz pelo «Incorruptível» no seu discurso de 5 de nivoso do ano II([72]): «O governo revolucionário deve aos bons cidadãos toda a proteção nacional; aos inimigos do povo, deve apenas a morte.»

1.3. Turbas revolucionárias

Após o medo e a violência, seria a turba o terceiro elemento desta trilogia da dinâmica revolucionária? O tema apaixonou os historiadores, desde Michelet, na época romântica, até Taine e aqueles que ele inspirou. Mas a imagem da turba revolucionária transmitida por Taine procede de uma redução antropomórfica: a turba eufórica ou «o homem ébrio», ou até «o macaco lúbrico

([72]) 25 de dezembro de 1793. [*N. do T.*]

e malévolo». Foi Georges Lefebvre, num estudo célebre, quem estabeleceu as bases de uma análise científica e serena; o seu programa foi seguido por George Rudé, historiador das turbas parisienses. Utilizando as fontes documentais da repressão (processos verbais de inquérito) ou da recompensa, o autor analisou a composição dos participantes nas jornadas parisienses, desde a pré-revolução ao vindemiário do ano III([73]). Estabelece-se uma tipologia que permite distinguir as jornadas de dominante reivindicação socioeconómica, como as Jornadas de Outubro de 1789 ou as pilhagens das mercearias em 1793, das jornadas de motivação política, ainda que domine o tipo misto, que junta os dois elementos. Do mesmo modo, podemos seguir a maturação crescente destes movimentos segundo a espontaneidade da jornada revolucionária: o 14 de julho de 1789([74]) não tem uma verdadeira organização prévia e assenta numa improvisação que depois ganhará sentido... O 10 de Agosto([75]) e, mais ainda, o 2 de Junho de 1793([76]) apresentam uma forte preparação, associando aos «boinas de lã» os batalhões da guarda nacional, num projeto preparado e anunciado, tornando quase impróprio o termo de turba. É o movimento popular organizado que aqui se afirma. (Ver quadro.)

A sociologia das multidões apresenta-as como maioritariamente masculinas — cerca de 90%, embora a participação feminina se acentue nas jornadas de reivindicações económicas (5 e 6 de outubro de 1789). A média etária dos revoltosos inscreve-se, tanto em Paris como em Marselha, à volta dos 30 anos; os participantes são casados e pais de família. Em Paris, cerca de três quartos sabem assinar o seu nome, o que não é de admirar por parte de uma maioria de produtores independentes, de oficinas e de lojas, num conjunto em que a parte dos assalariados — de

---

([73]) Setembro–outubro de 1794. [*N. do T.*]

([74]) Data da Tomada da Bastilha. [*N. do T.*]

([75]) Tomada do Palácio das Tulherias e detenção do rei. [*N. do T.*]

([76]) Detenção dos deputados girondinos e início da Convenção Montanhesa. [*N. do T.*]

um quarto a um terço — só excecionalmente ultrapassa a metade (revolta na fábrica Réveillon, no bairro de Saint-Antoine, na primavera de 1789). Se a isto acrescentarmos que a percentagem dos cadastrados, marcados no ombro, é geralmente ínfima, que a parte dos desempregados não ultrapassa 1/5 e que os que vivem em quartos alugados são menos de 1/4, já pouco resta da imagem fantástica, forjada por Taine, de uma turba miserável, que ele alimentava com os seus fantasmas após a Comuna de 1871.

Embora seja geralmente de composição mais popular e mais variável, a turba revolucionária aproxima-se tendencialmente, ao longo dos meses, dos contornos daquilo que virá a ser o movimento dos *sans-cullotes*.

🕮 Revoltosos e insurretos parisienses de 1775–1795 (Idade, sexo, alfabetização, origem, cadastro, etc.)

	(1)	(2)		(3)	(4)	(5)	(6)	(7)	(8)
Revoltas, etc.	*Detenções*	*Assalariados*	*Desempregados*	*Mulheres*	*Média etária*	*Sabem ler (%)*	*Já condenados (%)*	*Nascidos na província (%)*	*Alojados em quartos arrendados (%)*
1. Guerra das Farinhas 1775	139	102	18	14	30	33	15	80	37*
2. Revoltas de 1787–1788	55	28	?	1	23	60	?	31	10
3. Revoltas Réveillon	68	52	8	1	29	62	13	66	25
4. Barreiras	77	26	2	9	?	?	?	?	?
5. Caso Saint-Lazare	37	33	–	13	–	–	–	–	–
6. Bastilha	662	149	–	1	34	–	–	63	10
7. Campo de Marte	248	128	44	13	31	80	2–3	72	20
8. 10 de agosto de 1792	123	51	–	3	38	–	–	–	–
9. Pilhagens de mercearias 1792–1793	58	35	–	7	30	–	–	–	17
10. Pradial do ano III	186	46	–	20	36	85	–	72	–
11. Vindemiário do ano IV	30	1	–	0	44	100	–	–	–

* 46% no caso dos que residiam em Paris

(*Fonte*: RUDÉ, George, *La Foule dans la Révolution française*, Paris, Maspéro, 1983.)

1.4. O sans-culotte: um homem novo

Do povo ao *sans-culotte*, em quem se vai encarnar durante algum tempo a imagem do homem novo proposta pela Revolução, elabora-se um retrato composto de retoques sucessivos. Nas vésperas dos Estados Gerais, quando Mirabeau evoca o «agregado não constituído de povos desunidos», o termo emprega-se ainda muitas vezes no plural. Evocando os ministros, canta-se: «Quê! Esses seres detestáveis / dos povos demasiado miseráveis / queriam sempre dispor [...].» O povo define-se a si mesmo por referência ao rei-pai, de quem é súbdito. A rutura do verão de 1789 vê-o afirmar-se enquanto pessoa coletiva e autónoma («Paris guardada pelo povo»). Povo de irmãos, que substitui a relação vertical da sujeição pelas relações fraternas: é o tempo do unanimismo e da reconciliação, que durará pelo menos até à Festa da Federação, em julho de 1790. Mas a imagem invertida do mundo, em que, nas estampas, o camponês monta galhardamente os seus antigos opressores, o nobre e o prelado, já introduz uma distinção que se inscreverá na dicotomia patriota-aristocrata. É o início de uma escalada, que colocará no campo dos excluídos o nobre, o refratário, o suspeito, por fim, definido em 1793 como aquele «que não fez ato de adesão formal à Revolução». Entre 1791 e 1792, a noção de povo reduz-se e alarga-se simultaneamente. Enquanto a burguesia constituinte, através de uma leitura restritiva, reservara a cidadania ativa à parte mais abastada da população, os cidadãos passivos acederão, no verão de 1792, às assembleias seccionais, antes de receberem a plenitude da cidadania graças ao sufrágio universal nas eleições para a Convenção. Mas, ao mesmo tempo, a própria noção de povo tende a concentrar-se nos mais pobres, nos mais desfavorecidos, naqueles que Marat descreve como a parte «mais interessante e mais abandonada». Definição restritiva que acompanha uma série de gestos significativos: a indumentária, o tratamento por tu, o uso do termo «cidadão». É verdade que o pós-Termidor, com o triunfo das «pessoas honestas», regressará a uma leitura condescendente e até desdenhosa («Povo imbecil, povo besta...», canta uma estrofe realista) do bom povo, combinada com o medo da «populaça»; mas foi no auge do período, entre 1792 e 1794, que o povo assim definido se reconheceu no retrato do *sans-culotte*.

A *sans-culotterie*[77], tal como foi estudada em Paris por Albert Soboul, como em certos lugares da província, afirma-se durante o ano de 1792. Pela frequência das assembleias das secções, que antes eram órgãos eleitorais reservados aos cidadãos ativos, podemos seguir as etapas de uma tendência geral: entre junho e agosto de 1792, e depois novamente do inverno ao verão de 1793, quando o movimento se estrutura e se alarga. Entre estes desenvolvimentos inscrevem-se sequências em que a mobilização coletiva retrocede, se concentra em quadros permanentes e militantes ativos. Que proporção da população masculina adulta esteve envolvida? Segundo A. Soboul, de 8% a 9% na capital, valor variável com as secções. Em Marselha, se podemos calcular entre um quarto e a metade o número daqueles que fizeram ato de presença, só um décimo pode ser considerado de verdadeiros militantes, o que resulta numa ordem de grandeza comparável.

A sociologia do grupo conduz igualmente a equilíbrios semelhantes em Paris e na província:

	Burguesia	Produtores independentes: «a tenda e a loja»	Assalariados
Paris	18%	57%	20%
Marselha	30%	50%	20%

(77) Movimento dos *sans-culottes*. [*N. do T.*]

As proporções variaram no tempo e devem ser também moduladas em função da hierarquia e das funções assumidas: nos cargos de responsabilidade, a parte da burguesia (quadros e profissões liberais) cresce sensivelmente em detrimento dos assalariados e dos artesãos.

No entanto, desenha-se um perfil bastante claro: a *sans-culotterie* não é uma classe. É um «misto», uma associação histórica, cujo núcleo duro é constituído mais ou menos numa metade pelos produtores independentes, mestres do artesanato e das lojas, ainda que parte da burguesia e uma minoria de assalariados se lhes juntem. Os *sans-culottes* são homens feitos, cuja idade média é de 40 a 45 anos; em 80% dos casos, são casados e, geralmente, pais de família. Sem ser uma revolução de velhos — esta idade média corresponde à da população adulta das cidades —, o momento não põe em destaque uma pressão juvenil. É verdade que, em 1793, muitos jovens estão no exército. Os jovens da burguesia revelar-se-ão mais tarde, mas no outro campo, aquando da reação termidoriana. Estes traços explicam em grande parte os comportamentos e a mentalidade do *sans-culotte*. Como o historiador inglês Richard Cobb o descreveu num retrato pouco abonador, o *sans-culotte* caracteriza-se pela devoção e convicção pela causa, por uma cultura elementar que não exclui a credibilidade, uma certa dose de conformismo que o leva a aceitar as viragens do rumo revolucionário, mas também por uma violência tanto na expressão como nas atitudes, que só excecionalmente resulta, porém, em comportamentos sanguinários. Figura contraditória, o *sans-culotte* associa um exclusivismo um tanto xenófobo a uma verdadeira generosidade e ao sentido de solidariedade. Em estado de tensão perpétua, o *sans-culotte* está sujeito ao cansaço e ao desencorajamento, pronto a voltar ao seu lar e ao *cabaret* que frequenta, uma vez passada a exaltação.

A análise mais profunda — conotada de simpatia — de Albert Soboul permite superar esta psicologia um tanto elementar. No universo mental do *sans-culotte*, insiste na aspiração à igualdade, tal como se exprime no tratamento por tu e na indumentária — o colete ou carmanhola, as calças, o uso da boina e do laço. Este espírito igualitário exprime-se na reivindicação do direito à vida e à subsistência para todos, sem chegar ao ponto de colocar em causa o próprio princípio da propriedade, que deve ter como limite a satisfação das necessidades de cada um. Solidariedade, assistência, gosto pela confraternização não excluem um forte sentimento de independência que deve ser defendida: o sabre e a lança constituem o arsenal do *sans-culotte*. Em família, exalta as virtudes domésticas, ainda que por vezes esteja livre das obrigações tradicionais: a união livre do *sans-culotte* parisiense corresponde a um traço destas sociedades urbanas. Mas conserva aspetos de arcaísmo e, por vezes, um fundo sólido de falocracia tradicional. Nas assembleias da secção, afirma a sua aspiração às práticas da democracia direta: onde está o *sans-culotte* com a sua lança, está o soberano. Adere ao escrutínio público, desafiando ações contrarrevolucionárias; o escrutínio depuratório serve para purgar os maus elementos. Nos seus traços comuns, tal como nas suas divergências, estes dois retratos permitem perceber um pouco melhor uma realidade complexa, que varia com os temperamentos: o vidreiro parisiense Ménétra, que nos legou um precioso *Diário da Minha Vida*, reflete assim, nos seus limites e contradições, como num empenho total, a mentalidade desses pequenos produtores e a sua aprendizagem da política ao serviço da Revolução.

2. Religião e Revolução

Poderia o conflito entre Religião e Revolução ter sido evitado? Este é um dos problemas principais da história destes dez anos.

2.1. *A França religiosa em 1789*

Era a França inteiramente cristã em 1789? Tinha a aparência disso, reforçada pelo monopólio da religião católica e pela associação íntima da sua Igreja com o Estado monárquico. Consagrado em Reims, o rei era o protetor da «filha mais velha da Igreja», e o clero, na hierarquia das honras, constituía a primeira ordem privilegiada. Desde a revogação do Édito de Nantes, um século antes, que os protestantes considerados «novos convertidos» não tinham o direito de celebrar o seu culto, e embora as perseguições violentas tivessem acabado desde meados do século, seria preciso esperar por 1787 para que a monarquia esclarecida lhes concedesse, pelo Édito de Tolerância, o direito ao estado civil e ao culto privado. Os Judeus — menos de 100 000 —, em comunidades no Nordeste (asquenazitas) e no Sul (sefarditas em Bordéus ou no condado Venaissino), estavam reduzidos a um estatuto inferior e a uma vigilância à qual só escapavam alguns privilegiados. A grande massa católica do povo realizava unanimemente, aparentemente sem dificuldade, os grandes gestos «sazonais» da existência — batismo, matrimónio, sepultura cristã —, que os padres anotavam nos registos paroquiais, o único registo civil oficial. Esta era uma das atribuições da Igreja, que, além disso, assegurava uma ação caritativa e de assistência e ocupava um espaço essencial no ensino, desde os colégios às pequenas escolas. A pastoral conquistadora levada a cabo durante toda a Idade Clássica dava os seus frutos: um clero mais instruído, de bons costumes, justificava a imagem do «bom padre» que então prevalecia. Sem desaparecer, a recordação das lutas internas, como a querela jansenista que dilacerara a Igreja até meados do século, tendia então a esboroar-se.

No entanto, por detrás desta aparência de unanimidade, revelam-se algumas fraturas. No topo, nas elites do Iluminismo, a religião é maltratada. A palavra de ordem voltairiana, «esmaguemos o infame», progrediu. Ataca-se a própria instituição eclesiástica, e o clero pelas suas riquezas, pelos seus privilégios, pelo seu «parasitismo» (principalmente o das ordens religiosas) e, sobretudo, pela sua intolerância num tempo que vibrou com a evocação dos casos Calas e Sirven, protestantes injustamente condenados. Ataca-se também a religião revelada, os seus mistérios, a sua «superstição», em nome de uma religião natural que não precisa de dogmas e cujo modelo é fornecido pelo discurso rousseauniano do *Vicaire savoyard* [*Vigário saboiano*]. Será que se chega à irreligião completa? Vários discursos coexistem, sendo o deísmo, sob várias formas, o mais difundido, que vai de um respeito longínquo pelo Deus relojoeiro de Voltaire até à efusão da ordem do sentimento de Jean-Jacques Rousseau. Minoritária, uma corrente materialista marcou o grupo dos Enciclopedistas em redor de Diderot, Helvétius, D'Holbach ou La Mettrie. No total, tanto quanto se pode apreciar, é para uma religião natural de dogmas depurados que tendem, tanto na nobreza como na burguesia, as elites esclarecidas dos últimos dias do Antigo Regime.

O que se passa ao nível das massas urbanas ou rurais? Continua aberto o debate para saber se se pode falar, na segunda parte do século XVIII, de uma descristianização começada. Com a reserva do termo, é incontestável que surgem alguns indícios convergentes. Pode falar-se de evolução profana ou de secularização quando se segue, como se fez na Provença, a história das confrarias religiosas, como a dos penitentes meridionais. Um declínio numérico e, sobretudo, a deserção das elites, que encontram nas lojas maçónicas um quadro de sociabilidade mais adaptado, acompanham uma evolução interna que vê regredirem os gestos da devoção barroca meridional. Um mesmo balanço pode ser feito a partir daquilo que nos dizem, na mesma região, os testamentos, em que a profusão das invocações, das cláusulas de piedade e dos gestos caritativos recuam muito fortemente a partir das décadas de 50 e 70 do século XVIII, para darem lugar a um silêncio que se parece muito com a indiferença na burguesia, mas também numa parte das classes populares urbanas e numa parte das dos campos. Por detrás da aparente unanimidade das atitudes, surgem temperamentos regionais, que opõem regiões de forte ligação à religião — o Oeste e o Nordeste — a zonas de indiferença, como a bacia parisiense. O que, aliás, é confirmado por outras análises (o número das vocações e a densidade do enquadramento religioso, a difusão da literatura devota ou profana). É num terreno já preparado que rebentará a crise revolucionária.

2.2. *Nascimento de um conflito: o cisma constitucional*

Inicialmente, porém, nada fazia prever esta crise. Os cadernos reivindicativos do terceiro estado manifestavam a preocupação dos paroquianos com o exercício do culto e a revalorização do estatuto dos seus sacerdotes; queixavam-se do desvio do dízimo e também da riqueza e poder de alguns abades, do absentismo dos prelados na cidade e do parasitismo de algumas ordens religiosas. Os cadernos do clero denunciavam a propaganda filosófica e o Édito de Tolerância. Mas nas eleições dos deputados da ordem do clero, a influência da hierarquia fora eficazmente combatida pelo baixo clero das paróquias, que constituía a grande maioria da representação da ordem, pronta a associar-se às posições do terceiro estado. «Foram esses curas detestáveis que fizeram a Revolução», disse um aristocrata descontente; e, de facto, nos meses decisivos que precederam o 14 de julho, o envolvimento do baixo clero, bem como de alguns prelados liberais, contribuiu bastante para a vitória do terceiro estado.

Uma atmosfera de lua-de-mel marca, portanto, os primeiros tempos da Revolução: o clero participa nas festividades cívicas e terá nelas o seu lugar até 1792 e, por vezes, 1793. No entanto, começam a surgir alguns problemas: a Declaração dos Direitos, que proclama a liberdade das opiniões, «até religiosas», demonstra a prudência dos constituintes, mas também as oposições encontradas. A supressão da ordem do clero, consequência da abolição dos privilégios, e sobretudo a abolição do dízimo, encontram reticências, mesmo da parte de Sieyès. Liberdade de culto para todos e igualdade de direitos civis? Será preciso esperar por 1791 para que as ofensivas repetidas dos defensores dos Judeus, como o abade Grégoire, obtenham ganho de causa. O estatuto da religião católica era posto em causa; em 1790, quando um religioso, D. Gerle, exigiu que o catolicismo fosse declarado «religião de Estado», a sua moção foi reprovada, mas gerou no Sul — região de contactos confessionais — um vasto movimento de aprovação. A aplicação dos novos princípios podia parecer uma intervenção indiscreta no domínio espiritual: por exemplo, quando suprime os votos perpétuos e a clausura dos conventos, por serem contrários à liberdade individual. O inventário das casas religiosas, a aplicação da medida que leva a que algumas delas (essencialmente nas ordens masculinas) fiquem despejadas dos seus ocupantes, foram saudadas com satisfação por toda uma corrente patriótica anticlerical, que desejava, pelo menos na imaginação, casar monjas e monges e fazê-los entrar na vida ativa. Mas depressa se constitui uma corrente hostil, sobretudo em algumas regiões. Em Nimes e Montauban, onde uma burguesia patriota e reformada enfrenta uma plebe católica, o sangue corre na primavera de 1790, como no caso do «tumulto de Nimes», que revela a velha fratura religiosa.

Significa isto que, apesar do envolvimento inicial de boa parte do baixo clero, existiam já, entre a Revolução e os seus princípios e a Igreja, os elementos de um profundo mal-entendido. Na sua grande maioria, os constituintes não eram irreligiosos, nem sequer verdadeiramente anticlericais, mas tinham sido formados numa mentalidade galicana, hostil a Roma, e, sobretudo, não se deve esquecer que o conceito moderno de separação entre a Igreja e o Estado lhes era tão estranho, nesse tempo, como aos seus adversários: isto explica a sua intervenção neste domínio. Aquilo que desencadeou realmente a crise, até então latente, foi a situação provocada pela colocação dos bens do clero à disposição da nação, proposta por Talleyrand a 2 de novembro de 1789. Considerada pelos constituintes como legítima, fortemente contestada pela hierarquia, cujos elementos mais esclarecidos propõem em vão uma medida transitória, esta decisão respondia não só a uma urgência financeira, mas também a uma política global. Sancionava o desaparecimento da ordem do clero, privando os curas dos seus recursos próprios; em compensação, impunha o pagamento de um salário aos padres e a transformação destes em funcionários públicos. Neste sentido, esta medida integrava-se na vasta reorganização geral do espaço administrativo, judicial, financeiro... e religioso, levada então a cabo pela Assembleia. (Ver texto em caixa: «A colocação dos bens do clero à disposição da nação».)

Iniciada no final de maio de 1790, a discussão sobre a reorganização do clero concluiu-se a 12 de julho com o voto de uma Constituição Civil, sancionada dez dias depois pelo rei. Obstando-se a tocar no espiritual, os constituintes refazem a carta eclesiástica do país, estabelecendo uma diocese por cada departamento. Instauram um clero assalariado de funcionários públicos — bispos, curas, vigários, eleitos pelos corpos eleitorais. As prerrogativas do papado eram postas em causa, uma vez que os bispos, consagrados por um metropolitano, limitavam-se a informar disso o Santo Padre. Havia aqui os germes de um conflito inevitável não só com Roma, mas também com a grande maioria dos bispos, que se consideravam legitimamente estabelecidos nas suas antigas dioceses. O estatuto financeiro dos curas era melhorado, o dos bispos mantinha-se confortável, embora sem comparação com os seus rendimentos anteriores, em certos casos imensos. O próprio princípio de eleição, a amplitude da mudança operada e o ataque aos direitos do soberano pontífice não podiam deixar de dividir profundamente o clero: o que se tornou visível quando a Assembleia impôs, a 3 de janeiro de 1791, aos padres funcionários públicos a obrigação de um juramento à Constituição Civil do Clero.

🕮 A colocação dos bens do clero à disposição da nação Discurso de Talleyrand (10 de outubro de 1789)

«Por mais sagrada que seja a natureza de um bem possuído sob a lei, a lei só pode manter aquilo que foi acordado pelos fundadores. Todos sabemos que a parte desses bens necessária à subsistência dos beneficiários é a única que lhes pertence; o resto é propriedade dos templos e dos pobres. Se a nação assegura essa subsistência, a propriedade dos beneficiários não é atacada; se ela toma o resto a seu cargo, se vai buscar a esta fonte abundante apenas com que aliviar o Estado, na sua aflição, a intenção dos fundadores é cumprida, a justiça não é violada.

«A nação pode, pois, em primeiro lugar, apropriar-se dos bens das comunidades religiosas a suprimir, assegurando a subsistência dos indivíduos que as compõem; em segundo lugar, apropriar-se dos benefícios sem funções; em terceiro, reduzir, numa determinada proporção, os rendimentos atuais dos titulares, tomando a seu cargo as obrigações inicialmente ligadas a esses bens.

«A nação passará a ser proprietária da totalidade dos fundos do clero e dos dízimos, de que esta ordem fez o sacrifício; ela assegurará ao clero dois terços dos rendimentos desses bens. O produto dos fundos eleva-se pelo menos a 70 milhões; o dos dízimos a 80, o que perfaz 150 milhões; e para os dois terços, 100 milhões, que, pelas bonificações necessárias, pelas vacâncias, etc., podem reduzir-se assim a 85 ou 80 milhões. Estes 100 milhões serão assegurados ao clero por privilégio especial; cada titular será pago por trimestre e adiantadamente, em vez do seu domicílio, e a nação encarregar-se-á de todas as dívidas da ordem [...].»

(*Fonte:* Arquivos Parlamentares, 1.ª série, Paris, Imprimerie Nationale, t. IX, p. 398.)

O mal-estar foi alimentado pela atitude mais do que ambígua do papa Pio VI. Enquanto alguns prelados, como Boisgelin ou Champion de Cicé, se esforçavam por encontrar uma solução de compromisso, o soberano pontífice, muito hostil à Revolução, fez esperar longamente a sua resposta, deixando o clero francês na incerteza. A reação chegou finalmente na forma do breve *Quod Aliquantum*, de 10 de março de 1791: era uma condenação radical não só da Constituição Civil do Clero, mas também de toda a Revolução e da sua filosofia atentatória à ordem divina. Este veredicto sem apelo gerou um forte movimento anticlerical em Paris. Nesta data, a formação do clero constitucional estava já em curso: quase todos os prelados se lhe mostravam hostis, apenas quatro bispos prestaram o juramento e só Talleyrand aceitou consagrar os novos bispos eleitos. O clero das paróquias dividiu-se. O balanço exato do juramento constitucional sanciona a divisão do corpo eclesiástico em dois campos: 52% dos sacerdotes constitucionais que prestaram juramento contra 48% dos que o recusaram. Mas este balanço esconde grandes desigualdades: entre curas e vigários (estes últimos mais reticentes), entre o campo e a cidade (os meios urbanos, exceto Paris, estavam mais bem organizados para resistir ao juramento), entre clérigos funcionários públicos (curas, congregações de ensino) e aqueles para quem o juramento não era uma obrigação. O impacto daquilo que surge logo como um cisma na Igreja de França inscreve-se de forma muito visível; podemos verificar isto no mapa das atitudes coletivas: várias Franças se desenham. O juramento foi maioritariamente, e até maciçamente, prestado na maior parte da bacia parisiense, até ao centro de França, mas também num eixo que, da Borgonha ao Lionês, se estende para Sudeste até à região alpina e a Provença. As atitudes são muito mais contrastadas no Sudoeste, mas as regiões da rejeição inscrevem-se num grande Oeste armoricano, no Norte e no Nordeste, e no sul e sudeste do Maciço Central. Geografia tanto mais clara já que divide largamente as zonas que continuarão a ser, mesmo no século XX, as de fidelidade religiosa e as do abandono da prática. (Ver mapas em baixo.)

2.3. O crescimento do anticlericalismo

De 1791 a 1793, o cisma criou uma situação que só podia agravar-se sob a pressão dos acontecimentos políticos e, depois, do estado de guerra. No terreno, na província, o conflito é intenso nas regiões partilhadas ou refratárias. O clero constitucional consegue, por vezes dificilmente, completar os seus efetivos indo buscar elementos às antigas ordens religiosas. A instalação dos novos bispos faz-se de forma difícil, face à resistência dos antigos e das populações. Nas aldeias, os sacerdotes constitucionais têm, por vezes, de ser instalados à força e são mal vistos e até perseguidos. Inversamente, a sorte dos refratários não é invejável. Um anticlericalismo popular, cujo reflexo é a estampa, manifesta-se, sobretudo em Paris, onde os devotos que assistem à missa do padre refratário são admoestados pelos patriotas.

Com dois cultos concorrentes, que dividem os fiéis, será possível chegar a um compromisso? Durante algum tempo, pensou-se que sim; em abril de 1791, o departamento de Paris, por meio de uma portaria sobre a liberdade religiosa, autorizou o culto privado dos não-conformistas, medida que foi alargada a toda a França por um decreto de 7 de maio. Mal aceites por uns e outros — o clero constitucional sentia-se renegado por esta

Os ajuramentados de 1791

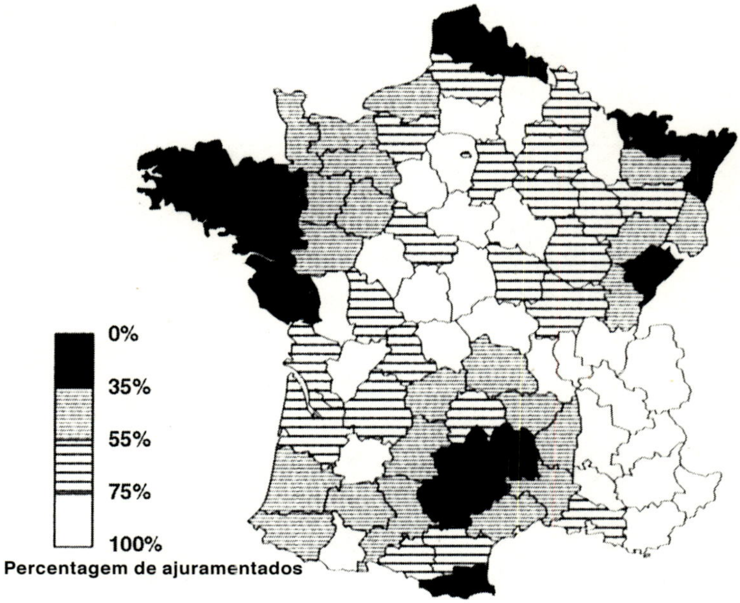

A intensidade da descristianização do ano II (1794)

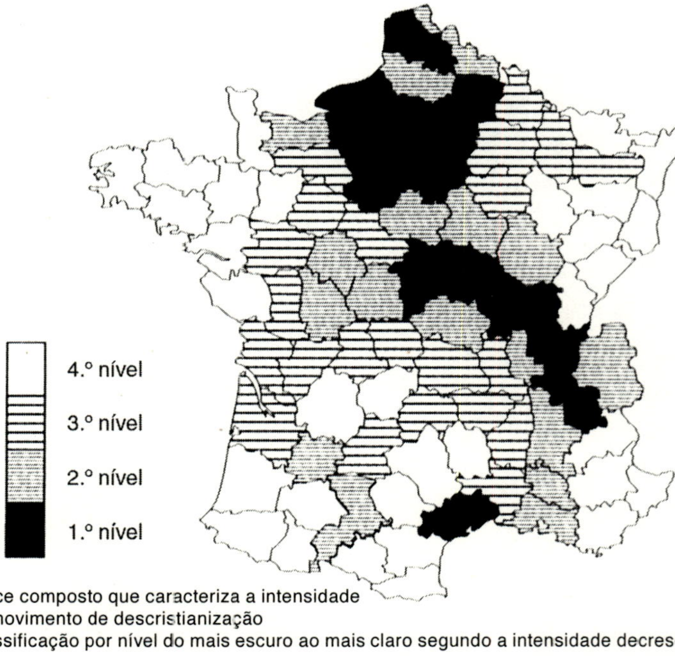

Índice composto que caracteriza a intensidade do movimento de descristianização (classificação por nível do mais escuro ao mais claro segundo a intensidade decrescente)

concorrência —, estas medidas foram pouco duradouras. A 29 de novembro de 1791, a Legislativa, num clima pesado em que a emigração dos sacerdotes faz com que se identifique cada vez mais o refratário com o aristocrata, impõe a todos, ajuramentados e não ajuramentados, um novo juramento, sob pena de serem colocados sob vigilância das autoridades. O veto real não impede a aplicação desta medida em muitos departamentos. Em maio de 1792, após a declaração de guerra, é decretada a deportação para qualquer não ajuramentado denunciado por vinte cidadãos. A escalada leva a que, em 26 de agosto, se decrete a obrigação para qualquer refratário de se deportar, sendo os idosos e os enfermos detidos na sede do departamento. Multiplicam-se as detenções e as deportações em massa: um total de 25 000 clérigos deixaram a França e dispersaram-se por toda a Europa: Espanha, Suíça, os Estados italianos e alemães, Inglaterra também, que não lhes dará a pior receção. Nos Estados católicos — Espanha, Estados do papa —, eles são, com efeito, alvo de uma suspeição relativamente a tudo o que vem de França. Apesar da criação de estruturas de acolhimento, por diligência dos bispos emigrados e das autoridades, uma vida miserável e errante, ao ritmo das conquistas francesas, é o destino de muitos deles.

Menos invejável ainda é a sorte dos que ficaram em França: durante o verão de 1792, no contexto do grande pânico gerado pela invasão das fronteiras, os massacres nas prisões parisienses afetam, a partir de 2 de setembro, centenas de eclesiásticos (300 em La Force e na Abadia), que se tornam mártires da fé. Várias localidades da província (Meaux) não são poupadas a este movimento violento.

Por força das coisas, a Revolução fora levada a assumir posições cada vez mais anticlericais; no entanto, até 1793, não tinha sido antirreligiosa. Para se compreender o movimento de descristianização que se inscreve desde o inverno de 1793 à primavera de 1794, convém saber, mesmo que sumariamente, o que pensavam os atores, eminentes ou anónimos. Seria caricatural fixar as posições, afirmando que os girondinos são mais irreligiosos do que os montanheses, pois no meio que envolve Danton encontram-se espíritos fortes, enquanto Robespierre e os seus amigos se associam num deísmo, que, para eles, é a garantia de uma República virtuosa. No grupo dos hebertistas, um anticlericalismo virulento leva, por vezes, a crítica da religião revelada às suas últimas consequências. Devemos então, por isso, fazer da campanha de descristianização uma máquina de guerra, espécie de derivativo ou de fuga para a frente desta fação de um movimento popular em busca de palavras de ordem mobilizadoras? A acusação já fora formulada na época, quando Robespierre e outros denunciaram o ateísmo militante como, no mínimo, uma provocação perigosa ou, no máximo, uma conspiração. Toda uma tradição historiográfica retomou esta explicação, provavelmente um tanto sumária, para descrever um movimento de tal amplitude.

2.4. A descristianização do ano II

Com efeito, que é a descristianização do ano II, tal como se desenvolve a partir de brumário até ao outono de 1793? Não se trata de uma iniciativa do governo de Salvação Pública nem da Convenção: Danton foi um dos primeiros a denunciá-la e, sobretudo, Robespierre, que nela via o perigo de se desviar as massas da sua adesão à Revolução. Após ter seguido as suas primeiras manifestações com alguma simpatia, a Convenção vota, no 7 de frimário([78]), um decreto que garante a liberdade dos cultos, mas que deixa, porém, o campo livre às iniciativas locais. Será então um movimento espontâneo, no clima de anticlericalismo que já evocámos? É verdade que são comunidades rurais próximas de Paris (Ris e Mennecy) que tomam a iniciativa de fechar as igrejas e de levar os seus «despojos» à Assembleia, e que é no centro de

([78]) 27 de novembro de 1793. [*N. do T.*]

França que se encontra o epicentro do movimento. Mas a amplitude das resistências encontradas prova que não se trata de um movimento de massas generalizado. É numa fação politizada da corrente revolucionária, representada pelos *cordeliers*, que a descristianização encontra os seus promotores e ativistas, apoiados pela ação dos exércitos revolucionários e de alguns representantes em missão (Fouché, Laplanche no Centro, Lequinio no Oeste, Albitte nos Alpes). É assim que a vaga de descristianização se propaga pelo espaço francês em seis meses, de brumário a germinal do ano II([79]), a partir de um epicentro, região parisiense e centro da França. Começa por chegar ao Norte e ao Nordeste com sucessos diferentes, propaga-se vigorosamente para o Sudeste, da Borgonha a Lyon, Alpes, Provença e ao Languedoque, mas encontra também acolhimento no Sudoeste, de Charentes ao vale do Garona. Algumas zonas são menos profundamente afetadas do que outras: o Nordeste, o Oeste, o sul do Maciço Central, ainda que assistam às ações maximalistas de grupos convictos.

É cómodo distinguir dois aspetos nesta campanha: um destruidor, a tábua rasa feita das religiões estabelecidas, é compensado por outro, a tentativa de criar um novo culto cívico, o culto da Razão. Do primeiro, fazem parte o encerramento das igrejas, quase total na primavera do ano II, a confiscação das suas pratas, enviadas para a Convenção, bem como a retirada dos seus sinos, que servem para a fundição de canhões. A destruição dos objetos sagrados, «bugigangas do fanatismo e da superstição», alimentou em vários aspetos autos-de-fé: justificou a acusação de vandalismo, um neologismo forjado por Grégoire para designar estas práticas. As mascaradas que acompanham estas destruições, procissões burlescas de *sans-culottes* vestidos com roupas de sacerdotes, foram praticadas em toda a parte. Mas o corpo vivo

([79]) De outubro–novembro de 1793 a março–abril de 1794. [*N. do T.*]

da Igreja é também atacado: os sacerdotes são obrigados a abdicar das suas funções e a deixar a vida religiosa. Espontâneo talvez num décimo dos casos, o gesto é, na maioria das vezes, imposto: afeta, provavelmente, 20 000 clérigos, que é um número considerável. O casamento dos padres, também ele, por vezes, espontâneo — iniciou-se mais cedo e prosseguirá depois —, e muitas vezes forçado, afeta entre 5000 e 6000 curas ou religiosos. Parte importante do clero constitucional, diretamente exposto, é assim aniquilado. A abdicação, em brumário do ano II, em Paris, do Bispo Gobel e dos seus vigários episcopais foi um dos episódios mais espetaculares desta campanha. (Ver texto em caixa: «Decreto para a descristianização, de Fouché».)

Tenta-se reconstruir: as igrejas devolutas tornam-se «templos da Razão», onde se celebram com hinos e discursos novas liturgias cívicas. Cortejos passeiam pela cidade as deusas Razão, encarnações vivas da nova divindade. Veem-se neles atrizes ou raparigas da má vida: na maioria dos casos, são as mulheres ou as filhas de notáveis jacobinos que desempenham esse papel. Surge toda uma pedagogia: «apóstolos cívicos» ou «missionários patriotas», geralmente apoiados pelos contingentes dos exércitos revolucionários ou dos clubistas, propagam a boa nova. Será que se pode falar de uma religião revolucionária? O culto da Razão elabora-se sobre uma base geralmente incerta, já que se funda na recusa de qualquer dogma. Mas aparecem outras formas de religiosidade espontânea, nomeadamente através do culto dos mártires da Liberdade, vítimas dos inimigos da Revolução. Marat, Le Peletier e Chalier são assim celebrados em toda a França, e, em Paris, mulheres patriotas recitam as litanias do coração de Marat «Ó coração de Jesus, ó coração de Marat». No Oeste republicano, os aldeões prestam um culto aos mártires — geralmente raparigas — vítimas dos insurretos da Vendeia [*chouans*]: santa Pataude, ou outras, que se viram elevar-se ao céu com asas tricolores. Por aqui se percebe que o episódio para a descristianização encontrou um eco favorável em campos em que a mascarada e o auto-de-fé surgem como a contrapartida de uma antiga cultura popular reprimida pela disciplina religiosa.

Mas não deixa de ser verdade que a descristianização, recebida de formas muito diferentes, suscitou fortes resistências em todo o país: resistência passiva sobretudo das mulheres, mas muitas vezes também dos paroquianos que se reúnem nas igrejas para celebrar «missas brancas» sem sacerdotes; manifestações de profetismo em regiões montanhosas — Alpes ou Pirenéus —; revoltas por vezes armadas no Sudeste, em Corrèze, no departamento de Nièvre e até às portas de Paris, na Vendeia de Brie. Estas reações de «cristãos sem Igreja», muitas delas ainda mal conhecidas, não devem ser minimizadas, pois tiveram grande peso na passagem de muitas regiões para a Antirrevolução e, em certos casos, para a Contrarrevolução.

Não é apenas este receio que justifica o projeto de Robespierre de acabar com a descristianização, que proclama, no seu célebre relatório de 18 de floreal do ano II[80], a existência do Ser Supremo e a crença na imortalidade da alma (Ver texto em caixa: «Robespierre e o culto do Ser Supremo».) Numa República regida pela virtude, é-lhe inconcebível que «os bons e os maus desapareçam da terra» sem que uma sanção recompense os méritos. A imortalidade da alma, exigência de ordem ética, pressupõe a existência de um princípio supremo que é o seu garante. A moral pessoal do «Incorruptível» associa-se aqui à sua moral cívica ou social. Conceito que lhe não é próprio: nos discursos do culto da Razão, a referência ao Ser Supremo é frequente. Compreende-se assim melhor que a passagem de um para outro, dramatizada em termos de exorcismo do ateísmo, não tenha sido vivida em toda a parte em termos de viragem radical. O culto do Ser Supremo

[80] 7 de maio de 1794. [*N. do T.*]

foi aceite em muitos lugares, considerando o fluxo de comunicações e a amplitude das celebrações em toda a França, a 20 do pradial do ano II([81]). A sua manifestação mais brilhante foi a grande cenografia parisiense criada por Jacques-Louis David, que representou, ao mesmo tempo, o triunfo e o anúncio da queda de Robespierre.

Decreto para a descristianização, de Fouché, no departamento de Nièvre

Em nome do povo francês

«O representante do povo nos departamentos do Centro e do Oeste,

«Considerando que o povo francês não pode conhecer outros signos privilegiados que não os da lei, da justiça e da liberdade; outro culto que não o da moral universal; outro dogma que não o da sua soberania e da sua omnipotência;

«Considerando que, no momento em que a República declarou solenemente que dá uma proteção igual ao exercício dos cultos de todas as religiões, se fosse permitido a todos os sectários estabelecerem nas praças públicas, nas estradas e nas ruas, as insígnias das suas seitas particulares e celebrarem aí as suas cerimónias religiosas, seguir-se-ia a confusão e a desordem na sociedade, decreta o seguinte:

«Artigo 1.º Todos os cultos das diversas religiões só podem ser praticados nos seus templos respetivos.

«Art.º 2.º Como a República não reconhece qualquer culto dominante ou privilegiado, todas as insígnias religiosas que se encontram nas estradas, nas praças e, em geral, em todos os lugares públicos, serão eliminadas.

([81]) 8 de junho de 1794, data da Festa do Ser Supremo instituída por Robespierre. [*N. do T.*]

«Art.º 3.º É proibido, sob pena de prisão, a todos os ministros, a todos os sacerdotes de aparecerem noutros lados que não nos seus templos em trajes religiosos.

«Art.º 4.º Em cada municipalidade, todos os cidadãos mortos, de qualquer seita, serão conduzidos, vinte e quatro horas após o falecimento, e quarenta e oito em caso de morte súbita, ao lugar destinado à sepultura comum, cobertos com um véu fúnebre, sobre o qual será pintado o Sono, acompanhados de um oficial público, rodeados dos seus amigos vestidos de luto e de um destacamento dos seus irmãos de armas.

«Art.º 5.º Dever-se-á ler na porta deste campo, consagrado por um respeito religioso aos manes dos mortos, esta inscrição: "A morte é um sono eterno." [...]

«*Nevers, 19.º dia do primeiro mês do ano segundo da República.*

Fouché.»

Fonte: citado por Louis Madelin, Fouché (1759–1820), Paris, Plon, 1903.)

Robespierre e o culto do Ser Supremo

(Convenção Nacional, 7 de maio de 1794, 18 de floreal do ano II.)

«[...] A ideia do Ser Supremo e da imortalidade da alma é uma evocação contínua à justiça; por isso, é social e republicana. A Natureza deu ao homem o sentimento do prazer e da dor, que o força a fugir dos objetos físicos que lhe são nocivos e a procurar os que lhe convêm. A obra-prima da sociedade seria criar nele, para as coisas morais, um instinto rápido que, sem o auxílio tardio do raciocínio, o levasse a fazer o bem e a evitar o mal; porque a razão particular de cada homem, perdida pelas suas paixões, não passa geralmente de um sofisma que as defende, e a autoridade do homem pode sempre ser atacada pelo amor-próprio do homem. Ora, aquilo que produz ou substitui este instinto precioso, aquilo que supre a insuficiência da autoridade humana, é o sentimento religioso, que imprime nas almas a ideia de uma sanção dada aos preceitos da moral por uma potência superior à do homem.

«É claro que não deveis concluir daqui que é preciso enganar os homens para os instruir, mas apenas que tendes a felicidade de viver num século e num país cujas luzes não vos deixam outra tarefa senão lembrar aos homens a natureza e a verdade.

«Cuidai para não quebrar o laço sagrado que os une ao autor do seu ser. Basta que esta união tenha reinado num povo para que seja perigoso destruí-la. Porque, estando os motivos dos deveres e as bases da moralidade ligados a esta ideia, eliminá-la é desmoralizar o povo. Do mesmo princípio resulta que nunca se deve atacar um culto estabelecido, a não ser com prudência e com certa delicadeza, já que uma mudança súbita e violenta pode ser vista como um ataque à moral e uma dispensa da própria probidade. De resto, aquele que pode substituir a Divindade no sistema de vida social é, na minha opinião, um génio prodigioso; aquele que, sem a ter substituído, só pensa em bani-la do espírito dos homens parece-me de uma estupidez ou perversidade prodigiosa. [...]»

(Fonte: Arquivos Parlamentares, 2.ª série, Paris, CNRS, t. 90, p. 132 et seq.)

2.5. *A política religiosa do Diretório*

Perguntou-se se o Diretório teve uma política religiosa. A questão pode ser colocada relativamente a todo o período pós-termidoriano, que apresenta uma verdadeira unidade... na hesitação. O núcleo inicial dos termidorianos não era, certamente, favorável à religião: observam-se ainda algumas manifestações tardias de descristianização. Mas a ótica que parece prevalecer inicialmente é a da desafetação, às custas de uma Igreja constitucional considerada moribunda, uma vez que se decide, nos últimos dias do ano II, que «a República já não subvenciona nenhum culto». Esta medida pode parecer uma antecipação da separação entre a Igreja e o Estado, tal como foi determinada em ventoso do ano III([82]) por um decreto que estabelece a liberdade dos cultos e a celebração destes nas igrejas não alienadas, sob reserva de um juramento de obediência às leis. Na verdade, na atmosfera de reação geral do ano III, tratava-se apenas de acompanhar uma conjuntura na qual se esboçava a retoma do culto, quando se começava a notar um regresso dos sacerdotes refratários, que aumentará nos anos seguintes.

Mas, de facto, os homens no poder, termidorianos e diretoriais, não tinham diminuído a vigilância relativamente aos sacerdotes refratários, em quem viam, não sem razão, agentes da Contrarrevolução. Em frutidor do ano III([83]), e depois em brumário do ano IV([84]), reiteraram as medidas repressivas que tornavam passíveis de morte os emigrados regressados. Seguindo as flutuações do contexto político, oscilava-se da tolerância à repressão. No ano V, quando uma direita monárquica quase clandestina dominava os conselhos, revogou-se a legislação sobre os padres refratários, mas o golpe de Estado de 18 do frutidor([85]) fez regressarem as perseguições. Impôs-se aos sacerdotes «não conformistas» um juramento de ódio à realeza e à anarquia, que a maioria recusou. Sobretudo, recomeçou a caça aos emigrantes regressados. Esta política teve o seu apogeu no ano VI, durante o último período de domínio jacobino. Mais do que às execuções,

([82]) Fevereiro–março de 1795. [*N. do T.*]

([83]) Agosto–setembro de 1795. [*N. do T.*]

([84]) Outubro–novembro de 1795 [*N. do T.*]

([85]) 4 de setembro de 1797 [*N. do T.*]

recorreu à deportação para a Guiana (a «guilhotina seca») e mais ainda, quando esta não era possível, à detenção nos pontões de Rochefort([86]) (1800 sacerdotes esperavam a deportação em janeiro de 1789), onde morriam às centenas.

Esta política, seguida de maneiras diferentes pelas autoridades locais, não consegue disfarçar um fracasso. Iniciado no ano III, o regresso dos padres emigrados acentuou-se no ano V. A Igreja começava a reconstituir-se, ora clandestina, ora tolerada. Criava estruturas, por impulso dos bispos emigrados e, mais ainda, dos seus grandes vigários ou emissários, como Linsolas, na diocese de Lyon. Esta Igreja reconstituída tinha o dinamismo da reconquista: impunha aos constitucionalistas arrependidos retratações e penitências. Manifestava a sua intransigência relativamente aos juramentos de submissão do ano III e do ano V, que alguns, mais sensíveis às novas realidades, como M. Émery, superior do seminário de Saint-Sulpice, tinham aceitado. Este clero de combate tinha ainda o apoio de uma viva reanimação da prática religiosa. Em Paris, os oratórios privados multiplicam-se às centenas; na província, em muitos casos com a cumplicidade benevolente das autoridades, os paroquianos recuperam os seus antigos padres e as velhas práticas da missa dominical, abandonam o calendário republicano e defendem os toques dos seus sinos.

Tudo isto só podia prejudicar a Igreja constitucional, apesar do esforço daqueles — Grégoire, Le Coz — que trabalharam para a sua reconstrução. A partir de 1796, um jornal, *Les Annales de la religion*, tornou-se o órgão desta corrente e o seu ponto de encontro. Pretendiam lutar contra as invasões dos refratários, defender os seus lugares de culto, reunir as suas tropas dizimadas pelas abdicações, manifestando junto dos reconciliados uma exigência que nada fazia invejar a dos seus adversários. Mas

([86]) Os pontões de Rochefort eram barcos desmantelados, em doca seca, que serviam de presídio [*N. do T.*]

tinham também de contar com a má vontade de um governo ainda fortemente anticlerical e que já não precisava destes incómodos companheiros de estrada. Foi com algumas reticências que, a 15 de agosto de 1797 (termidor do ano V), o governo autorizou a realização de um concílio nacional em Paris. Mas esta corrente exigente, fiel à fé e a uma Revolução que dela se afastava, não tinha qualquer hipótese de sucesso, numa altura em que muitos fiéis regressavam à missa dos refratários...

Os homens do Diretório, ao repudiarem o culto do Ser Supremo, não tinham todos renunciado ao projeto de uma religião cívica ou, pelo menos, de uma estrutura que permitisse reunir os Franceses em torno dos novos valores da Revolução, protegendo-os do regresso da superstição. No ano IV, bem como no ano VI, tentaram estruturar o ciclo das festas cívicas, tal como tentaram, também sem grande sucesso, reavivar o culto da semana de dez dias (decadário). Algumas iniciativas privadas reforçaram esta corrente: o livreiro Chemin, que, em janeiro de 1797, publicou um *Manuel des théoanthropophiles* [*Manual dos Teoantropófilos*], teve uma receção favorável do meio dos ideólogos, representantes da filosofia oficial, e de alguns políticos, particularmente do diretor La Révellière-Lépeaux. A «teofilantropia» (termo que foi depois adotado) era uma religião sem o ser, que promovia as virtudes morais, sociais e cívicas. Em janeiro de 1797, organizou as suas primeiras cerimónias, em que os hinos alternavam com as prédicas cívicas. A iniciativa teve algum sucesso em Paris e em alguns centros provinciais (Yonne), mas, no final do período, fracassou.

Devemo-nos ficar por este insucesso e concluir na esterilidade, e até nocividade, de uma experiência revolucionária que dividiu duradouramente a França? O restabelecimento da religião, durante o Consulado, faz parte daquilo a que Maurice Agulhon chama «restaurações bem aceites». Só que nada mais será como dantes. Revelador e impulsionador, o episódio revolucionário deu origem a uma paisagem religiosa contrastada, profundamente modificada e cujos traços ainda hoje são visíveis.

3. Festas e símbolos: a cidade ideal

No universo da Revolução Francesa, a festa tem um lugar privilegiado. É onde se exprime uma mentalidade nova, onde se proclamam os novos valores, onde se exerce uma pedagogia cívica: de certo modo, é o espelho em que a Revolução se mira para observar a imagem da cidade ideal. Durante muito tempo mal considerada por uma historiografia que nela via apenas excessos anárquicos ou, pelo contrário, frias cerimónias oficiais, a festa suscita atualmente o interesse dos historiadores que pretendem seguir as etapas da «transferência da sacralidade» (M. Ozouf) de que ela foi o quadro.

3.1. Evolução da festa revolucionária

Nos primeiros meses do período, a festa faz-se ainda nos quadros da tradição. É uma alegre entrada de um novo género que os Parisienses reservam a Luís XVI quando o recebem nos paços do concelho a 17 de julho de 1789. A religião continua igualmente presente na celebração dos mortos da Bastilha na catedral de Paris, bem como nas exéquias de Mirabeau. Mas, por contraste, eleva-se o júbilo selvagem depois das jornadas revolucionárias, farândola improvisada dos Provençais após a tomada dos fortes Saint-Jean e Saint-Nicolas, as «Bastilhas» marselhesas. A pouco e pouco, estabelece-se um ritual, cujo melhor exemplo é a celebração da Festa da Federação em Paris, no Campo de Marte, a 14 de julho de 1790. Festa num local fixo, no vasto terreno plano rodeado de bancadas, em torno do Altar da Pátria, onde a missa é celebrada e o juramento prestado: encontro de dois rituais, cívico e religioso, ainda ligados. Em 1791, o ritual estrutura-se, mas, ao mesmo tempo, quebra-se a unanimidade. Com algumas semanas de intervalo, na primavera, David organiza a cenografia do cortejo que celebra a reabilitação pelos patriotas avançados dos Suíços de Châteauvieux injustamente condenados, e as autoridades moderadas, por seu lado, celebram a memória do *maire* de Étampes, Simonneau, «mártir da lei», massacrado no mercado pelos taxadores.

Em 1793, dá-se uma viragem na história da festa. Podemos ilustrar esta viragem evocando a celebração, a 10 de agosto, do primeiro aniversário da queda da monarquia, que se associa à receção, pelas delegações dos departamentos, do novo ato constitucional, sob o signo da unidade e da indivisibilidade da República. Liturgia puramente cívica, e também pagã, já que se erigiu sobre as ruínas da Bastilha uma gigantesca estátua de estilo egípcio, representando a Natureza que pressiona os seios para deles fazer jorrar a água da regeneração, fonte onde se saciam os corpos constituídos. No inverno e na primavera do ano II, o movimento de descristianização suscitou grande número de festas que ilustram estes novos rituais. Mas o regresso de uma cultura popular carnavalesca — a do mundo às avessas —, que se exprime no auto-de-fé dos despojos da «superstição», bem como nas mascaradas em que os *sans-culottes* desfilam usando ornamentos sacerdotais, faz explodir os seus quadros. O cortejo burlesco do burro mitrado encontra-se na região parisiense, no centro da França, e propaga-se às províncias mais longínquas.

O desvairamento coletivo do período da descristianização durou pouco tempo: a instauração do culto do Ser Supremo é, simultaneamente, o seu auge e a sua negação. No discurso do 18 de floreal do ano II, Robespierre fez reconhecer não só a crença neste ser e na imortalidade da alma, como também propôs todo um ciclo de festas cívicas e morais. A expressão espetacular deste novo movimento ilustra-se na celebração, a 20 do pradial do ano II([87]), da festa do Ser Supremo em Paris e em toda a França.

([87]) 9 de junho de 1794. [*N. do T.*]

Viu-se na festa do 20 de pradial a apoteose de Robespierre, mas também o presságio da sua queda; todavia, se termidor coloca um ponto final no culto do Ser Supremo, não há rutura entre o ciclo das festas cívicas que fora proposto pelo «Incorruptível» e a organização, na época diretorial, de um sistema estruturado de festas, criado no ano IV e depois completado. Organiza-se todo um calendário, com diferentes rubricas. A Revolução formaliza a sua própria história, celebra-se o 14 de Julho, o 10 de Agosto, o 21 de Janeiro, bem como o 9 de Termidor e o 1.º de Vindemiário, nascimento da República. No ano VI, acrescentam-se o 30 de Ventoso, festa da Soberania do Povo, e o 18 de Frutidor. As festas de aniversário são também festas morais: a da Juventude, dos Esposos, da Velhice, do Reconhecimento e da Agricultura... Da primavera ao verão, todo um ciclo ritma assim a vida coletiva. Além destas grandes celebrações, existem as festas decadárias, que substituem os domingos, marcadas por leituras e hinos. Deve reconhecer-se que, com o correr do tempo, estas festas desenrolam-se de forma cada vez mais medíocre. No entanto, a ideia feita de uma festa diretorial abandonada, que reúne, quando muito, as autoridades, merece ser revista à luz dos estudos recentes. A festa conheceu períodos faustosos, interrompidos por recuos durante os períodos de reação violenta. O domínio jacobino do ano VI conferiu-lhe, momentaneamente, um certo rejuvenescimento. Mas é verdade que já agoniza, quando brumário acaba definitivamente com este ciclo.

Dentro deste quadro, a festa mudou. Em primeiro lugar, de espírito: Cabanis, que redige um *Ensaio Sobre as Festas Nacionais* em 1791, vê nela a expressão de uma espontaneidade coletiva, ao passo que La Révellière-Lépeaux, que retoma este exercício durante o Diretório, insiste numa manipulação precisa das massas, no quadro de uma pedagogia diretiva. Entre estes limites cronológicos, podemos seguir as etapas de uma invenção progressiva, desde as improvisações espontâneas até à organização dos rituais de celebração, passando pela explosão selvagem do ano II.

Neste sentido, a festa surge como parte integrante, ainda que particularmente rica, de um sistema mais amplo de símbolos pelos quais se exprime um novo imaginário, repleto de imagens e representações, gerado pela Revolução.

3.2. A simbólica revolucionária

Não há dúvida de que este sistema se elaborou a partir de improvisações e criações «a quente»: Camille Desmoulins, ao colher uma folha nos jardins do Palácio Real, «inventa» uma insígnia verde de esperança (que depois seria abandonada, já que fazia lembrar a libré do conde de Artois!)... Insere-se, entre o azul e o vermelho das cores de Paris, o branco, símbolo da realeza: nasce então a insígnia tricolor (17 de julho de 1789). Mas, no sincretismo demonstrado por esta nova simbólica, nota-se também a importância de vários legados. As sessenta bandeiras — verdadeiro discurso em imagens — que se fazem para os distritos parisienses, tal como surgirão na Festa da Federação, juntam a herança cristã dos estandartes processionais e a dos pavilhões do exército real, mas enriquecidos com toda uma série de referências, umas vindas do dicionário da iconologia clássica, outras inventadas (a Bastilha). Entre as fontes mais evidentes, evocou-se a simbólica maçónica, tal como se vê no triângulo, no esquadro, no nível, na balança e no compasso ou no olho da vigilância, que pode ser o do Ser Supremo. Mas, embora a influência seja indiscutível, pode-se falar também de convergência no quadro de um reportório do Iluminismo largamente banalizado. A referência antiga é omnipresente: corresponde a uma cultura, a uma ética e à sensibilidade de uma época que procura em Atenas ou em Roma os seus exemplos morais e cívicos. É à Antiguidade que se vai buscar a boina do liberto, que se tornou a boina da Liberdade, ou o molho de varas do lictor. Mas é também segundo o modelo antigo que se vestem ou se despem as alegorias geralmente femininas, que constituem uma espécie de panteão dos novos valores: Liberdade, Igualdade, Fraternidade, Natureza, União... A personagem de Hércules, encarnação da força popular, impor-se-á no ano II a esta coorte feminina, como um novo domínio um tanto protetor. À herança judaico-cristã devem-se as Tábuas da Lei, nas quais serão transcritas as declarações dos direitos, que se exibem e se transportam cerimoniosamente nos cortejos; o Altar da Pátria pode ser um legado tanto cristão como antigo.

A isto se acrescentarão elementos vindos da cultura popular folclorizada, cujo elemento mais representativo é a árvore da Liberdade, enquanto a água purificadora da regeneração ou o brilho do Sol remetem para um código simbólico de todos os tempos.

A partir deste primeiro olhar, percebe-se a multiplicidade das formas e dos suportes que esta nova linguagem pode adotar: instaura-se uma circulação de imagens e símbolos, que se presta a associações ou a reconversões significativas.

É o caso da insígnia tricolor, de cujas origens já falámos. A adoção do emblema tricolor impõe-se a partir de 1789, bem como nas bandeiras, em que a disposição definitiva das cores se instala progressivamente. A insígnia difunde-se até que o seu uso se torna obrigatório, para os homens em julho de 1792, para as mulheres em setembro de 1793, não sem conflitos nem reticências em alguns meios populares (as regateiras do mercado). Após termidor, luta-se pela insígnia, tricolor para os jacobinos, branca ou preta para os realistas. A boina da Liberdade, conhecida desde 1790, popularizada em 1791 (Festa dos Suíços de Châteauvieux), banaliza-se entre os *sans-culottes* em 1792. O seu uso não é obrigatório (Robespierre não a usa), mas é um sinal de adesão à Revolução. Torna-se um símbolo iconográfico. A boina insere-se também nesta revolução da indumentária popular, imitada durante algum tempo, que impõe as calças e o colete ou a carmanhola, para constituir nesta «civilização das aparências» uma verdadeira profissão de fé revolucionária. Termidor ser-lhe-á mais rapidamente fatal do que foi para a insígnia.

A árvore da Liberdade terá sido «inventada» em maio de 1790 por Norbert Pressac, cura de Saint-Gaudens em Poitou. De facto, o aparecimento notável deste novo símbolo ocorre nos departamentos da Dordonha, da Corrèze ou do Lot em 1790. Estes «maios» da Liberdade são ainda, na maioria dos casos, estacas ou árvores secas, que os camponeses plantam nos limites dos domínios senhoriais para afirmarem a reivindicação de uma supressão sem resgate dos direitos feudais. A árvore da Liberdade alastra-se em redor deste epicentro até ao verão de 1792 e, depois, a todo o país. Doravante, é o símbolo da unidade e da adesão coletiva à Revolução. Tornada obrigatória e regulamentada no ano II, a prática é evocada pelo abade Grégoire, que calcula em 60 000 o número de árvores plantadas. Os territórios recentemente anexados ou conquistados na margem esquerda do Reno plantaram as suas. Mas a árvore da Liberdade conhece também vicissitudes: após termidor, é com frequência cortada pelos contrarrevolucionários nas regiões hostis, e as autoridades têm de lutar para as replantar. A árvore da Liberdade está frequentemente associada ao Altar da Pátria, umas vezes monumental (em Paris, no Campo de Marte) e, outras, modesta, construção destinada a receber as celebrações coletivas.

Um último exemplo pode ilustrar este jogo de símbolos e imagens: a personificação dos novos valores do Estado e, depois, da República, na forma de alegorias femininas. A iconografia clássica já conhecera este género de transcrições, aplicadas às virtudes ou às partes do mundo. Através de uma mistura de adoções e de invenção de novos códigos, a gravura, a estatuária, bem como o quadro vivo dão um rosto e um corpo a estas entidades abstratas, completando-as com os seus atributos distintivos (animais ou objetos: a boina e a lança para a Liberdade, o nível para a Igualdade). Estabelece-se uma hierarquia num palmarés em que a Liberdade se sobrepõe sensivelmente à Igualdade e mais ainda à recente Fraternidade. A partir da aventura da deusa Razão, podemos questionar o que os contemporâneos viam nestas criações do imaginário: provavelmente não verdadeiras «deusas», mas emblemas carregados de sentido. Estes emblemas desaparecerão após a Revolução. Mas a recordação de «Marianne», figura da República, inventada em 1792 algures no Sudoeste, continuará silenciosamente o seu caminho para ressurgir após 1848 e triunfar na III República. Serão estes emblemas a forma de uma nova religião? Não, mas antes elementos de uma religiosidade, da transferência da sacralidade para os valores cívicos, que continua a ser uma característica distintiva da época.

4. Uma revolução cultural?

Será a Revolução Francesa uma «revolução cultural»? Despojada das suas conotações provocadoras que remetem para a história contemporânea das revoluções do século XX, a expressão contrasta com toda uma tradição antiga que apresentava o período não como uma rutura, mas como um vazio, um parêntesis estéril na história da criação literária e artística, pior ainda, um momento em que só se soube destruir, porque não se podia ou não se sabia criar. Não se trata aqui de proceder a uma «reabilitação», mas sim, à luz dos estudos recentes no domínio da história da literatura, das artes e da música, de revisitar um momento em muitos aspetos excecional.

4.1. Destruir ou construir

Não há dúvida de que Revolução destruiu; desde logo, a estrutura institucional do Antigo Regime no domínio da cultura:

suprimiu as academias, autênticos pesadelos para toda uma geração de intelectuais e criadores marginalizados pelo sistema (Marat) ou que, por vezes, tinham conseguido ocupar nela um lugar (David). Alterou profundamente o mercado da arte e da cultura, em que a corte, a aristocracia e a Igreja dispunham de grandes patrocínios; as próprias fileiras da criação encontram-se diretamente afetadas. Uma geração de homens de letras ou artistas ligados ao antigo mundo emigra ou remete-se ao silêncio. Algumas formas de expressão, como a ópera, o teatro clássico ou os salões, durante algum tempo interrompidas, são postas em causa. Em seguida, a Revolução destruiu mesmo em termos materiais. O requisitório tradicional associa a sua imagem à do vandalismo: ataque aos monumentos religiosos ou monárquicos e, por isso, a todo um património, saqueado ou deliberadamente arrasado, e não apenas durante o período paroxístico do ano II.

Limitarmo-nos a este balanço negativo é ver apenas um aspeto da questão. A Revolução representa uma enorme golfada de ar, uma solicitação gigantesca. Substituiu o círculo fechado das elites cultas das Luzes pela exigência pedagógica de se dirigir a um público popular, alargando espetacularmente o círculo dos que, de uma forma ou de outra, têm acesso à cultura. Por isso, constituiu uma oportunidade para que uma multidão de criadores tivesse acesso à palavra: testemunha disso é a explosão da escrita, bem como das criações gráficas (a estampa). Dir-se-á que a quantidade não importa. Mas neste fluxo de obras novas que afeta as próprias condições da produção (a edição, a impressão), impõem-se novas formas de expressão, as mesmas que a tradição anterior desprezara. A arte oratória, a imprensa, a imagem e a canção, uma música diferente, tudo inovações cujo impacto se estende muito para lá da década revolucionária e que marcarão profundamente o século XIX. Ao repudiarem o passado, os homens da Revolução estão conscientes de que trabalham para o futuro. Ainda que tenham destruído, tinham também o cuidado de se apropriarem, em nome da coletividade, de um património artístico até então reservado aos grandes, e a criação de museus é o reverso positivo do vandalismo revolucionário.

Uma profusão de escritos: este é o primeiro traço que merece ser destacado. Desde os episódios da pré-revolução que se opera uma liberalização da palavra no contexto da campanha para os Estados Gerais. O traço acentua-se quando a Declaração dos Direitos ratifica, com a afirmação da liberdade de expressão, o fim do regime, já ineficaz, da censura real. A literatura política e polémica será a sua primeira beneficiária, mas o movimento é geral.

Neste contexto, a atividade editorial prospera, as prensas multiplicam-se; o equipamento, em muitos casos rústico e elementar, está ao alcance de todos. O escrito diversifica-se, desde a simples folha volante ao panfleto ou à folha periódica. Nascem então empreendimentos importantes, outros se afirmam (Didot), entre muitas iniciativas efémeras, já que a impressão é uma atividade que pode ser rentável, mas não sem riscos.

4.2. A atividade literária

A atividade propriamente literária inscreve-se neste contexto geral de politização, pois é neste quadro que se pode apreciar o grande desenvolvimento da eloquência parlamentar: a de um Mirabeau, através dos grandes discursos feitos no momento, a eloquência oral e escrita de Barnave, ou dos relatórios cuidados e ponderados de Robespierre e Saint-Just. Alguns oradores ganharam uma reputação merecida na tribuna, como Vergniaud no partido girondino.

Nos registos clássicos, a poesia acompanha em uníssono as circunstâncias. A veia anacreôntica da poesia ligeira não desaparece, mas é momentaneamente suplantada pela procura coletiva, que exige peças cívicas, hinos destinados a acompanhar as celebrações coletivas. Algumas plumas já exercitadas colocam-se ao serviço da Revolução: Lebrun — conhecido por Lebrun-Píndaro, talvez um tanto abusivamente —, Dorat-Cubières, o autor da *Viagem à Bastilha*, celebra também o heroísmo dos marinheiros do *Vengeur*([88]). Os dois irmãos Chénier, André, que denuncia os excessos da Revolução nos *Iambes* e que será guilhotinado, e Marie-Joseph, que a celebra constantemente, são dos poucos cuja memória resistiu à prova do tempo, sem dúvida injustamente.

O teatro conheceu um período faustoso. Os velhos monopólios são desfeitos: a Comédie-Française, em 1793, passa a ser o Teatro da Igualdade, aberto a todos, sem hierarquia de lugares. Os teatros proliferam, no Palácio Real e noutros lados, bem como na província: em Ruão, Marselha e Bordéus, multiplicam-se os grupos de teatro. Os atores libertam-se (tal como os Judeus!) do ostracismo de que eram vítimas, e são vários os que se envolvem no movimento revolucionário, como Talma ou a atriz patriota Louise Fusil. O reportório clássico, durante algum tempo visto com suspeição, e novas peças adaptam-se às circunstâncias. Nos primeiros tempos da Revolução, a peça *Carlos IX*, de Marie-Joseph Chénier, que denunciava os crimes da realeza e da religião, obteve um sucesso triunfal. A partir de 1792, os temas antigos têm heróis republicanos como personagens, mas a atualidade é também representada, desde o cerco de Thionville à reconquista de Toulon. A peça *Le Jugement dernier des rois* [*O Juízo Final dos Reis*], de Sylvain Maréchal, é representada em Paris, na província e junto das tropas. Com a moda do *vaudeville*, todo um reportório se conserva fora das preocupações da época, que cultiva a pastoral, a cena popular e a comédia ligeira.

([88]) Navio francês perdido na batalha naval de 1 de junho de 1794, entre a esquadra de Louis Thomas Villaret de Joyeuse e a do almirante inglês Howe. [*N. do T.*]

A novela e o romance — moda da segunda metade do século XVIII — prosseguem as suas conquistas. Encontramos aqui a efusão rousseauniana sob a pluma de Bernardin de Saint-Pierre, cuja obra *Paul et Virginie*, idílio sentimental num cenário exótico, conquista o público. É neste domínio, sobretudo, que a evasão conserva a sua importância, a menos que não se veja na veia crescente do romance negro, vindo de Inglaterra, com os seus castelos, os seus fantasmas e as suas intrigas melodramáticas, um reflexo distanciado de uma atualidade fantasiada. Inaugura uma via que teria grande sucesso no século XIX, nesta pequena ou grande burguesia que se familiariza com a cultura escrita. Os grupos populares aderem a uma prática «comprometida» da leitura a partir dos almanaques republicanos e da literatura de pedagogia patriótica; mas continuam também abertos à evasão segundo o modo antigo, tal como a encontram nos livrinhos azuis da literatura dos vendedores ambulantes [*littérature de colportage*], fiéis aos temas seculares da cultura popular, embora o calendário republicano e a evocação da atualidade confiram aos antigos almanaques um aspeto mais ao gosto da época.

4.3. As artes gráficas

A Revolução apanhou as artes gráficas em plena renovação. Na pintura, enquanto Fragonard e Greuze terminam as suas carreiras, simbolizando assim o fim de uma sensibilidade, a hora é do neoclassicismo, da escola de Vien e dos seus discípulos. David, que se impôs em 1784 com o quadro *O Juramento dos Horácios*, ilustra os cânones da nova arte: primazia do desenho sobre a pintura, recurso ao tema antigo como meio de exprimir as novas aspirações e os novos valores de um mundo em busca de exemplos de heroísmo e virtude.

A grande arte, a dos concursos e dos Salões, fez então a sua «pré-revolução». É segundo a expressão clássica «em hábitos romanos» (Marx) que se exprimirá toda uma corrente da pintura revolucionária, sob a direção de David. Este pinta *Os Lictores Levando a Brutus os Corpos de Seus Filhos*, ou, no fim do período, *O Rapto das Sabinas*, ilustrações à antiga do tema da inflexível justiça ou da reconciliação nacional, enquanto Topino-Lebrun, através do suicídio de *Caio Graco*, evoca a morte de Babeuf. A alegoria revolucionária despe-se também à antiga: Regnault, o rival de David, na sua composição *A Liberdade ou a Morte*, apresenta a imagem nua de um novo homem revolucionário, entre a liberdade e o esqueleto da morte.

Não há dúvida de que a Revolução solicitou mais diretamente os pintores: é com uma tela sobre a tomada das Tulherias no 10 de agosto que Berthaut será distinguido no Salão de 1793, e as vitórias do exército de Itália a partir de 1796 dão início a toda uma corrente de pintura de batalhas, que culminará no Império. Mas a par destes temas que representam o teatro da Revolução, as estatísticas dos «Salões» da época revelam-nos a posição modesta das grandes composições neoclássicas (entre 5% a 9%) relativamente ao retrato, que evolui (25% a 30%), e à paisagem ou à cena de género. E descobre-se o lugar que os retratos ocupam na produção davidiana durante a Revolução, em continuidade com a grande tradição francesa: a geração dos discípulos de David — Prudhon, Gérard ou Isabey — divide-se entre a alegoria e o retrato. Por último, a paisagem ou a cena de género ocupam uma posição inesperada nesta produção (25%): muitos mestres menores pintam, na esteira de Hubert Robert, vistas de Paris e, por vezes, cenas da Revolução (Debucourt, Demachy, Boilly).

Se a escola francesa de pintura conserva assim a sua hegemonia europeia, dá-se uma autêntica revolução ao nível da estampa. No século XVIII, os gravadores franceses tinham uma sólida tradição, mas a Revolução determina uma procura coletiva e abre um mercado importante. A estampa torna-se uma arma de combate e um instrumento pedagógico, sob várias formas.

A alegoria ilustra as figuras da Liberdade, da Igualdade e da República; a caricatura denuncia, deforma e tortura o corpo grotesco do adversário, aristocrata ou religioso refratário. A estampa acompanha as etapas da degradação da imagem real, desde a devoção respeitosa dos inícios até à última etapa em que o rei se transforma num porco. Caricaturas pró e contrarrevolucionárias rivalizam nos primeiros anos do período, por vezes a partir das pranchas oferecidas pelos jornais (*Actes des apôtres*, *Révolutions de France et de Brabant*). A estampa não se limita à dupla linguagem da alegoria e da caricatura: segue e ilustra o acontecimento, como as admiráveis pranchas gravadas dos *Tableaux historiques de la Révolution française*, de Prieur, Duplessis-Bertheaux e Swebach-Deffontaines, às quais fazem eco as ilustrações gravadas das *Révolutions de Paris*.

A revolução da imagem inscreve-se em todo um contexto em que outros suportes mais habituais são mobilizados: em Nevers e no centro de França, pratos e travessas de faiança ilustram os temas da nova simbólica revolucionária.

Neste âmbito, a posição da arquitetura pode parecer paradoxal: nas vésperas da Revolução, a França possui uma grande tradição e arquitetos de talento. Soufflot, falecido em 1780, deixou quase concluída a nova igreja de Sainte-Geneviève, que se vai tornar no Panteão, mas Nicolas Ledoux (1736–1806), Étienne--Louis Boullée (1728–1799) e Charles de Wailly (1739–1798) já tinham executado várias obras e projetos no estilo monumental e despojado da época usado nos monumentos públicos de grandes dimensões, que, nas suas formas maciças, transmitem uma mensagem simbólica. Neste domínio, tal como na pintura, pode dizer-se que, em certos casos, a expressão revolucionária precedeu a Revolução, à luz dos esboços de cenotáfios, templos e monumentos públicos, pelos quais os arquitetos visionários (Ledoux, Boullée, Lequeu) tentaram exprimir os seus sonhos de uma cidade ideal. Mas numa década em que a urgência domina, pouco se construiu em pedra e as reestruturações do espaço parisiense não saíram do papel. No fundo, deve reconhecer-se também que a Revolução criou, sobretudo no efémero, arquiteturas, estátuas, decorações de um dia para as grandes cerimónias cívicas, cujo grande cenógrafo e criador, de 1791 ao ano VI, foi David. Embora nos restem apenas as imagens e, por vezes, os projetos destas manifestações, não devemos esquecer este aspeto da criação que muito contribuiu para o nascimento de um novo imaginário.

4.4. *A música revolucionária*

Não há dúvida de que se pode dizer que esta «arte de abstração» é pouco adequada para repercutir imediatamente em profundidade o impacto de um abalo coletivo como a Revolução. Mas os grandes representantes da escola francesa, Méhul, Cherubini, Gossec, Lesueur, fizeram mais do que se adaptar às circunstâncias: experimentaram uma nova linguagem, que se desenvolverá depois de 1830 na música romântica. Berlioz é o digno herdeiro destes compositores.

À primeira vista, a expressão musical parece seguir os traços da tradição: música litúrgica; música de ópera, que, como vimos, conhece um sucesso assinalável, associando em torno dos temas cívicos ou da reconstituição de acontecimentos revolucionários, como a *Oferenda à Pátria*, o canto, a dança e o texto. Se os concertos privados nos salões aristocráticos ou burgueses conheceram um eclipse nos primeiros anos do período, o quadro da vida mundana do Diretório fá-los reaparecer: as *romanças* e peças para harpa de Boieldieu respondem à nova sensibilidade do momento.

Mas uma nova solicitação, mais intensa, é imposta pela necessidade de se responder à procura coletiva das festas e dos cerimoniais de interior ou ar livre. Isto leva os compositores a recorrerem intensamente aos metais, bem como a dirigir massas corais consideráveis: quatro coros para o *Hino à Natureza*, de Gossec (1793), tal como para o canto do 1.º de vindemiário, de Lesueur, no ano VIII (1799). O processo leva a uma «conceção estereofónica da escrita musical» (M. Biget), na qual se respondem coros e conjuntos instrumentais de sopro.

Por seu lado, a criação popular desenvolve-se. Muito se cantou durante a Revolução Francesa. Contam-se às centenas os Parisienses e as gentes da província que deram o seu contributo, pelo menos com estrofes, geralmente interpretadas em timbres ou árias conhecidas, fornecidas pela tradição, pela ópera... ou pela produção hínica oficial ou espontânea. O *Ça ira*, bem como *La Marseillaise* ou *Le Chant du Départ* foram assim o suporte de múltiplas variações, pró ou contrarrevolucionárias. É em 1793 e 1794 que a curva ascendente das criações populares atinge o ponto culminante, desmentindo a ideia feita de uma população reduzida ao silêncio e como que aterrorizada. O apogeu de um esforço pedagógico concretiza-se então com o nascimento de um Instituto Nacional de Música, que se tornará depois o Conservatório.

4.5. A alfabetização e a língua

Fazer um balanço global destes diferentes aspetos culturais leva-nos de volta à questão inicial, agora melhor formalizada: será que se pode falar de revolução cultural? Até que ponto foi a fronteira tradicional entre massas e elites posta em causa, não só pelo esforço pedagógico vindo de cima, mas também pelos próprios contributos da espontaneidade popular?

Seja como for, não se pode falar do episódio revolucionário como regressão a nível da alfabetização popular. Trata-se de outro lugar comum que se deve destruir. As sondagens levadas a cabo em 1789 e em 1815 sobre a capacidade de assinar o ato de casamento demonstram que, neste quarto de século, o nível elementar de instrução aumentou progressivamente, facto confirmado por alguns estudos monográficos. Apesar da desorganização do sistema escolar, devemos ver aí a consequência da aprendizagem pela experiência, que se faz a partir dos clubes, da leitura individual da imprensa, das folhas volantes ou dos almanaques?

Algumas barreiras caíram. Discute-se acerca da barreira da língua. Numa França em que as línguas nacionais — os «*patois*», como então se dizia, sem se precisar de perífrases — têm ainda uma importância essencial no Sul, na Bretanha, na Alsácia e noutros lados, a política das autoridades oscila entre o realismo — traduzir os textos e os discursos — e um ideal de unificação linguística politicamente motivado: a Contrarrevolução fala alsaciano ou baixo-bretão, dirá Barère. O estudo realizado por Grégoire à escala nacional sobre línguas e dialetos mostra um campo considerável de respostas de diversos correspondentes, mas testemunha também aquele ideal que se considerava centralizador. Não será anacrónico criticar a Revolução Francesa por ter atacado assim as «identidades» que hoje se redescobrem? A revolução linguística, diz-nos Renée Balibar, não consiste na expansão do francês falado, porém bem real (1/4 dos Franceses em 1789, 3/4 em 1800), mas na criação da «língua civil», língua republicana, dizemos nós, universal na nação, que aparece como condição para a comunicação entre todos os cidadãos.

No entanto, não se deve exagerar a dimensão desta unificação cultural num mundo em que as clivagens sociais ou regionais continuam a ser enormes. Mas não deixa de ser verdade que a Revolução, por todas as solicitações que representa, pelas ruturas que introduz, é um momento essencial para a instalação de um novo imaginário. «Somos todos de antes», escreve um jornalista durante o Diretório, exprimindo assim que, para todos, a cesura revolucionária definia, para sempre, um antes e um depois. Esta rutura encontra-se igualmente nos ritmos da vida quotidiana e nas representações coletivas mais íntimas.

5. Regresso às mentalidades: a Revolução no quotidiano

Para muitos Franceses que passaram pela Revolução, terá a vida mudado profundamente — além das solicitações do quotidiano — nas questões da subsistência, das requisições, da suspeição, durante algum tempo, da desorganização dos ritmos e dos ritos devido à crise religiosa, dos medos ou, pelo contrário, as notícias eram acontecimentos longínquos, em Paris ou nas fronteiras? A década revolucionária não terá sido apenas, sobretudo, uma recordação desagradável, um parêntesis dentro do qual se organiza aquilo que o historiador britânico Richard Cobb designou por «vida à margem»?

5.1. Os pobres e os ricos

Para todos, ou quase todos, a Revolução inscreve-se no quotidiano, em vários graus segundo os lugares e as classes. Em toda a parte, nos grupos populares, poucos puderam escapar à pressão do problema da falta de alimentos. O período inicia-se na crise do ano de 1789; após uma melhoria de 1790 a 1791, a preocupação de suprir as necessidades, agravada pela inflação e por novas causas (a falta de açúcar e café ligada aos problemas coloniais), readquire em 1792 e 1793 uma importância vital. E os anos finais, nos quais se opõe a opulência insolente de uns à miséria de outros, não fazem antever um regresso partilhado a condições de vida normais.

No entanto, a vida continua. Os guaches dos irmãos Lesueur, cronistas da vida quotidiana, ilustram a sopa dos pobres nas esquinas das ruas no ano III (1795), que «não chegava para todos», mas também a família dos *sans-culottes*, nos seus momentos de distração: a partida para a taberna às portas de Paris. Pintores de género e aguarelistas ilustram as atividades da rua, as suas solicitações, novas e velhas, o encontro no cabaré, no Ramponneau na zona da Courtille. Destes dez anos, não se pode ficar apenas com a imagem cinzenta, e até trágica, de um período de necessidades e de medo generalizado.

Há aqueles que se desembaraçam bem. Nos primeiros anos da Revolução, gravadores e pintores de género frequentam os locais onde a vida parisiense atinge o seu auge, e que as descrições de Restif de la Bretonne ou de Sébastien Mercier comentam, associando uma visão moralizadora a um voyeurismo por vezes complacente. No Palácio Real, nos Campos Elísios e nos *boulevards* passeia-se uma multidão elegante. É uma população mista: nos cafés, no teatro, prostitutas e mulheres mundanas misturam-se com as pessoas normais. As novas modas femininas «à patriota», «à nação», difundidas por uma imprensa especializada, entram no gosto quotidiano. O ano II faz desaparecer provisoriamente estas evocações; durante algum tempo é de bom tom andar vestido à *sans-culotte* ou, pelo menos, mostrar sobriedade. A «festa diretorial», ou aquilo que é descrito com este título, exprime a reação, tanto no vestuário como nas atitudes, de uma classe abastada, geralmente enriquecida, que se libertou do medo, e mais particularmente de uma classe etária que alimenta as tropas realistas da juventude dourada e se exibe com atavios de janotas e de peraltas. Marca-se a diferença com tiques de linguagem (a elisão dos «s»), com poses de elegância vistosa: as calças justas e a gola alta dos homens, as cabeleiras e os vestidos das mulheres, colados ao corpo e audaciosamente decotados. A libertação do vestuário feminino da crinolina e do espartilho mostra que, pelo menos neste plano, se operou realmente uma revolução... A festa diretorial, feira de vaidades, num meio de novos-ricos e de dinheiro fácil, numa Paris em que a prostituição e a loucura do jogo se difundem, é testemunha de uma sensibilidade do momento, mesmo numa classe política que deixou de acreditar nos seus valores — não se denunciam as orgias do «sátrapa» Barras? — e que parece entregar-se ao gozo imediato.

Por detrás desta máscara efémera, podemos tentar perceber aquilo que mudou profundamente nas mentalidades coletivas, para lá das elites restritas.

5.2. *A família, a mulher, a criança*

Ter-se-á a família modificado nas suas estruturas afetivas? O estudo demográfico revelou alguns indícios nesse sentido. Um discurso hostil desde então pretendeu ver no episódio a grande viragem na dissolução dos costumes, a desestruturação das hierarquias e das solidariedades. No entanto, poucas épocas investiram tanto no sentimento de família. «Já não há Bastilhas, há apenas uma família.» O discurso rousseauniano que impregna todo o período adquire uma nova afetividade. Amar durante a Revolução? Os principais atores, através das suas diferentes biografias, fornecem exemplos. A fome de viver e uma sede de prazeres, que não exclui a generosidade, encontram-se num Mirabeau, herdeiro da libertinagem aristocrática, ou na versão plebeia num Danton. Mas os casais exemplares não são raros: Camille e Lucile Desmoulins, o casal Roland (e Buzot, para completar um trio digno de *A Nova Heloísa*), Marat e Simone Évrard... Noutros, como Robespierre, o investimento total ao serviço da Revolução, no amor pela humanidade, é mais forte do que as relações amorosas. A Revolução estabelece um ideal de afeição e de virtude doméstica, que ela afirma em contraponto das torpezas, verdadeiras ou inventadas, que conta sobre o Antigo Regime: a imagem fantástica que se forja de Maria Antonieta — «Messalina moderna», «loba austríaca» — é disso exemplo.

Este modelo encontra-se nas classes populares: testemunha disso é o autorretrato que o *sans-culotte* parisiense faz de si mesmo, trabalhando para a subsistência da mulher e dos filhos. Excede a moldura estritamente familiar para se afirmar em termos de solidariedade relativamente aos mais necessitados e de aspiração a esse novo valor, cujo desenvolvimento já seguimos: a fraternidade. A festa, tal como foi evocada, coloca uma ênfase especial numa imagem ideal da família através da simbólica das épocas. A cada um o seu papel, que o ciclo diretorial irá pormenorizar: os esposos, o homem sob os traços de um produtor, mas mais ainda, devido às circunstâncias, do guerreiro, a mulher como mãe, pois a época investe na juventude, que é, muito antes da célebre expressão, o «seu mais precioso bem», enquanto se reserva um lugar para o idoso, seguindo o tipo espartano, detentor da sabedoria. Será este ideal proposto, como se disse, mistificador, ao ocultar a realidade das relações sociais na harmonia de uma cidade ideal sonhada? As realidades são mais matizadas, associando às formas de emancipação ou de produção real a inércia de heranças duradouras.

O mesmo se passa com a condição feminina. Na Revolução vivida dia a dia, a intervenção das mulheres está longe de ser negligenciável. Encontramo-las na iniciativa da Marcha sobre Versalhes a 5 de outubro de 1789; no ano III, participam nas Jornadas de Germinal e de Pradial, bem como nas agitações populares de 1792 e 1793, por causa da falta de comida. As mulheres não se mobilizam apenas por motivos económicos: tinham lugar nas Sociedades Fraternas, frequentavam e, por vezes, participavam nas atividades dos clubes. Claire Lacombe, fundadora, em 1793, da Sociedade das Republicanas Revolucionárias, ilustra este envolvimento militante. Outras exprimiram nos seus escritos, nos termos da Declaração dos Direitos da Mulher, esta reivindicação a uma igualdade política com os homens: foi o caso de Olympe de Gouges (ver texto em caixa: «Declaração dos Direitos da Mulher...») ou de Etta Palm d'Aelders. Algumas vozes masculinas de grande autoridade associaram-se a esta campanha, nomeadamente a de Condorcet. Forçoso será dizer que não eram maioritárias. Em todos os campos se fez ouvir um discurso antifeminista, com uma agressividade especial por parte dos contrarrevolucionários, que criaram a imagem das *tricoteuses*([89]), ávidas do espetáculo do

([89]) A «tricoteuse» era a mulher que, nesta época, assistia aos julgamentos e às execuções enquanto ia tricotando. [*N. do T.*]

cadafalso, como amazonas históricas, cujo exemplo é fornecido pela figura de Théroigne de Méricourt, militante das jornadas revolucionárias. A ala avançada do movimento revolucionário não escapa a esta atitude; ao denunciarem a intervenção das mulheres na política, alguns *cordeliers*, como Chabot, Bazire e Chaumette, desenvolvem uma argumentação de grande misoginia.

🕮 Declaração dos Direitos da Mulher e da Cidadã Olympe de Gouges, setembro de 1791

Preâmbulo

«As mães, as filhas, as irmãs, representantes da nação, exigem ser constituídas em assembleia nacional. Considerando que a ignorância, o esquecimento ou o desprezo dos direitos da mulher são as únicas causas dos males públicos e da corrupção dos governos, resolveram expor numa declaração solene os direitos naturais, inalienáveis e sagrados da mulher, para que esta declaração, constantemente presente em todos os membros do corpo social, lhes lembre incessantemente os seus direitos e deveres, para que os atos do poder das mulheres e os do poder dos homens possam ser sempre comparados com a finalidade de qualquer instituição política, aí sendo mais respeitados, para que as reclamações das cidadãs, doravante assentes em princípios simples e incontestáveis, sirvam sempre para a manutenção da Constituição, dos bons costumes e da felicidade de todos.

«Por isso, o sexo superior tanto em beleza como em coragem, nos sofrimentos maternos, reconhece e declara, em presença e sob os auspícios do Ser Supremo, os seguintes Direitos da Mulher e da Cidadã. [...]

Art.º II. — A finalidade de qualquer instituição política é a conservação dos direitos naturais e imprescritíveis da Mulher e do

Homem: esses direitos são a liberdade, a propriedade, a segurança e, sobretudo, a resistência à opressão. [...]

«Art.º IV. — A liberdade e a justiça consistem em devolver tudo o que pertence ao outro; deste modo, o exercício dos direitos naturais da mulher só tem como limites a tirania perpétua que o homem lhe opõe; esses limites devem ser reformados pelas leis da natureza e da razão.»

(*Fonte:* citado por Rebérioux, Madeleine, Baecque, Antoine de, Godineau, Dominique, *Ils ont pensé les Droits de l'homme*, Paris, LDH, 1989, pp. 125–126.)

Será que as mulheres nada ganharam com a Revolução? Ganharam, pelo menos, os direitos civis, um estatuto reavaliado na família; mas, apesar do seu envolvimento, os direitos cívicos foram-lhes recusados.

Ao mesmo título que a imagem da mulher, o estatuto da criança ilustra, no lugar que lhe é dado, o modo como a Revolução a vê. Fiéis ao espírito de Rousseau, os revolucionários protegem a criança nos seus primeiros anos de idade. Interessam-se pelo destino das crianças abandonadas e órfãs; reabilitam a criança natural, e a educação é uma das suas maiores preocupações. O envolvimento das crianças na Revolução é visível desde os primeiros anos; em 1791 e 1792, formam-se pequenos batalhões juvenis ao lado das guardas nacionais. A entrada em guerra solicita a sua participação. Uma estrofe de *A Marselhesa* faz-lhes dizer: «Entraremos na liça quando os nossos pais já lá não estiverem»([90]). O ano II distingue os heróis crianças: o pequeno Bara, que servia no exército da República na Vendeia, massacrado

([90]) No original, «nous entrerons dans la carrière quand nos aînés n'y seront plus». [*N. do T.*]

pelos insurretos, e Agricol Viala, vítima dos federalistas na Provença. Tal como no caso das mulheres, esta promoção termina num regresso à ordem quando, na festa diretorial, a criança heroica dá lugar às crianças das escolas, que desfilam com os seus professores.

5.3. A Revolução e a morte

Ao transformar todos os aspetos da vida, a Revolução não podia deixar de encarar a morte. Confronta-se com ela desde os primeiros episódios da violência popular no verão de 1789; volta a encontrá-la, sob outra forma, no auge do Terror, com a divisa republicana «a liberdade ou a morte», que por vezes se prolonga em «[...] ou nós a daremos». Daqui até chegar a admitir a imagem da Revolução-massacre vai uma certa distância. Porque a morte não está no centro do projeto revolucionário, no pensamento dos atores fiéis ao ideal do Iluminismo, quando se trata de exorcizar a última passagem libertando-a dos terrores que a rodeiam, denunciando toda a crueldade inútil, cuja imagem exemplar são os suplícios do Antigo Regime, apesar da abolição da tortura. Não nos devemos iludir sobre a intenção do deputado Guillotin, médico filantropo, quando propõe o uso da máquina a que deixou o nome: trata-se de evitar, quando é preciso recorrer à pena capital, o sofrimento gratuito. A questão da pena de morte foi debatida e não é um paradoxo lembrar que o constituinte Robespierre exigiu a sua abolição.

Despojar a morte dos receios do Além e do castigo eterno, tal é, ainda antes do movimento de descristianização, a filosofia dos homens da Revolução.

O que é o Além dos revolucionários? Para alguns, herdeiros dos materialistas do Iluminismo, não existe: «De nós, restarão apenas as moléculas divididas que nos formavam e a memória da nossa existência passada.» (Lequinio.) A esta ideia, como vimos, Robespierre opõe a crença na imortalidade da alma, ilusão talvez, admite ele, mas que lhe é cara, pois só ela pode caucionar na Terra o reino da virtude. Apesar desta diferença, que não é pequena, quase todos se encontram numa posição comum: a exaltação das virtudes familiares e, sobretudo, cívicas que perpetua a recordação do justo na memória dos concidadãos. É esta ideia que, desde o início, inspira as grandes liturgias fúnebres em honra dos mortos da Bastilha, tal como nas exéquias de Mirabeau ou na transladação das cinzas de Voltaire para o Panteão, local destinado a tornar-se o templo da memória e da homenagem da pátria a esses grandes homens. A heroificação está no âmago da nova sensibilidade coletiva; o culto dos mártires da liberdade é a sua expressão mais característica. Mas não está reservada a alguns poucos eleitos: celebra-se o sacrifício coletivo dos mártires do *Vingador do Povo* e dos soldados mortos pela pátria. O bom cidadão tem direito ao seu quinhão de homenagens: Chaumette, procurador síndico da Comuna de Paris e fervoroso anticristão, organiza um cerimonial cívico para conduzir os mortos à sua última morada.

Quando diminui a exaltação do ano II, surge a sensibilidade, durante o Diretório, à destruição de qualquer ritual, a uma morte anónima e sem frases, ao abandono dos cemitérios urbanos, denunciado por alguns. Em 1800, o ministro do Interior, Lucien Bonaparte, lança um concurso sobre o tema: «Que cerimónias se devem realizar para os funerais e que regras adotar para as sepulturas?» As cerca de quarenta respostas recebidas, muitas delas convergentes, concordam, no espírito iluminista, em excluir da cidade o lugar dos mortos por razões higiénicas, mas também para fazer do cemitério, concebido como um jardim plantado de monumentos, o lugar da memória coletiva e familiar. Esta visão cívica não satisfaz nem aqueles que, na época, operam o regresso à religião cristã, nem os autores (Senancour, Chênedollé) e os poetas (Fontanes), que exprimem um novo sentimento de angústia no final da época revolucionária. Argumento central no *Génio do Cristianismo*, que exprime este clima do início do Consulado, Chateaubriand convida a ir «ver o cristão moribundo». É claro que reflete apenas uma corrente, mas significativa, do ciclo da morte durante a Revolução Francesa.

Em todos os aspetos, dos mais superficiais — as maneiras de vestir — aos mais secretos — as atitudes face à vida, ao amor ou à morte —, a década revolucionária assume a sua importância, a de uma viragem essencial na formação dos Franceses e, talvez, do homem moderno.

CAPÍTULO 6

A Revolução na história da França: balanço da situação

Resumo

Introdução: a Revolução terminou?

1. **A Revolução nos debates**
2. **Trabalho por fazer**
   - 2.1. **História política**
   - 2.2. **História social**
   - 2.3. **Mentalidades ou representações**
   - 2.4. **Internacionalização das perspetivas**
3. **A Revolução Francesa hoje: a memória e a herança**
   - 3.1. **A memória perdida da Revolução**
   - 3.2. **A herança da Revolução**

Introdução: a Revolução terminou?

O próprio relato da Revolução tem uma história. O acontecimento fundador de 1789 suscita desde o início interpretações contraditórias em termos de adesão ou de rejeição, raramente de indiferença. Permanece uma referência fundamental na nossa história, mas «o mundo mudou e vai mudar outra vez» (Robespierre). Desde a primeira edição desta obra, há vinte anos, que pudemos registar o impacto no modo de conceber e de escrever a história da Revolução dos acontecimentos que afetaram as nossas sociedades em maior ou menor escala.

No virar dos anos 90 do século XX, a «implosão» dos regimes que reivindicavam o socialismo a partir da Revolução de 1917 e dos seus émulos causou um estrago atualmente sem alternativa credível para a ideia de mudar a ordem do mundo através de uma subversão revolucionária. A Revolução Francesa, que fora considerada ora como ponto de origem da evolução democrática, ora como referência de uma revolução «burguesa» a ultrapassar, parece estar inscrita na história, despojada da sua capacidade de alimentar o sonho ou a ilusão de mudar o mundo.

Numa perspetiva mais restrita, o decénio de 1980 suscitou uma forte mobilização tanto dos historiadores como das opiniões públicas em França e no mundo em torno da comemoração do bicentenário da Revolução Francesa: a produção editorial e os encontros científicos acompanharam e refletiram um relançamento da pesquisa, mas também intensos debates ideológicos.

1. A Revolução nos debates

Estes debates não eram uma novidade. Nasceram com a própria Revolução, pondo em confronto pró-revolucionários e contrarrevolucionários; encontrámo-los neste manual e não nos vamos aventurar no seu seguimento bissecular.

Será suficiente fixar as posições tais como se desenhavam nos anos 60 do século XX, no pós-guerra. Falou-se da hegemonia de uma escola «clássica», por vezes apelidada de jacobina, ou simplesmente republicana. Houve um esforço para recuar ao fim do séxulo XIX, quando Alphonse Aulard, na sua *Histoire politique de la Révolution*, estabelece as bases de uma abordagem ao mesmo tempo científica, erudita e empenhada. Jean Jaurès, na sua *Histoire socialiste de la Révolution Française,* assumiu a ambição de escrever «sob a tripla luz de Michelet, Marx e Plutarco», abrindo caminho para uma história social da Revolução. A sua marca encontra-se nos mestres que dominaram a escola francesa até aos anos 70 do século XX, de Albert Mathiez a Georges Lefebvre e Albert Soboul. Mais jacobinos do que marxistas para muitos, privilegiavam uma explicação social do abalo revolucionário concebido como o derrubar do Antigo Regime, acontecimento necessário. «Revolução burguesa com apoio popular», segundo a expressão de Soboul, destruiu não apenas a estrutura da monarquia absolutista, mas também o domínio da aristocracia nobiliária e da sociedade de ordens, abrindo caminho para a entrada na modernidade democrática. Da história rural (*Les paysans*, de G. Lefebvre) à do movimento popular urbano (*Les Sans-culottes parisiens*, de Albert Soboul), esta história conquistara os seus territórios.

A partir dos anos 50 e 60 do séxulo XX, uma corrente crítica manifestou-se em Inglaterra, onde Alfred Cobban foi o primeiro a contestar a dimensão social de um acontecimento para ele essencialmente político, ao passo que, nos Estados Unidos, George Taylor discutia o conceito da revolução burguesa e a própria existência de uma burguesia na França de 1789. O processo foi retomado em 1965 por François Furet e Denis Richet numa obra que obteve destaque. Para eles, a Revolução, tal como se desenrolou, não era inevitável; era possível um compromisso entre as elites, aristocracia e burguesia, que partilhavam a cultura comum das Luzes. Houve uma derrapagem graças à intrusão das massas populares camponesas e urbanas da *sans-culotterie*, portadoras de reivindicações passadistas. 1793–1794, longe de encarnar a apologia de um movimento ascendente, instaurou o reino da violência e do terror.

Em 1977, em *Penser la Révolution*, François Furet reunifica a sua visão do processo revolucionário, ao qual continua a contestar a necessidade. Uma ideia falsa, extraída de Rousseau e de alguns outros, a da soberania popular e do igualitarismo, difundida pelas sociedades de pensamento, traçou o caminho para a confiscação totalitária da Revolução através da «máquina» jacobina: toda a revolução é um processo, 1789 «abre um período de deriva histórica». Entre 1983 e 1993, a aproximação e a comemoração do bicentenário da Revolução Francesa relançaram o debate, dando-lhe uma feição polémica, para a qual contribuíram a mediatização e o pano de fundo político. Reticente em celebrar 1789, François Furet, que coordena a elaboração do grande *Dictionnaire critique de la Révolution Française*, impôs-se no debate com uma opinião que favorece o veredicto de que «a Revolução terminou». Matizando completamente, reconhecendo na Revolução uma parte positiva na entrada na modernidade democrática, o historiador perseverou na erradicação do mito revolucionário, dessa paixão igualitária, falso caminho gerador de uma ilusão que abriu espaço para as derivas totalitárias do século XX («*La fin de l'illusion communiste*»).

No contexto atual do início do século XXI, as leituras inspiradas nessa escola crítica concordam em relação às realidades do equilíbrio mundial, que não propõe uma alternativa revolucionária ao sistema neoliberal. As novas revoluções serão tecnológicas e comunicacionais, estimam os colaboradores de François Furet em *L'héritage de la Révolution.*

O debate atual não se limita ao duelo que acaba de ser evocado. Uma terceira componente pode reclamar a sua continuidade desde as origens: é a da condenação radical da Revolução como atentado à ordem (divina ou moral), expressão do mal absoluto gerador de violência e destruição. Esse discurso do anátema, que não se confunde com o da escola crítica, apesar da denúncia comum do Terror, conheceu, na conjuntura do bicentenário da Revolução Francesa, uma formulação modernizada sobre o tema do «genocídio» franco-francês, fórmula abusivamente aplicada à crueldade indiscutível da guerra da Vendeia a partir de 1793. Mas essa transposição anacrónica não foi admitida pela maioria dos historiadores e teve pouca influência na opinião pública. Todavia, tanto na Europa como em França, a atenção recai nas resistências à Revolução tanto nas elites como nas massas populares. O processo não está fechado, mas ainda há trabalho por fazer.

2. Trabalho por fazer

Vinte anos após o bicentenário da Revolução Francesa, impõem-se duas constatações que são aparentemente contraditórias: à de que a Revolução terminou opõe-se a vitalidade dos trabalhos de pesquisa atuais. A recaída da atividade editorial, talvez excessiva nos anos 80, não significa que a pesquisa se molde por isso. Ela regista as recomposições e os progressos que se realizaram.

2.1. História política

A receção da história conceptual de François Furet e da sua escola valorizou uma leitura política, fundada na valorização do discurso de assembleia, dos textos fundadores e da leitura crítica dos representantes da historiografia do século XIX. Embora se tenha tornado para muitos numa nova vulgata, ela revela ao mesmo tempo o seu contributo construtivo e os seus limites. Forçou a revisão dos conceitos esclerosados da interpretação «classista» da dinâmica revolucionária. Mas caiu na armadilha dos seus pressupostos, procurando as raízes do mal na «paixão igualitária» geradora da violência nas fontes dos totalitarismos futuros. O discurso neoliberal rejuvenescido, por falta de uma injeção de matéria nova, arrisca-se a cingir-se à denúncia do Terror (P. Gueniffey).

Esta solicitação teve o mérito de incitar a um regresso a uma nova abordagem do político, ao ponto de se poder ter falado, nos anos 90, de uma oscilação do «totalmente social para o totalmente político»: exagero, talvez, mas significativo. O interesse dos investigadores recai sobre os principais pensadores do período, Sieyès, Benjamin Constant, bem como sobre os teóricos da Contrarrevolução (Burke). Nos trabalhos feitos no terreno, concentra-se nos estudos da opinião pública a partir da imprensa e da sua explosão durante o decénio revolucionário em Paris, na província, bem como nos suportes de difusão, catecismos revolucionários, ou outros instrumentos da propaganda.

Aproveitando o movimento de estudos de sociabilidade começados por Maurice Agulhon, os trabalhos de prospeção das sociedades populares — a sua implantação geográfica, a sociologia do seu recrutamento, a sua ideologia — conheceu um avanço decisivo. O estudo do jacobinismo foi alargado por comparações na província, mas também em toda a Europa, e pela valorização de novas fontes (o movimento seccionário em Marselha, tal como em Paris). A questão da aprendizagem da política durante o decénio revolucionário foi pesquisada (M. Vovelle, *La découverte de la politique: géopolitique de la Révolution Française*) a partir do nascimento de opções políticas no terreno: o delineamento de partidos políticos modernos é questionado, e até o de uma «França de esquerda» e de uma «França de direita». Um teste essencial é o da participação eleitoral nos diferentes escrutínios, do período censitário sob a monarquia constitucional ao sufrágio universal nas consultas ulteriores, até ao Consulado. O debate continua aberto entre os defensores de uma participação localmente forte e sustentada (S. Aberdam) e aqueles que defendem a tese de um desinteresse precoce desde 1791, prova do insucesso de uma aculturação das massas (P. Gueniffey).

De forma mais ampla, a questão das «resistências» à Revolução, introduzida nos anos 80 do século XX, depois vulgarizada, não está resolvida. Ao lado da «Contrarrevolução», nos escritos, nas práticas conspiradoras em França, na política concertada da «Europa dos déspotas», evocou-se «a antirrevolução», ou seja, a má vontade e a recusa coletiva dos grupos populares, numa grande parte da França, e ainda mais provavelmente nos países anexados ou ocupados pelos Franceses. Esta atenção virada para as resistências, por vezes desenvolvida até à conclusão de uma recusa massiva, atualmente parece modulada no quadro das abordagens monográficas. Há um interesse em analisar, como no Sul occitano, as heranças — confessionais, antropológicas — a partir das quais as opções coletivas puderam implantar-se de forma duradoura: a Contrarrevolução torna-se, à sua maneira, num fator de aculturação política.

No encontro do político e do social, o problema da violência revolucionária continua uma questão central, ainda que a polémica dos anos do bicentenário tenha caído novamente. Pararam de se bater por causa do balanço numérico dos massacres da Vendeia, incontestavelmente elevado. Houve uma reviravolta no seguimento da tese e dos trabalhos de Jean-Clément Martin sobre a elaboração da imagem da Vendeia, na própria época, mas também ao longo do século XIX e até aos nossos dias com a invenção de uma «região-memória» cuja cenografia atual, como a do Puy du Fou, permite ilustrar os temas. Hoje, o autor convida a uma reflexão continuada sobre o conceito de violência revolucionária, sucessivamente assumida e recusada por todos os protagonistas da Revolução, depois retomada pelas construções ideológicas desde o século XIX até aos nossos dias. Como sair do Terror? Não se trata de evitar este problema de fundo, em nome de alguma prescrição. Mas por ter sido invocado e remodelado por altura do bicentenário da Revolução Francesa e nos primeiros tempos a seguir, a invocação do Terror perdeu uma parte da sua aspereza. O encontro em Rouen (2004), analisando distanciadamente os diversos aspetos do Terror (ideológico, económico, religioso, conjuntural), testemunha o desejo de não voltar a fazer dele o eixo de qualquer reflexão sobre a Revolução e a sua natureza.

2.2. *História social*

Devemos regressar a uma história social «clássica» que, ao sair dos grandes confrontos dos anos 80 e 90 do século XX, prosseguiu serenamente o seu caminho? Longe disso, a história dos atores individuais, assim como a dos grupos sociais, evolui ao sabor das problemáticas e dos novos olhares. A representação dos acontecimentos que escandem a aventura revolucionária modifica-se sob a ação da crítica furetista da escanção mecânica das jornadas revolucionárias e das revoltas necessárias. Quase simultaneamente, o historiador americano Timothy Tackett e, depois, Mona Ozouf dedicaram-se a uma releitura da fuga do rei para Varennes, em junho de 1791, e, apesar das suas diferenças, é impressionante a convergência do regresso à narrativa, da assunção das responsabilidades dos indivíduos, do aleatório que prevalece nessa aventura e nos seus efeitos secundários na representação da imagem real.

Repetição dos acontecimentos, redistribuição dos atores. Bastante desconhecidos da opinião pública, foram também maltratados na escrita da história contemporânea, onde a biografia conserva um lugar distinto. As grandes figuras da vanguarda revolucionária, Robespierre e Saint-Just, mantêm-se objetos de estudo e de respeito; juntaram-se-lhes Babeuf e os Iguais, assim como os últimos montanheses, mas, provavelmente, a dimensão hagiográfica esfuma-se mais depressa do que o potencial de ódio e de exclusão dos seus adversários. A corrente liberal promoveu as suas referências sem ênfase — Barnave, Sieyès, sobretudo, Benjamin Constant. Mas Charlotte Corday, heroína trágica da liberdade, rivaliza com Maria Antonieta. Reabilitada, tal como Luís XVI, que os Franceses do século XX absolveram, a rainha, ainda há pouco infamada, suscita atenção e simpatia.

Este vaivém não impede uma historiografia mais austera de tomar por objeto retratos de grupo: tal acontece com os representantes em missão do ano II estudados por Michel Biard. Os homens do Diretório (Boissy d'Anglas) encontram o seu lugar, mas também atores de perfil atípico (Antonelle, aristocrata, jacobino, companheiro de estrada de Babeuf em Pierre Serna).

O retrato de corpo inteiro do *sans-culotte* ou do jacobino estava no cerne da herança de Albert Soboul revisitada por Michel Vovelle (*Les Sans-culottes marseillais*): encontra-se em monografias importantes, mas é para os excluídos, para os sem-nome que as atenções são dirigidas (J. Guilhaumou), e a entrada em cena mais notável é a das mulheres. Paradoxo, se se considerar o número de estudos e de biografias que comentam a sua difícil entrada na política e a exclusão dos direitos cívicos que as mantém em situação inferior. Depois das mulheres, vêm os negros, os escravos das colónias, que, também eles, fazem uma intrusão notável em cena. Vamos encontrá-los daqui a pouco.

A história económica e social, na grande tradição do século XX, não perdeu o mérito. Um certo número daqueles que são os grandes trabalhos do século, se não «fecharam», pelo menos levaram a um ponto de desenvolvimento que permite um balanço definitivo: é o que acontece com a venda dos bens nacionais de primeira e de segunda origem, de que se pode esboçar uma geografia, bem como uma sociologia dos vencedores e perdedores. Monografias importantes viram a luz do dia esboçando modelos de referência, como acontece com a «*fermocratie*» nas planícies de grande cultura do norte de França, associando o estudo das estruturas agrárias e das relações sociais ao do poder local e da participação política. No Sul, evocou-se igualmente a dialética entre os movimentos sociais, os confrontos políticos e os enraizamentos confessionais, familiares, históricos. O fim da feudalidade ou a liquidação e as sequelas do regime senhorial inscrevem-se na problemática clássica do fim do feudalismo, o que não quer dizer que, por essa razão, se tenha tornado obsoleta. Este panorama deve concluir-se com duas emergências que se impõem nos novos equilíbrios da pesquisa.

2.3. Mentalidades ou representações

Já não está na moda falar de história das mentalidades, noção que se tornou demasiado confusa. Fala-se então das representações coletivas, território que engloba doravante um largo espectro da história cultural. Vai do domínio religioso ao da língua, da pedagogia à produção literária, ao teatro e à música, à produção artística. Desta amostra, retêm-se os temas marcantes ou controversos. A história religiosa ainda vive no impulso iniciado pelos estudos conduzidos nos anos do bicentenário da Revolução Francesa, que insistiram na vivência das populações cristãs e/ou descristianizadas. A descristianização talvez tenha perdido uma parte da sua reputação contestada, ao mesmo tempo que foram abandonados os grandes registos estatísticos dos movimentos de abandono do culto ou do sacerdócio. A evocação das resistências inscreve o fator religioso na primeira fila das convicções, no campo e entre as mulheres. A questão do vandalismo revolucionário continua a ser matéria para debates: na verdade, foi a sua antagonista, a invenção do museu e do património, que suscitou as pesquisas mais fecundas. Associam-se naturalmente ao estudo de uma produção artística florescente, desde a grande arte posta ao serviço da Revolução até à explosão espetacular da estampa, da caricatura aos novos suportes mediáticos e comunicacionais. Tanto nesse domínio como noutros, mantém-se o sentimento de uma tendência que se deve reabilitar, sustentando o oposto dos clichês tradicionais, ou seja, da «lenda negra», os aspetos construtivos e positivos do momento revolucionário: o mesmo nos domínios, que apenas se podem evocar, da pedagogia, da literatura, das ciências ao serviço da Revolução, refutando a imagem assimilada da «tábua rasa», durante muito tempo invocada.

2.4. Internacionalização das perspetivas

In fine, o panorama do grande ateliê da história revolucionária deve atualmente abordar a espetacular abertura para o estrangeiro ou, antes, a internacionalização das pesquisas. Seria excessivo ver nisso um dos efeitos secundários do estímulo provocado pela comemoração do bicentenário da Revolução Francesa, com as suas centenas de encontros científicos pelo mundo fora. A tradição dos estudos sobre a Revolução Francesa já estava bem implantada nalguns países: Inglaterra, Estados Unidos, Itália... E foi este último país que manifestou uma atividade notável desde os anos 90 do século XX até 2000, e até mesmo depois, enquanto a França oficial tinha apagado as luzes em 1993, o que demonstra a vitalidade dos núcleos europeus ou extraeuropeus que hoje autonomizam as suas pesquisas tanto sobre as revoluções e contrarrevoluções como sobre a Revolução Francesa propriamente dita. Entre estes núcleos, deve ser reservado um lugar muito particular ao domínio das revoluções caraíbas, no cerne do grande movimento dos estudos sobre a escravatura, a sublevação dos negros, a abolição e o abolicionismo.

3. A Revolução Francesa hoje: a memória e a herança

Que representa a Revolução Francesa hoje e que resta dela, não somente nas realidades da nossa sociedade contemporânea, mas também na cabeça dos Franceses, o que é uma outra questão?

3.1. A memória perdida da Revolução

A comemoração do bicentenário da Revolução, em 1989, foi a ocasião para testar, através de uma série de sondagens, o que resta da recordação de 1789 entre o Francês comum. A imagem é confusa e pobre entre a maior parte deles: numa primeira abordagem, 37% citam a tomada da Bastilha, 16% a declaração dos direitos do homem. A lista das personalidades mais citadas é desconcertante: La Fayette está à frente (57%), ultrapassando por pouco Bonaparte, Danton e Robespierre seguem muito atrás (34% das apreciações). Todavia, no total, os Franceses de 1989 mantinham uma recordação positiva da Revolução que se reforçou ao longo da campanha, passando de 38% a 74%, a rejeição recuando de 50% para 18%. Mas para metade dos Franceses (55%), a Revolução Francesa «terminou».

Podemos interrogar-nos sobre as razões e as modalidades deste recuo. Incriminou-se a escola, que fora desde a Terceira República um suporte institucional importante na transmissão da memória ensinada no ensino básico e secundário, nos 8.º e 10.º anos; no fim da Segunda Guerra Mundial, ela conservava um lugar importante em pelo menos um terço do programa. Com oscilações muito grandes, durante um tempo diminuída a quase nada, reajustada para 10% ou 15%, sem prejuízo do que pode esperar do futuro, a sua regressão acentua-se, apesar de uma pedagogia mais aberta para a complexidade dos factos, dos actores, dos acontecimentos, ocasionando um perigoso exercício pedagógico. Ter-se-á adquirido um recrescimento do interesse? Na altura do bicentenário da Revolução Francesa, o ministro Jean-Pierre Chevènement reintroduziu o ensino de *A Marselha* nas escolas, continuado pelos seus sucessores de direita e de esquerda até aos dias de hoje.

Sob o título *Les symboles meurent aussi*, tentei seguir o destino de alguns dos elementos do arsenal simbólico herdado da Revolução: a bandeira, o cocar, o barrete frígio, a divisa «Liberdade, Igualdade, Fraternidade». A título de ilustração, escolhi o hino nacional e a personagem de Marianne, essa personificação feminina da República cuja imagem se impôs e foi depois transmitida ao longo do século XIX. Desenham-se duas evoluções simétricas, no sentido de um declínio que atualmente se acelera.

A Marselhesa nasceu em 1792 como hino combativo da liberdade e da pátria, conheceu sequências de proscrição sob os regimes autoritários do século XIX, monárquicos, imperiais, mas foi sempre redescoberta aquando dos impulsos revolucionários e de perigo nacional, antes de ser institucionalizada pela Terceira República, desconsiderada no seguimento da guerra de 1914–1918, ressacralizada desde a Frente Popular até à Resistência. Apesar da caução gaullista, conheceu, na segunda parte do século XX, tentativas de açambarcamento da extrema-direita, enquanto a esquerda de 68 não a apreciava e outros sonhavam reescrever-lhe as palavras «sanguinárias». Estes são apenas dois exemplos da tendência geral que realçamos no declínio das referências simbólicas. Corre-se assim o risco de que o debate político provoque ataques de nostalgia, isto é, de instrumentalização deste arsenal simbólico pela direita ou pela esquerda, por vezes simultaneamente. O regresso da memória da Revolução não é linear e deve realçar-se, como se fez nos anos do bicentenário da Revolução Francesa, a memória recriada, a expressão da «invenção da tradição» na nossa sociedade em busca de raízes identitárias. O exemplo da Vendeia é apenas o mais conhecido.

Finalmente, poder-se-ia falar de uma memória «enterrada» ou inconsciente por parte dos nossos contemporâneos, mas que se revela no ressurgimento de temperamentos coletivos tais como os escrutínios nacionais (legislativos, presidenciais) ou os grandes referendos (a Europa) que a geografia transmite. A França de direita e a França de esquerda, resultantes da herança revolucionária, ainda bem delimitadas nos anos 60 do século XX, tendem a ver modificarem-se os seus equilíbrios e fronteiras (o fim do «Sul Vermelho», o progresso da esquerda no Oeste).

3.2. A herança da Revolução

Comparando a França do século XXI com a da Revolução, com 85% de rurais, dos quais 75% são camponeses... contra, talvez, 3% atualmente, pode-se ingenuamente perguntar o que resta hoje do mundo antigo. Ao nível das coisas fundamentais, que mudança! Entre as produzidas pelo abalo revolucionário, Ernest Labrousse incitava a distinguir o efémero do durável, do mesmo modo que arriscava falar das «antecipações» do período. Algumas dessas antecipações tornaram-se a trama das nossas relações sociais, das nossas instituições e da nossa vida política: a democracia, a cidadania, a nação, a pátria, a República. Esta simples enumeração já sugere que estas referências não têm nada de estatística e que foram objeto de reelaborações, de debates, de conquistas frequentemente heroicas. Do sufrágio universal à abolição da escravatura, da emancipação da mulher — estará ela verdadeiramente concluída? — à conquista dos direitos sociais, fruto das lutas coletivas, percebemos ao mesmo tempo os avanços históricos e o alargamento das perspetivas abertas.

O que não acontece sem pôr problemas: o da banalização de certas conquistas mais aparentes do que reais: «liberdade» — certamente —, mas «igualdade» e ainda «fraternidade», mesmo se hoje a substituímos por solidariedade? Ainda há Bastilhas a tomar — *slogan* um pouco fácil do bicentenário. Mas, da mesma forma, algumas palavras também envelheceram. A República, quem a contesta? Mas o que aconteceu com a pátria e a nação, num tempo em que essas referências devem ser repensadas, confrontadas com as reivindicações identitárias localistas ou comunitárias, de um lado, e do outro com a procura laboriosa de uma ideologia de referência à escala europeia e até mesmo mundial? Nestes pontos, a Revolução Francesa transmitiu-nos, tanto pelas suas ideias como pelas suas experiências, não soluções feitas, mas uma leitura que não deve ser esquecida.

Constitui ela uma originalidade, até mesmo uma «exceção francesa» que, em função do olhar que se lança sobre ela, conviria desfazer para entrar na categoria das outras democracias modernas, até mesmo da nova ordem mundial, ou, pelo contrário, defendê-la como elemento constituinte da nossas.

Tradicionalmente, apontou-se com o dedo a centralização à francesa, imputada à tradição «jacobina» da Revolução, esquecendo-se de notar aquilo que ela deve a Napoleão, para não falar da herança da monarquia: a evolução atual convida a consultar a referência das nossas experiências, no quadro da monarquia presidencial que tem sido elaborada.

Se há uma especialidade francesa em perigo, ainda que continue um exemplo a seguir e a meditar no contexto político-religioso, atualmente, é a divisão laica que foi iniciada pela Revolução, completada e regulada pelas leis da Terceira República.

A referência à Revolução Francesa como elemento constituinte de uma cultura — e não de uma identidade ilusória — mantém toda a sua pertinência. Não se trata de defender uma memória entorpecida, nem um património, mas de uma lição aberta a todos.

Cronologia

Abreviações dos meses revolucionários:
Fru.: frutidor; vind.: vindemiário; bru.: brumário; fri.: frimário; niv.: nivoso; vent.: ventoso; plu.: pluvioso; ger.: germinal; flo.: floreal; prad.: pradial; mes.: messidor; ter.: termidor.

1787 22 de fevereiro: Reunião da Assembleia dos Notáveis.
8 de abril: Demissão do ministro Calonne, substituído por Loménie de Brienne.
16 de julho: O Parlamento de Paris convoca os Estados Gerais.

1788 8 de maio: Reforma judicial de Lamoignon. Tumultos na província (Grenobla).
8 de agosto: Convocação dos Estados Gerais para 1 de maio de 1789.
24–26 de agosto: O ministro reformista Necker é demitido e, depois, readmitido.

1789 Março: Eleições para os Estados Gerais. Revoltas na província (Provença, Picardia).
5 de maio: Sessão real de abertura dos Estados Gerais.
20 de junho: Juramento do Jogo da Pela.
14 de julho: Tomada da Bastilha.
15 de julho: Regresso do ministro Necker.
20 de julho: Início do Grande Medo

4 de agosto: Noite do 4 de Agosto: supressão dos privilégios do clero e da nobreza.
26 de agosto: Voto da Declaração dos Direitos do Homem.
5–6 de outubro: Marcha sobre Versalhes: o rei é levado para Paris.
2 de novembro: Os bens do clero são postos à disposição da nação.

1790 17 de abril: O assinado torna-se moeda oficial.
12 de julho: Voto da Constituição Civil do Clero.
14 de julho: Festa da Federação em Paris.
18 de agosto: Ajuntamento contrarrevolucionário no acampamento de Jalès.

1791 10 de março: O papa Pio VI condena a Constituição Civil (breve *Quod Aliquantum*).
22 de maio: Lei Le Chapelier, que proscreve as coligações, principalmente operárias.
20–21 de junho: Fuga da família real e a sua detenção em Varennes.
16 de julho: Os moderados do Clube dos Feuillants afastam-se dos jacobinos.
17 de julho: Massacre do Campo de Marte.
27 de agosto: Declaração de Pillnitz: ameaças das potências à Revolução.
3 de setembro: Conclusão da Constituição (sancionada a 13 de setembro).
1 de outubro: Abertura da Assembleia Legislativa.
7 de dezembro: Formação de um ministério *feuillant*.

1792 Janeiro–março: Revoltas em Paris e na província devido à falta de comida.
15 de março: Ministério jacobino com Roland.
20 de abril: Guerra declarada ao rei da Boémia e da Hungria.
27 de maio: Decreto que obriga à deportação dos religiosos não ajuramentados.
4–11 de junho: Veto real ao decreto anterior e ao que organiza a mobilização de 20 000 federados.
12 de junho: O Ministério Roland demitido.
11–21 de julho: A pátria é declarada em perigo.
25 de julho: «Manifesto de Brunsvique», que ameaça Paris de destruição.

10 de agosto: Tomada das Tulherias e queda da monarquia.
10–11 de agosto: Convocação de uma Convenção. Estabelecimento do sufrágio universal.
2–6 de setembro: Massacres nas prisões de Paris e da província.
20 de setembro: Fim da Legislativa. Laicização do estado civil. Valmy.
21 de setembro: Abolição da monarquia. Ano I da República. Outubro: Retirada dos Prussianos. Os Franceses ocupam Frankfurt e Maiença.
6 de novembro: Vitória de Dumouriez em Jemappes. Ocupação da Bélgica.

1793 21 de janeiro: Execução de Luís XVI.
1 de fevereiro: A França declara guerra à Inglaterra e à Holanda, 1.ª coligação.
11 de março: Início da rebelião na Vendeia.
18 de março: Derrota de Dumouriez em Neerwinden, seguida da sua traição.
6 de abril: Formação do Comité de Salvação Pública com Danton.
29 de abril – 29 de maio: Início da insurreição federalista em Marselha e Lyon.
2 de junho: Jornadas revolucionárias: detenção dos girondinos.
24 de junho: Voto da Constituição do ano I.
27 de julho: Robespierre no Comité de Salvação Pública.
4–5 de setembro: Movimento popular em Paris: o Terror na ordem do dia; formação de um exército revolucionário parisiense.
6–8 de setembro: Vitória francesa em Hondschoote.
17 de setembro: Lei sobre os suspeitos.
29 de setembro: Instituição do Máximo geral dos preços e salários.
Ano II, 19 de vind. (10 de outubro): Governo declarado revolucionário até à paz.
20 de brum. (10 de novembro): Festa da Liberdade e da Razão em Notre-Dame de Paris.
22 de fri. (12 de dezembro): Insurreição da Vendeia aniquilada na Batalha de Le Mans.

1794 16 de niv. (4 de fevereiro): Supressão da escravatura nas colónias francesas.
23 de vent. (13 de março): Detenção, julgamento e execução (4 de ger.) dos herbertistas.

10–16 de ger. (5 de abril): Detenção, julgamento e execução dos dantonistas.
20 de prad. (8 de junho): Festa do Ser Supremo.
22 de prad. (10 de junho): Reorganização do Tribunal Revolucionário: início do Grande Terror.
8 de mes. (26 de junho): Vitória de Fleurus sobre os Austríacos.
9 de ter. (27 de julho): Golpe de Estado do 9 de termidor: queda dos robespierristas.

1795 Plu. (janeiro): Ocupação da Holanda.
29 de plu. (17 de fevereiro): Acordos de La Jaunaye entre Hoche e os insurretos da Vendeia.
3 de vent. (21 de fevereiro): Liberdade dos cultos. Primeira separação entre o Estado e a Igreja.
12–13 de ger. (1 de abril): Insurreição popular em Paris e na província.
16 de ger. (5 de abril): Paz da Basileia entre a França e a Prússia.
Flor.–prad. (maio–junho): O Terror Branco; massacres de jacobinos em Lyon, Marselha...
1–4 de prad. (20–25 de maio): Jornadas insurrecionais em Paris.
5–9 de mes. (23–27 de junho): Desembarque de emigrados em Quiberon.
5 de fru. (22 de agosto): A Convenção adota o texto da Constituição do ano III.
13 de vind. (5 de outubro): Insurreição realista contra a Convenção.
9 de bru. (31 de outubro): Eleição do Diretório executivo.

1796 30 de plu. (19 de fev.): Fim dos assinados, substituídos pelos mandatos territoriais
Ger. (março–abril): Vitórias de Bonaparte na Itália: Montenotte, Millesimo, Mondovi...

1797 25 de niv. (14 de janeiro): Vitória de Rivoli.
29 de ger. (18 de abril): Preliminares da Paz de Leoben.
8 de prad. (27 de maio): Execução de Babeuf e dos seus amigos, após o processo de Vendôme.
18 de fru. (4 de setembro): Golpe de Estado antirrealista.
Ano VI, 19 de vind. (30 de setembro): Bancarrota de dois terços da dívida pública.
26 de vind. (17 de outubro): Paz de Campoformio.

1798 Ger.–flo. (abril–maio): Eleições, seguidas da invalidação maciça dos eleitos de esquerda.

Mes.–ter. (julho): Desembarque de Bonaparte no Egito. Vitória das Pirâmides.

1799 Ger. (março–abril): Eleições para o Corpo Legislativo.

28–30 de prad. (16–18 de junho): Os Conselhos readquirem o controlo do Diretório: viragem à esquerda.

Ter. (julho–agosto): Vitória de Abuquir no Egipto. Derrota na Itália (Batalha do Trébia).

Ano VIII, 3–5 de vind. (25–27 de setembro): Vitória francesa de Zurique sobre os Austro-Russos.

18 de brum. (9 de novembro): Golpe de Estado do 18 de brumário contra o Diretório e os Conselhos.

Orientações bibliográficas

Obras gerais, manuais

BIARD, Michel (org.), *La Révolution française, une histoire toujours vivante*, Paris, Tallandier, 2010.

BIARD, Michel, BOURDIN, Philippe e MARZAGALLI, Silvia, *1789, Révolution, Consulat, Empire*, Paris, Belin, 2009.

BOULOISEAU, Marc, *La République jacobine (1792–1794)*, Paris, Le Seuil, 1971.

MARTIN, Jean-Clément, *Nouvelle histoire de la Révolution française*, Paris, Perrin, 2012.

RICHET, Denis e FURET, François, *La Révolution française*, Paris, Fayard, 1987.

SOBOUL, Albert, *La Civilisation et la Révolution française*, 3 vols., Paris, Arthaud, 1970–1982.

SOBOUL, Albert, *La Révolution française,* Paris, reed. Messidor, 1984.

VOVELLE, Michel, *La Chute de la monarchie (1787–1792)*, Paris, Le Seuil, 1971.

VOVELLE, Michel, *La Révolution expliquée à ma petite-fille*, Paris, Le Seuil, 2006.

VOVELLE, Michel (org.), *L'État de la France pendant la Révolution 1788–1799*, Paris, La Découverte, 1988.

WORONOFF, Denis, *La République bourgeoise de Thermidor à Brumaire (1794–1799)*, Paris, Le Seuil, 1971.

Debates

ABERDAM, Serge e TCHOUDINOV, Alexandre, *Écrire l'histoire par temps de guerre froide*, Paris, Soc. Études Robespierristes, 2014.

FURET, François, *Le passé d'une illusion, essai sur l'idée communiste au xxe siècle*, Paris, Robert Laffont et Calmann-Lévy, 1995.

MARTIN, Jean-Clément, *Violence et Révolution. Essai sur la naissance d'un mythe national*, Paris, Le Seuil, 2006.

MAZAURIC, Claude, *L'Histoire de la Révolution française et la pensée marxiste*, Paris, PUF, 2009.

Dicionários, atlas

BONIN, Serge e LANGLOIS, Claude (org.), *Atlas historique de la Révolution française*, Paris, Éditions de l'EHESS, no prelo. Já publicados: fascículos «Routes et communications», «L'enseignement», «L'armée et la guerre», «Le territoire», «Les sociétés politiques», «Médecine et Santé», «Religion», «Économie».

FURET, François, *Penser la Révolution française*, Paris, Gallimard, 1978.

FURET, François e OZOUF, Mona, *Dictionnaire critique de la Révolution française*, Paris, Flammarion, 1988.

GODECHOT, Jacques, *Chronologie de la Révolution française*, Paris, Perrin, 1988.

PERONNET, Michel, *50 mots-clés de la Révolution française*, Toulose, Privat, 1988.

SURATTEAU, Jean-René (org.), *Dictionnaire historique de la Révolution française*, Paris, PUF, 1989.

TULARD, Jean e colab., *Histoire et dictionnaire de la Révolution française*, Paris, Laffont «Bouquins», 1987.

A década revolucionária: os acontecimentos

BACZKO, Bronislaw, *Comment sortir de la Terreur*, Paris, Gallimard, 1989.

BIARD, Michel e BOURDIN, Philippe (org.), *1792. Entrer en République*, Paris, Armand Colin, 2013.

BIARD, Michel (org.), *Les politiques de la Terreur. 1793–1794*, Rennes, 2008.

BRUNEL, Françoise, *1794, Thermidor*, Bruxelles, Complexe, 1989.

(Coletivo), *La République directoriale*, Clermont-Ferrand, Presses Universitaires, 1997.

(Coletivo), *Le Tournant de l'an III*, Paris, Éditions du CTHS, 1997.

DENIS, Michel e GOUBERT, Pierre, *1789, Les Français ont la parole*, Paris, Gallimard «Archives», 1964.

GODECHOT, Jacques, *La Prise de la Bastille*, Paris, Gallimard, reed. 1989.

GUÉNIFFEY, Patrice, *La politique de la Terreur, essai sur la violence révolutionnaire*, Paris, Fayard, 2000.

LEFEBVRE, Georges, *La France sous le Directoire*, Paris, Messidor, 1984.

LEFEBVRE, Georges, *La Grande Peur*, Paris, reed. A. Colin, 1988.

LEFEBVRE, Georges, *Quatre-Vingt-Neuf*, Paris, reed. Éditions Sociales, 1970.

REINHARD, Marcel, *La Chute de la royauté, 10 août 1792*, Paris, Gallimard, 1970.

SOBOUL, Albert, *Les Sans-Culottes parisiens en l'an II*, Paris, Le Seuil, 1968.

TULARD, Jean, *Le dix-huit Brumaire, comment terminer une révolution*, Paris, Perrin, 1999.

O Estado revolucionário, instituições, valores, grupo

BIARD, Michel, *Missionnaires de la République, les représentants du peuple en mission*, Paris, Éditions du CTHS, 2002.

BURSTIN, Haim, *Une révolution à l'œuvre, le faubourg Saint-Marcel (1789–1794)*, Seyssel, Champollion, 2005.

DE BAECQUE, Antoine, SCHMALE, Wolfgang e VOVELLE, Michel, *1789, L'an I des Droits de l'homme*, Paris, Éditions du CNRS, 1988.

GAINOT, Bernard, *1793, Un nouveau jacobinisme*, Paris, Éditions du CTHS, 2001

GODECHOT, Jacques, *Les Institutions de la Révolution française*, Paris, reed. Ditto, 1986.

GODECHOT, Jacques, *La Pensée révolutionnaire 1780–1799*, Paris, A. Colin, 1989.

GUÉNIFFEY, Patrice, *Le Nombre et la raison, les élections sous la RF*, Paris, Éditions de l'EHESS, 1993.

VOVELLE, Michel, *Les Sans-culottes marseillais, Le mouvement sectionnaire du jacobnisme au fédéralisme 1791–1793*, Aix-en-Provence, Presses Universitaire de Provence, 2008.

Práticas políticas: educação, imprensa, sociabilidade política, voto

ABERDAM, Serge (org.), *Voter, élire pendant la Révolution française 1789–1799, Guide pour la recherche*, Paris, Éditions du CTHS, 1999.

BIANCHI, Serge, *La Révolution et la première république au village, pouvoirs, votes et politisation dans les campagnes d'Île-de-France 1787–1800*, Éditions du CTHS, 2003.

EDELSTEIN, Melvin, *La révolution française et la naissance de la démocratie électorale*, Rennes, PUR, 2014.

DUPRAT, Catherine, *Le Temps des philantropes*, Paris, Éditions du CTHS, 1993.

JULIA, Dominique, *Les Trois Couleurs du tableau noir: la Révolution française*, Paris, Belin, 1981.

GODECHOT, Jacques, *Histoire générale de la presse française*, t. III, Paris, PUF, 1968.

POPKIN, Jeremy, *La presse de la Révolution. Journaux et journalistes*, Paris, Odile Jacob, 2011.

VOVELLE, Michel, *La Découverte de la politique — Géopolitique de la Révolution française*, Paris, La Découverte, 1992.

VOVELLE, Michel, *Les Jacobins de Robespierre à Chevènement*, Paris, La Découverte, 1999.

Contrarrevolução

DUPUY, Roger, *Les Chouans*, Paris, Hachette, 1997.

GODECHOT, Jacques, *La Contre-Révolution, pensée et action*, Paris, PUF, 1984.

LEBRUN, François e DUPUY, Roger (org.), *Les Résistances à la Révolution*, Paris, Imago, 1987.

MARTIN, Jean-Clément, *La Contre-Révolution*, Paris, Le Seuil, 1997.

MARTIN, Jean-Clément, *Contre-Révolution, Révolution et Nation en France, 1789–1799*, Paris, Le Seuil, 1998.

SOTTOCASA, Valérie (org.), *Les brigands. Criminalité et protestation publique. 1750–1850*, Rennes, PUR, 2013.

A Revolução e o mundo. A guerra e o exército

BEAUREPAIRE, Pierre-Yves e POURCHASSE, Pierrick, *Les circulations internationales en Europe (1680–1780)*, Rennes, PUR, 2010.

BELISSA, Marc, *Fraternité universelle et intérêt national, 1713–1795, les cosmopolitismes du droit des gens*, Paris, Kimé, 1998.

BENOT, Yves, *La Révolution française et la Fin des colonies*, Paris, La Découverte, 1987.

BERTAUD, Jean-Paul, *La Révolution armée*, Paris, Laffont, 1979.

BOURDIN, Philippe, *L'Europe des patriotes, des années 1770 à la Révolution française*, Paris, PUF, 2010.

GODECHOT, Jacques, *La Grande Nation*, Paris, Aubier, reed. 1983.

SERMAN, William e BERTAUD, Jean-Paul, *Nouvelle histoire militaire de la France, 1789–1919*, Paris, Fayard, 1998.

VOVELLE, Michel, *Les Républiques sœurs sous le regard de la Grande Nation*, Paris, L'Harmattan, 2001.

História económica e social

ADO, Anatoli, *Paysans en Révolution*, Paris, Société des Robespierristes, 1996.

BÉAUR, Gérard, *Histoire agraire de la France du XVIIIe siècle à nos jours: inerties et changements dans les campagnes françaises entre 1715 et 1815*, Paris, SEDES, 2000.

BODINIER, Bernard e TEYSSIER Eric, *L'événement le plus important de la Révolution. La vente des Biens Nationaux*, Paris, Éditios du CTHS, 2000.

BRUGUIÈRE, Michel, *Gestionnaires et profiteurs de la Révolution française*, Paris, Olivier Orban, 1986.

HINCKER, François, *La Révolution française et l'Économie*, Paris, Nathan, 1989.

JESSENNE, Jean-Pierre, *Pouvoir au village et Révolution 1760–1848*, Presses Universitaires de Lille, 1987.

JESSENNE, Jean-Pierre (org.), *Vers un ordre bourgeois? Révolution Française et changement social*, Rennes, Presses Universitaires de Rennes, 2007.

LEMARCHAND, Guy, *L'économie de la France de 1770 à 1830. De la crise de l'Ancien Régime à la révolution industrielle*, Paris, A. Colin, 2008.

NICOLAS, Jean, *La rébellion française*, Paris, Le Seuil, 2002.

NICOLAS, Jean (org.), *Mouvements populaires et conscience sociale*, Paris, Maloine, 1985.

PEYRARD, Christine, *Les Jacobins de l'Ouest*, Paris, Publications de la Sorbonne, 1996.

REINHARD, Marcel e colab., *Contributions à l'histoire démographique de la Révolution française*, Paris, Commission d'histoire économique de la Révolution française, CTHS, 3 vols., 1962 e anos seguintes.

História das mentalidades

BIARD, Michel, *Parlez-vous sans-culotte? Dictionnaire du Père Duschesne*, Paris, Tallandier, 2009.

DE BAECQUE, Antonie, *Le Corps de l'histoire*, Paris, Calmann-Levy, 1993.

BOURDIN, Philippe (org.), *Les nuits de la Révolution française*, Clermont--Ferrand, Presses universitaires, 2013.

DORIGNY, Marcel (ed.), *Esclavage, résistances et abolitions*, Paris, Éditions ETHS, 1999.

DUHET, P. M., *Les Femmes et la Révolution 1789–1794*, Paris, Julliard, 1971.

EHRARD, Jean, *Le débat sur l'esclavage et la formation de l'opinion publique en France au XVIIIe siècle*, Bruxelles, André Versailles éditions, 2008.

HUNT, Lyun, *Le Roman familial de la Révolution française*, Paris, Albin Michel, 1995.

OZOUF, Mona, *La Fête révolutionnaire*, Paris, Gallimard, reed. 1988.

RICHARD, Bernard, *Les emblèmes de la République*, Paris, CNRS, 2012.

VOVELLE, Michel, *La Mentalité révolutionnaire*, Paris, Messidor, 1984.

WAHNICH, Sophie, *Les émotions, la Révolution française et le présent*, Paris, CNRS, 2009.

História religiosa

COUSIN, Bernard, CUBELLS, Monique e RÉGIS, Bertrand, *La pique et la Croix, Histoire religieuse de la Révolution française*, Paris, Centurion, 1989.

TACKETT, Timothy, *La Révolution, l'Église, la France*, Paris, Cerf, 1986.

VOVELLE, Michel, *La Révolution contre l'Église, la déchristianisation de l'an II*, Bruxelles, Complexe, 1988.

Cultura, artes e ciências

BONNET, Jean-Claude, *La Carmagnole des Muses*, Paris, A. Colin, 1988.

BORDES, Philippe e MICHEL, Régis, *Aux armes et aux arts!*, Paris, Adam Biro, 1988.

BOURDIN, Philippe e LEBORGNE, Françoise (org.), *Costumes, décors et accessoires dans le théâtre de la Révolution et de l'Empire*, Clermont-Ferrand, Presses universitaires, 2010.

BRET, Patrice, *L'État, l'armée, la science, l'invention de la recherche publique en France, 1763–1830*, Rennes, Presses Universitaires de Rennes, 2002.

CHARTIER, Roger, *Les Origines culturelles de la Révolution française*, Paris, Le Seuil, 1990.

COTTRET, Monique, *Culture et politique dans la France des Lumières (1715–1792)*, Paris, A. Colin, 2002.

GRABEAU, Philippe, *Les cahiers de doléances, relecture culturelle*, Rennes, Presses Universitaires de Rennes, 2001.

GUILHAUMOU, Jacques, *L'avènement des porte-paroles de la République (1789–1792). Essai de synthèse sur les langues de la Révolution française*, Villeneuve d'Ascq, Presses du Septentrion, 1998.

JOURDAN, Annie, *Les Monuments de la Révolution française, une histoire de représentation*, Paris, Honoré Champion, 1997.

VOVELLE, Michel, *La Révolution française, images et récit*, 5 vols., Paris, Messidor, 1986.

VOVELLE, Michel, *Les mots de la Révolution*, Toulouse, Presses universitaires du Mirail, 2005.

Relatos e retratos individuais ou coletivos

AZAURIC, Claude, *Babeuf*, Paris, Messidor, 1988

BAKER, Keith, *Condorcet*, Paris, 1988.

BERTAUD, Jean-Paul, *Camille et Lucile Desmoulins*, Paris, Presse de la Renaissance, 1985.

BONNET, Jean-Claude (org.), *La Morte de Marat, Paris*, Flammarion, 1986.

DUPRAT, Annie, *Les rois de papier, la caricature de Henri III à Louis XVI*, Paris, Belin, 2002.

FELIX, Joël, *Louis XVI et Marie-Antoinette, un couple en politique*, Paris, Payot, 2006.

MAZAURIC, Claude, *Robespierre*, Paris, Messidor, 1988.

OZOUF, Mona, *Varennes, la mort de la royauté*, Paris, Gallimard, 2005.

SERNA, Pierre, *Antonelle aristocrate révolutionnaire (1747–1817)*, Paris, Le Félin, 1997.

SERNA, Pierre, *La République des girouettes, 1789–1815 et au-delà, une anomalie politique, la France de l'extrême centre*, Seyssel, Champ Vallon, 2005.

SOBOUL, Albert, *Le Procès de Louis XVI*, Gallimard, 1973.

TACKETT, Thimothy, *Le roi s'enfuit, Varennes et l'origine de la Terreur*, Paris, La Découverte, 2004.

VINOT, Bernard, *Saint-Just*, Fayard, 1985.

A herança e a memória

MONNIER, Raymonde, *Républicanisme, patriotisme et Révolution française*, Paris, L'Harmattan, 2005.

VOVELLE, Michel, *1789, L'héritage et la mémoire*, Toulouse, Privat, 2007.

WAHNICH, Sophie (org.), *Histoire d'un trésor perdu. Transmettre la Révolution française*, Paris, Les prairies, 2012.

Índice onomástico

Os nomes em itálico pertencem a historiadores, antigos ou atuais.

Aberdam, Serge, 284
Ado, Anatoli, 203
Agulhon, Maurice, 253, 284
Aiguillon (de), 32
Albitte, 245
Allarde (de), 117, 187, 212, 213
Amar, 101
Antraigues (conde de), 143, 150
Artois (conde de), 39, 141, 144, 257
Augereau (general), 72, 170
Aulard, Alphonse, 280

Babeuf, Gracchus, 67, 68, 87, 128, 129, 136, 265, 286
Bailly, 29, 38, 95
Balibar, Renée, 269
Ballot, 71
Bara, 275
Barbaroux, 48
Barère, 52, 54, 61, 91, 101, 269,
Barnave, 23, 28, 35, 40, 42, 227, 262
Barras, 60, 63, 65–67, 163, 271
Barruel (abade), 143
Bazire, 274
Beauharnais, Josefina de, 174
Beccaria, 117
Berlioz, 267
Bernardin de Saint-Pierre, 264
Bertaud, Jean-Paul, 168
Berthaut, 265
Berthier (general), 162
Bertier de Sauvigny, 29, 227
Biard, Michel, 286
Biget, Michèle, 268
Billaud-Varenne, 54, 60, 61, 101
Boieldieu, 267
Boilly, 265
Bois, Paul, 153
Boisgelin (Mons. de), 240
Boissy d'Anglas, 63, 64, 102, 287
Bon Saint-André, Jean, 54, 101
Bonald, Louis de, 143
Bonaparte, Lucien, 75, 277
Bonaparte, Napoleão, 65, 72–75, 138, 151, 155, 161–163, 169, 170, 174, 277, 290
Borda, 108
Bouillé (marquês de), 39

Boullée, Étienne-Louis, 266
Bourmont, 151
Brissot, 42, 43, 48, 129, 156, 171
Brune (general), 169
Brunsvique (duque de), 44, 157, 160
Buchez, Philippe Joseph Benjamin, 160
Buonarroti, 68
Burke, 106, 143, 284
Buzot, 272

Cabanis, 256
Cadoudal, 151
Calas, 235
Calonne, 21, 26
Cambon, 50, 87
Carnot, 42, 54, 67, 71, 72, 101, 158, 161, 168
Carra, 129
Carrier, 55, 61
Cathelineau, 50, 148
Cazalès, 35, 142
Chabot, 42, 274
Chalier, 246
Champion de Cicé, 240
Championnet (general), 162
Charette (de), 51, 148, 150
Charrier, 144
Chateaubriand, 278
Chaumette, 49, 174, 274, 277
Chemin, 253
Chênedollé, 277
Chénier, André, 263
Chénier, Marie-Joseph, 63, 263
Cherin, 20
Cherubini, 267
Clavière, 171
Cloots, Anacharsis, 155
Cobb, Richard, 232, 270
Cobban, Alfred, 48, 281
Collot d'Herbois, 54, 60, 61, 101
Condé (príncipe de), 39, 141, 144
Condorcet, 42, 80, 90, 99, 109, 121, 171, 173
Constant, Benjamin, 284, 286
Corday, Charlotte, 52
Couthon, 48, 54, 60, 61, 101

Danton, 41, 44, 45, 48, 51, 58, 59, 100, 131, 218, 244, 272, 290
Daunou, 63, 102, 122
David, Louis, 248, 254, 261, 264, 265, 267
De Baecque, Antoine, 275
Debucourt, 265
Delessert, 198
Demachy, 265
Desmoulins, Camille, 41, 59, 127, 129, 131, 257, 272
Desmoulins, Lucile, 272
Diderot, 171, 235
Didot, 262
Dommanget, Maurice, 190
Dorat-Cubières, 263
Dubois Crancé, 166
Ducos, 72
Dumouriez (general), 158, 168
Duplessis-Bertheaux, 266
Dupont de Nemours, 32, 41, 172
Duport, 35
Duval, 129
Duvergier, 189

Elbée (de), 51
Émery, 252
Évrard, Simone, 272

Fabre d'Églantine, 59, 109
Faure, Christine, 83

Favras (marquês de), 39, 143
Ferrand (conde), 143
Ferrières (marquês de), 35
Fontanes, 277
Fouché, 55, 60, 245, 246
Fouquier-Tinville, 57, 61
Fragonard, 264
Fréron, 60, 62, 63, 129
Frotté, 151
Furet, François, 19, 38, 144, 281–283
Fusil, Louise, 263

Gensonné, 48
Gérard, 265
Gerle (Dom), 237
Gobel, 246
Godechot, 31, 70, 84, 99, 125, 160, 217
Godineau, Dominique, 275
Goethe, 45
Gohier, 72, 75
Gossec, 267, 268
Gouges, Olympe de, 273, 274
Greer, Donald, 180
Grégoire (abade), 35, 86, 171, 237, 245, 252, 259, 269
Greuze, 264
Guadet, 42, 48
Gueniffey, Patrick, 283, 284
Guérin, Daniel, 52
Guillotin, 276

Habsburgo, 64
Hamelin, 218
Hébert, 49, 59, 127, 129, 131
Helvétius, 235
Hérault de Séchelles, 101
Hoche, 63, 150, 163, 167
Holbach (d'), 235
Hottinger, 198
Hubert Robert, 265

Isabey, 265
Isnard, 48, 52

Jacob, Louis, 56
Jaurès, Jean, 10, 21, 281
Jessenne, Gérard, 210
Jourdan, 63, 167

Kellermann (general), 91, 168

La Fayette, 35, 38, 40, 42, 43, 95, 131, 290
La Mettrie, 235
La Revellière-Lépeaux, 67, 253, 256
La Rouerie, 144
Labrousse, Ernest, 22, 183, 184, 292
Lacombe, Claire, 273
Laffon-Ladébat, 218
Lagrange, 108
Lameth, 35, 40, 42
Laplanche, 245
Lavoisier, 108
Le Chapelier, 117, 188, 190, 212, 213
Le Coz, 252
Le Guen de Kerangal, 34
Le Peletier de Saint-Fargeau, 121, 246
Le Roy-Ladurie, Emmanuel, 182
Lebas, 101
Lebois, 129
Lebrun («Píndaro»), 263
Leclerc, 50
Lecoulteux (de Canteleu), 193, 218
Ledoux, Nicolas, 266
Lefebvre, Georges, 9–11, 195, 199, 201, 222, 223, 225, 226, 281

Lenoir, 196, 219
Leopoldo (Imperador), 156
Lequeu, 266
Lequinio, 245, 276
Lesueur (músico), 267, 268
Lesueur (os irmãos, aguarelistas), 270
Letourneur, 67
Levasseur (de la Sarthe), 55, 173
Lindet, Robert, 67, 101
Linsolas, 252
Locke, 78, 186
Loménie de Brienne, 21, 26
Loustalot, 129
Louvet, 129
Luís XIV, 17, 20
Luís XV, 19
Luís XVI, 17, 19, 26, 39, 49, 50, 254
Luís XVII, 63, 143
Luís XVIII, 63, 143

Mably (abade), 186
Madelin, Louis, 249
Maistre, Joseph de, 143
Malouet, 35, 79
Marat, 41, 42, 44, 48, 49, 51, 52, 87, 90, 127, 129, 131, 227, 230, 246, 261, 272
Marceau (general), 149, 167
Maréchal, Sylvain, 69, 87, 129, 263
Maria Antonieta, 26, 57, 272, 286
Masséna, 75, 163, 169
Massiac, 95
Mathiez, Albert, 10
Maury (abade), 35, 95, 142
Méhul, 267
Ménétra, 233
Mercier, Sébastien, 226, 271
Méricourt, Théroigne de, 274
Merlin (de Douai), 63, 104
Merlin (de Thionville), 42
Michelet, Jules, 21, 32, 78, 210, 227, 281
Mirabeau, 20, 35, 39, 41, 79, 80, 95, 106, 108, 114, 129, 131, 171, 185, 230, 254, 262, 272, 277
Montesquieu, 17, 79, 88, 171
Moreau (general), 170
Moulin (general), 72, 75
Mounier, 28, 35, 79, 142

Necker, 20, 29, 30, 95
Nelson (almirante), 74, 169
Neufchâteau, François de, 73
Noailles, 32

Oberkampf, 196, 219
Orleães (duque de), 224
Ouvrard, 218
Ozouf, Mona, 254

Palm d'Aelders, Etta, 273
Pataude (santa), 246
Périer, Claude, 219
Perrégaux, 198, 218
Pétion, Jérôme, 42, 47
Petitfrère, Claude, 152
Pichegru, 64, 72, 150, 170
Pinel, 124
Pio VI (Papa), 37, 240
Pitt, William, 224
Polverel, 174
Poultier, 129
Pressac, Norbert, 259
Prieur (de la Côte d'Or), 101
Prieur (de la Marne), 101
Prieur, Pierre Louis, 54, 266
Provença (conde de), 143 (ver Luís XVIII)

Prudhon, 265
Puisaye (conde de), 150

Rabaut, 48
Ramel, 73
Ramponneau, 270
Raynal (abade), 171
Rebérioux, Madeleine, 275
Regnault, 265
Reinhard, Marcel, 46
Restif de la Bretonne, 226, 271
Reubell, 67, 75, 161, 163
Réveillon, 26
Richard, 196, 219,
Richet, Denis, 38
Rivarol, 128, 143
Robespierre, 35, 42–44, 48, 49, 51, 54–56, 58–61, 64, 67, 80, 86, 90, 97, 98, 100, 101, 116, 121, 156, 157, 159, 171, 172, 227, 244, 247–249, 255, 256, 258, 262, 272, 276, 277, 280, 286, 290
Roland (Madame), 51, 272
Roland, 42, 43, 48, 51, 97, 127, 129, 188, 272
Romme, 62
Rousseau, Jean-Jacques, 78, 89, 171, 235, 275, 282
Roux, Jacques, 49
Roux, Prosper Charles, 160
Royou (abade), 128
Rudé, George, 228, 281

Sade, 20
Saint-Just, 48, 49, 56, 58, 60, 61, 101, 124–126, 155, 262, 286
Saint-Simon, 20
Ségur (marechal de), 164
Sénac de Meilhan, 143
Senancour, 277
Sieyès (abade), 63, 75, 79, 131, 237, 284, 286
Simonneau, 204, 255
Sirven, 235
Soboul, Albert, 53, 182, 231, 232, 281, 287
Sonthonax, 172–175
Soubrany, 62
Soufflot, 266
Stofflet, 50, 150
Suvorov, 75, 163
Swebach-Deffontaines, 266

Tackett, Timothy, 286
Taine, Hyppolite, 203, 227–229
Talleyrand, 193, 238–240
Tallien, 63, 66
Talma, 263
Taylor, George, 281
Thouret, 108
Tocqueville, 106
Topino–Lebrun, 265
Toussaint Louverture, 172, 175
Treilhard, 104
Turgot, 19, 123 202
Turreau, 57, 149, 151

Vadier, 101
Varlet, 49
Vaublanc, 174
Vergniaud, 42, 48, 262
Viala, Agricol, 276
Vien, 264
Voltaire, 78, 235, 277

Wailly, Charles de, 266
Washington, 35
Weber, Eugen, 138
Wilberforce, 171
Woronoff, Denis, 184, 185

Índice dos textos em caixa

O que produz a forma dos governos 23
Relato de um dos «vencedores» da Bastilha 30
A noite de 4 de agosto. 34
A Jornada do 10 de Agosto relatada pelo embaixador de Génova 45
Robespierre «ditador»? 55
O Manifesto dos Iguais 69
Clima de incerteza após o 18 de frutidor do ano V 70
Declaração dos Direitos do Homem e do Cidadão de 26 de agosto de 1789. 81
A Declaração dos Direitos do Homem e do Cidadão de 24 de junho de 1793 83
A teoria do governo revolucionário apresentada por Robespierre a 25 de dezembro de 1793 98
Excertos dos relatórios de Saint-Just sobre os decretos de 8 e 23 de ventoso do ano II (26 de fevereiro e 3 de março de 1794) 124
A guerra civil na Vendeia 151
Discurso de Robespierre contra a guerra (inverno de 1792) . 159
O manifesto de Brunsvique (excerto) 160
A abolição da escravatura (Convenção Nacional, sessão de 16 de pluvioso do ano II) 172

A doutrina dos «raivosos» (final de junho de 1793) 189
A Lei Le Chapelier (14–17 de junho de 1791) 190
A colocação dos bens do clero à disposição da nação...... 239
Decreto para a descristianização, de Fouché em Nièvre 248
Robespierre e o culto do Ser Supremo 249
Declaração dos Direitos da Mulher e da Cidadã Olympe de Gouges, setembro de 1791 274

Índice dos mapas e gráficos

A crise da economia francesa no final do Antigo Regime . . 27
As sociedades populares no ano II. 135
A França que fala e a França do silêncio. 140
Frentes de combate, 1792–1794. 149
Anexações e Repúblicas-irmãs (1796–1799) 165
Desvalorização do assinado em Paris (1792–1794) 195
Revoltas por falta de alimentos (1789–1793) 205
Revoltas antifeudais (1789–1793) 205
Participação dos camponeses nas compras de bens nacionais (1789–1799). 209
O Grande Medo (julho de 1789).. 225
Revoltosos e insurretos (1775–1795) 229
Os ajuramentados de 1791. 242
A intensidade da descristianização do ano II. 242

Índice Geral

INTRODUÇÃO 9

CAPÍTULO 1 – A DÉCADA REVOLUCIONÁRIA 13
1. O Antigo Regime e a Revolução 13
   1.1. A revolução quis destruir a «feudalidade» 14
2. A crise do Antigo Regime: causas profundas e causas imediatas.............................. 18
3. As três revoluções de 1789 28
4. A revolução constituinte 33
5. A escalada revolucionária: derrapagem ou continuidade? 37
6. A Assembleia Legislativa e a queda da monarquia 41
7. Gironda e Montanha (*Gironde e Montagne*) 47
8. O governo revolucionário 53
9. Os Termidorianos 61
10. O regime diretorial 65
11. A crise do Diretório e o apelo ao soldado 72

CAPÍTULO 2 – O ESTADO REVOLUCIONÁRIO 77
1. Proclamações e valores: os fundamentos do Estado revolucionário 78
   1.1. A Declaração dos Direitos do Homem 78

1.2. As declarações de 1793 e 1795 (ano III) 80
1.3. Os valores da Revolução Francesa 87
2. As estruturas do Estado e as condições da vida política . 91
2.1. A monarquia constitucional 92
2.2. O governo revolucionário 96
2.3. O regime diretorial 102
3. Estruturas do Estado: a França remodelada, as instituições 105
3.1. O espaço e o tempo 107
3.2. A administração local 110
3.3. Imposto e fiscalidade 113
3.4. Do novo direito à justiça revolucionária 116
3.5. Educação e pedagogia 120
3.6. Assistência e política social 123
4. A aprendizagem da política 126
4.1. A imprensa e a opinião pública 126
4.2. Clubes, sociedades populares, secções 130
4.3. O teste eleitoral. Temperamentos políticos 136

CAPÍTULO 3 – EM DUAS FRENTES: REVOLUÇÃO ACEITE, REVOLUÇÃO REJEITADA EM FRANÇA E NO MUNDO 141
1. A Contrarrevolução 141
2. A Revolução e o Mundo 154
3. O exército e a guerra 164
4. O problema colonial e a abolição da escravatura 170

CAPÍTULO 4 – UMA NOVA SOCIEDADE 177
1. População e demografia 178
1.1. O impacto da Revolução 179
1.2. Comportamentos demográficos 180
2. Uma economia em Revolução 183
2.1. Uma expansão travada? 183
2.2. Liberalismo ou taxação?. 186
2.3. As etapas de uma política. 187
2.4. A aventura do assinado 192

2.5. Panorama da economia francesa do pós-Revolução 196
3. Sociedade: a revolução camponesa 199
3.1. Propriedade, exploração, tributação senhorial 199
3.2. As reivindicações camponesas 201
3.3. Lutas agrárias 202
3.4. A venda dos bens nacionais 206
3.5. Um balanço geral 208
4. Sociedade: povo urbano e burguesia 210
4.1. O Peso da Conjuntura 211
4.2. A «arraia-miúda» 212
4.3. Uma nova burguesia? 215
4.4. Os novos-ricos: ganhadores e perdedores 218

CAPÍTULO 5 – UM HOMEM NOVO: MENTALIDADES, RELIGIÕES, CULTURA 221
1. Do medo à esperança 222
1.1. No princípio, o medo... 222
1.2. A violência 226
1.3. Turbas revolucionárias 227
1.4. O *sans-culotte*: um homem novo 230
2. Religião e Revolução 233
2.1. A França religiosa em 1789 234
2.2. Nascimento de um conflito: o cisma constitucional 236
2.3. O crescimento do anticlericalismo 241
2.4. A descristianização do ano II 244
2.5. A política religiosa do Diretório 250
3. Festas e símbolos: a cidade ideal 254
3.1. Evolução da festa revolucionária 254
3.2. A simbólica revolucionária 257
4. Uma revolução cultural? 260
4.1. Destruir ou construir 260
4.2. A atividade literária 262
4.3. As artes gráficas 264
4.4. A música revolucionária 267

4.5. A alfabetização e a língua 268
5. Regresso às mentalidades: a Revolução no quotidiano .. 270
5.1. Os pobres e os ricos 270
5.2. A família, a mulher, a criança 272
5.3. A Revolução e a morte 276

CAPÍTULO 6 – A REVOLUÇÃO NA HISTÓRIA DA FRANÇA: BALANÇO DA SITUAÇÃO 279
Introdução: a Revolução terminou? 279
1. A Revolução nos debates 280
2. Trabalho por fazer 283
2.1. História política 283
2.2. História social 286
2.3. Mentalidades ou representações 288
2.4. Internacionalização das perspetivas 289
3. A Revolução Francesa hoje: a memória e a herança 289
3.1. A memória perdida da Revolução 289
3.2. A herança da Revolução 291

CRONOLOGIA 295

ORIENTAÇÕES BIBLIOGRÁFICAS 301

ÍNDICE ONOMÁSTICO 309

ÍNDICE DOS TEXTOS EM CAIXA 315

ÍNDICE DOS MAPAS E GRÁFICOS 317

LUGAR DA HISTÓRIA

1. *A Nova História*, Jacques Le Goff E., Le Roy Ladurie, Georges Duby e Outros
2. *Para uma História Antropológica*, W. G. L., Randles, Nathan Watchel e Outros
3. *A Conceção Marxista da História*, Helmut Fleischer
4. *Senhorio e Feudalidade na Idade Média*, Guy Fourquin
5. *Explicar o Fascismo*, Renzo de Felice
6. *A Sociedade Feudal*, Marc Bloch
7. *O Fim do Mundo Antigo e o Princípio da Idade Média*, Ferdinand Lot
8. *O Ano Mil*, Georges Duby
9. *Zapata e a Revolução Mexicana*, John Womack Jr.
10. *História do Cristianismo*, Ambrogio Donini
11. *A Igreja e a Expansão Ibérica*, C. R. Boxer
12. *História Económica do Ocidente Medieval*, Guy Fourquin
13. *Guia de História Universal*, Jacques Herman
15. *Introdução à Arqueologia*, Carl-Axel Moberg
16. *A Decadência do Império da Pimenta*, A. R. Disney
17. *O Feudalismo, Um Horizonte Teórico*, Alain Guerreau
18. *A Índia Portuguesa em Meados do Século XVII*, C. R. Boxer
19. *Reflexões Sobre a História*, Jacques Le Goff
20. *Como se Escreve a História*, Paul Veyne
21. *História Económica da Europa Pré-Industrial*, Carlo M. Cipolla
22. *Montaillou, Cátaros e Católicos numa Aldeia Occitana (1294–1324)*, E. Le Roy Ladurie
23. *Os Gregos Antigos*, M. I. Finley
24. *O Maravilhoso e o Quotidiano no Ocidente Medieval*, Jacques Le Goff
25. *As Instituições Gregas*, Claude Mossé
26. *A Reforma na Idade Média*, Brenda Bolton
27. *Economia e Sociedade na Grécia Antiga*, Michel Austin e Pierre Vidal Naquet
28. *O Teatro Antigo*, Pierre Grimal
29. *A Revolução Industrial na Europa do Século XIX*, Tom Kemp
30. *O Mundo Helenístico*, Pierre Lévêque
31. *Acreditaram os Gregos nos seus Mitos?*, Paul Veyne
32. *Economia Rural e Vida no Campo no Ocidente Medieval (Vol. I)*, Georges Duby
33. *Outono da Idade Média e Primavera dos Novos Tempos?*, Philippe Wolff
34. *A Civilização Romana*, Pierre Grimal
35. *Economia Rural e Vida no Campo no Ocidente Medieval (Vol. I)*, Georges Duby
36. *Pensar a Revolução Francesa*, François Furet
37. *A Grécia Arcaica de Homero a Ésquilo (Séculos VIII-VI a.C.)*, Claude Mossé
38. *Ensaios de Ego-História*, Pierre Nora, Maurice Agulhon, Pierre Chaunu, Georges Duby, Raoul Girardet, Jacques Le Goff, Michelle Perrot, René Remond
39. *Aspetos da Antiguidade*, M. I. Finley
40. *A Cristandade no Ocidente 1400–1700*, John Bossy
41. *As Primeiras Civilizações – da Idade da Pedra aos Povos Semitas*, dir. de Pierre Lévêque
44. *O Fruto Proibido*, Marcel Bernos, Charles de La Roncière, Jean Guyon, Philipe Lécrivain
45. *As Máquinas do Tempo*, Carlo M. Cipolla
46. *História da Primeira Guerra Mundial 1914-1918*, Marc Ferro
48. *A Sociedade Romana*, Paul Veyne
49. *O Tempo das Reformas (1250–1550) – Vol. I*, Pierre Chaunu
50. *O Tempo das Reformas (1250–1550) – Vol. II*, Pierre Chaunu
51. *Introdução ao Estudo da História Económica*, Carlo M. Cipolla
52. *Política no Mundo Antigo*, M. I. Finley
53. *O Século de Augusto*, Pierre Grimal
54. *O Cidadão na Grécia Antiga*, Claude Mossé
55. *O Império Romano*, Pierre Grimal
56. *A Tragédia Grega*, Jacqueline De Romilly
57. *História e Memória – Vol. I*, Jacques Le Goff
58. *História e Memória – Vol. II*, Jacques Le Goff
59. *Homero*, Jacqueline De Romilly
60. *A Igreja no Ocidente – das Origens às Reformas no Séc. XVI*, Mireille Baumgartner
61. *As Cidades Romanas*, Pierre Grimal
62. *A Civilização Grega*, François Chamoux
63. *A Civilização do Renascimento*, Jean Delumeau
64. *A Grécia Antiga*, José Ribeiro Ferreira
65. *A Descoberta de África*, Catherine Coquery-Vidrovitch (org.)
66. *No Princípio eram os Deuses*, Jean Bottéro
67. *História da Igreja Católica*, J. Derek Holmes, Bernard W. Bickers
68. *A Bíblia*, Françoise Briquel-Chatonnet (org.)
69. *Recriar África*, James L. Sweet
70. *A Conquista. Destruição dos Índios Americanos*, Massimo Livi Bacci

71. *A Revolução Francesa. 1789–1799*, Michel Vovelle
72. *História do Anarquismo*, Jean Préposiet
73. *Bizâncio. O Império da Nova Roma*, Cyril Mango
74. *Declínio e Queda do Império Habsburgo*, Alan Sked
75. *História dos Judeus Portugueses*, Carsten Wilke
76. *A Expansão Marítima Portuguesa, 1400–1800*, Francisco Bethencourt e Diogo Ramada Curto (orgs.)
77. *História do Antissemitismo*, Trond Berg Eriksen, Hakon Harket e Einhart Lorenz
78. *Cultura Política no tempo dos Filipes (1580–1640)*, Diogo Ramada Curto
79. *Malhas que os Impérios Tecem. Textos Anticoloniais, Contextos Pós-Coloniais*, Manuela Ribeiro Sanches (org.)
80. *Outubro: A Revolução Republicana em Portugal (1910–1926)*, Luciano Amaral (org.)
81. *As Grandes Revoluções e as Civilizações da Modernidade*, Shmuel Noah Eisenstadt
82. *A Diplomacia do Império*, Miguel Bandeira Jerónimo
83. *A Perseguição aos Judeus e Muçulmanos de Portugal. D. Manuel I e o Fim da Tolerância Religiosa (1496–1497)*, François Soyer
84. *A Igreja Católica e o Estado Novo Salazarista*, Duncan Simpson
85. *Portugal e o Fim do Colonialismo. Dimensões Internacionais*, Miguel Jerónimo e António Costa Pinto (orgs.)
86. *Nacionalismos Espanhóis. Tensão e Conflitualidade*, Filipe Vasconcelos Romão
87. *A Missão da República. Política, Religião e o Império Colonial Português (1910–1926)*, Hugo Gonçalves Dores
88. *Descolonizações: Reler Amílcar Cabral, Aimé Césaire e Du Bois no séc. XXI*, Manuela Ribeiro Sanches (org.)